21 世纪高职高专规划教材 ◆ **旅游与酒店管理系列**

广东旅游资源概论

GUANGDONG LÜYOU ZIYUAN GAILUN

主　编　赵利民　龙　梅

副主编　钟娟芳

中国人民大学出版社

·北京·

前　言

旅游业是规模大、发展势头强劲的综合性产业（占全球经济总量的10%）。我国是世界旅游大国，国内旅游人数和国内旅游消费额居世界第一，出境游人数和境外旅游消费额也是世界第一。

广东是全国旅游业发展大省，旅游业综合竞争力全国排名第一。与此相适应，广东的旅游教育也获得了较快发展，为旅游业输送了大量旅游人才。但略有遗憾的是，广东的旅游院校基本不开设广东旅游资源课程，其中一个重要原因是缺乏相关的教材。今天的人类共同拥有两份遗产，一份是祖先在过去的历史中创造的文化，另一份是奇妙无比的自然界，而旅游资源是人们从这两份遗产中精心挑选出的精华。旅游资源是旅游业发展的基础，也是吸引旅游者旅游的客体，旅游从业者应熟知旅游资源。“广东旅游资源概论”课程是广东省旅游院校的专业基础课，该课程有利于在广东生活、就读的学生了解广东的旅游资源，完善知识结构，为今后的就业打下基础。

为了使读者更易掌握本书内容，我们将全书分为有机联系的四个部分：综述篇、自然篇、人文篇和景区篇。在综述篇中，我们重点介绍广东省概况、广东的旅游业发展概况、广东主要的旅游资源类型和一些有代表性的旅游资源，这是全书的基础。在自然篇中，我们介绍了广东的自然旅游资源，包括广东的地貌与水体旅游资源、广东的气候气象与生物旅游资源。在人文篇中，我们介绍了广东的人文旅游资源，内容包括广东简史及相关旅游资源、广东建筑旅游资源、广东民俗与民间艺术旅游资源和广东饮食文化旅游资源。在景区篇中，我们将广东著名的景区景点以21个地级市为单位进行介绍，分成珠三角景区，粤东景区，粤西、粤北景区三个部分。

本书由深圳信息职业技术学院赵利民、龙梅两位教师担任主编，东莞市技师学院钟娟芳任副主编。具体编写分工为：赵利民编写了第一章、第二章、第五章、第六章、第七章、第八章；龙梅编写了第九章、第十章、第十一章；钟娟芳与赵利民共同编写了第三章、第四章。

本书以党的二十大精神为引领，全面贯彻党的教育方针，落实立德树人根本任务，体现课程思政要求，凸显职业教育类型特色，既可作为广东省旅游院校旅游专业学生的教材，也可作为广大读者了解广东历史和文化的参考书及广大游客了解广东旅游资源和景区景点的参考用书，还可作为广东省考生参加全国导游资格考试的参考用书。

本书在编写的过程中，得到了中国人民大学出版社的支持和指导，并参考和借鉴了专家和同行的研究成果，在此一并表示感谢！

本书的写作是一次全新的尝试，加上资料有限，尚有许多不足之处，敬请专家和读者批评指正。

赵利民

目　录

第一篇　综述篇

第二篇　自然篇

第三篇 人文篇

第四篇 景区篇

第一篇　综述篇

第一章 广东省概况

本章导读

古代的广东曾是百越之地，秦汉以来，广东成为海上贸易的枢纽，自此，东西方文明在此交汇，广东成为中国走向世界的门户。今天的广东，又不断地创造着经济腾飞的奇迹。

第一节 广东地理和人口、民族概述

广东，因宋代设“广南东路”而得名，因位于南岭以南，又称岭南。广东在古代被称为“百越”“南越”“南粤”，因此广东的简称为“粤”。

补充阅读

在《吕氏春秋》中，广东一带的岭南地区被称为“百越”，在《史记》中，这里被称为“南越”，在《汉书》中，又被称为“南粤”，因“越”与“粤”相通，故广东简称“粤”。

一、广东的方位

广东省位于中国大陆的南部。东邻福建，北接江西和湖南，西连广西，南濒南海。珠江口东西两侧分别与香港特别行政区和澳门特别行政区接壤，广东西南部的雷州半岛隔琼州海峡与海南省相望。北回归线沿南澳—从化—封开一线横贯广东。

补充阅读 **北回归线**

北回归线是阳光在地球上能垂直照射的最北界线。由于太阳的直射点始终在北纬23.5度和南纬23.5度间循环，人们形象地称北纬23.5度线为北回归线，南纬23.5度线为南回归线。每年的6月21日或22日（夏至），太阳光直射在北纬23.5度线上，此后，太阳直射点开始南移。北回归线横穿我国云南、广西、广东和台湾。广州从化在北回归线上建有一座标志塔，塔高23.5米，是世界南北回归线上最高、最大的地理标志。

【小思考】

查看广东省地图，判断下列哪些城市有太阳直射？

（1）广州 （2）深圳 （3）梅州 （4）韶关

广东地理位置优越，有着发达的海上交通，自古以来成为引领经济发展的商业繁盛之地。

二、面积和地形特点

全省陆地面积为17.98万平方千米，约占全国陆地面积的1.87%。全省陆地部分东西长，南北窄，在地图上形如一只展翅的大鹏。全省海岸线总长4 114.3千米，居全国第一位。海域总面积为41.9万平方千米。沿海共有面积500平方米以上的岛屿759个，数量仅次于浙江、福建两省，居全国第三位。其中，位于湛江的东海岛面积达492平方千米，是广东第一大海岛，湛江硇洲岛是中国第一大火山岛。

广东地貌类型复杂多样，尤以山地、丘陵为主。山地、丘陵、台地和平原分别占全省土地总面积的33.7%、24.9%、14.2%和21.7%，河流和湖泊等占全省土地总面积的5.5%。北部多为山地和高丘陵，南部多为平原和台地，地势总体而言北高南低，全省大致为一向海倾降的斜坡。

三、人口与民族

（一）人口

1. 人口数量全国第一

广东的人口数量已连续多年居全国第一位。截至2010年11月1日，广东省常住人口达10 430万人，当时是全国唯一的常住人口总量过亿的省份，比排第2位的山东多851万人。2017年广东常住人口为11 169万人（2017年末全国大陆总人口为139 008万人），人口数量仍居全国第一。

广东省人口数量仍然处在上升通道。2011年的自然增长率为6.10‰，2015年的自然增长率为6.80‰，2016年为7.44‰，2017年为9.16‰，均高于全国平均水平。

补充阅读

2000 年第五次全国人口普查数据显示，人口数量排在前五位的是河南省、山东省、广东省、四川省、江苏省。2010 年第六次全国人口普查显示，人口数量排在前五位的是广东省、山东省、河南省、四川省和江苏省。

2000 年，广东的常住人口为 8 642 万人，10 年当中，广东人口增加了 1 788 万人，增长 20.7%，年平均增长率为 1.9%，自 2007 年以后，广东的常住人口总量已超过河南、山东排在全国第一位。

珠江三角洲是广东人口最集中的地方，广州是全省常住人口最多的市，2010 年的常住人口为 1 270 万人，2016 年为 1 350 万人。深圳、东莞、佛山、湛江也是全省常住人口较多的市。2016 年，常住人口数量排在全省第二至第五位的分别为深圳 1 191 万人、东莞 825 万人、佛山 743 万人、湛江 724 万人。

2. 流动人口数量全国第一

这里说的“流动人口”指的是现居住地与户口登记地所在的县（市、区）不一致且离开户口登记地半年以上的人口。广东的流动人口数量也是多年居全国第一。2010 年末，广东全省常住人口中，流动人口达到 3 128.17 万人，占常住人口总量的 30%；2015 年末，全省常住人口中，流动人口达到 3 201.96 万人，占常住人口总量的 29.51%。截至 2017 年 7 月 10 日，广东省流动人口达 4 048 万人。这些流动人口主要聚集在珠江三角洲地区（2015 年珠三角地区的流动人口规模为 2 943.77 万人，占全省流动人口总量的 91.94%）。

深圳是全国流动人口数量最多、比例最大的城市，2016 年深圳的常住人口中非户籍人口达到 786 万人，占常住人口的 66%。广州市的流动人口数量也居全国前列，截至 2017 年 5 月底，广州市流动人口为 713.41 万人。

广东的人口增长，一个重要因素是外省人口的流入。广东经济发展较快，每年吸引大量外省人员来粤务工或经商，使广东的常住人口快速增加。据统计，2000 年至 2010 年，外省流入人口占了广东增加人口的 47.7%。

补充阅读

据统计，20 世纪 90 年代，全国各地的迁出人口中有 34.81%迁入了广东省。其他迁入人口较多的地区依次为：浙江 8.75%，上海 6.60%，江苏 6.34%，北京 5.65%。

---

3. 广东的人口密度

广东的人口密度居全国前列。2011 年，广东的人口密度为 584 人/平方千米，近年来仍然在增加，2016 年，广东的人口密度已达 612 人/平方千米。深圳是广东人口密度最大的市，也是全国人口密度最大的城市。韶关是广东人口密度最小的市。

4. 广东城镇人口比例

广东常住人口中，居住在城镇的人口比例高于全国平均水平。2015 年末，广东城镇人口占常住人口的 68.71%（当年全国城镇常住人口占总人口的比重为 56.10%）。2017 年末，广东城镇人口占常住人口的69.85%（当年全国城镇常住人口占总人口的比重为58.52%）。

5. 广东人口的性别构成

广东常住人口中，男性多于女性，这主要是省外流入人口中男性所占的比例较高造成的。根据2010年的统计，广东常住人口中，男性为5 440万人，占52.1%，女性为4 991万人，占47.9%，总人口性别比（以女性为100）为109.00（同期全国总人口性别比为105.20）。2017年末，男性占52.49%，女性占47.51%。

6. 广东人口的年龄构成

从广东人口的年龄构成来看，广东的劳动年龄人口比例高于全国平均水平，老年人口比例低于全国平均水平。2017年，广东劳动年龄（15～64周岁）人口有8 283.89万人，占74.17%；老年（65周岁及以上）人口有962.63万人，占8.62%。同年，全国65周岁及以上人口占了总人口的11.4%。

7. 受教育程度

2015年，广东常住人口中，具有大学（指大专及以上）教育程度的人口为1 194.92万人；具有高中（含中专）教育程度的人口为2 153.14万人；具有初中教育程度的人口为3 955.32万人；具有小学教育程度的人口为2 393.80万人。就受教育情况而言，广东具有初中、高中和中专文化程度的人口比例高于全国平均水平，但具有大专及以上文化程度的人口比例却低于全国平均水平。

【小思考】

广东的人口现状会对广东旅游业产生哪些有利影响和不利影响?

（二）民族

广东是一个多民族的省份，全国56个民族在广东都有分布。2015年末，汉族人口占全省总人口的97.92%，少数民族人口占总人口的2.08%，达到225.31万人。世居少数民族有壮族、瑶族、畲族、回族和满族。壮族、瑶族是土著居民古越族的后裔，畲族与古越族也有渊源关系，而回族和满族则是在特定历史时期迁入广东的。

广东的回族来源有三：一是唐宋时期在广东进行贸易的信仰伊斯兰教的波斯人和大食人的后裔；二是明清时期从北方陆续迁来的信仰伊斯兰教的官兵、商人和宗教职业者的后裔；三是20世纪20年代至50年代初迁入广东的回族人士及后裔。早期入粤的回族先民主要居住于广州光塔路怀圣寺一带。宋末至元代，一些回族先民外迁至广州以外。现在的回族主要分布于广州、深圳、肇庆等地。

补充阅读

“小东营”的来历

明代，有一批回族军士曾迁入广东。明成化年间，两广瑶人起义，当时两广总督韩雍上疏请调达官军（即回族军士）来广东镇压。因征瑶有功，封达官军指挥羽士夫、马黑麻等世袭驻扎广州，设立了大东营、小东营、竹筒营、西营四个营。直到明末，小东营仍然是广州回族兵的行营。今天的小东营街就是当年小东营旧址。

广东满族的主体是清政府于乾隆二十一年（1756 年）派驻广州的八旗官兵及家眷的后裔。1949 年以后，各地又有一批满族干部和家属来粤工作，定居广东。1964 年以前，广东的满族主要集中居住于广州市越秀区的原“旗民区”，现在，省内各市县均有满族人口分布。

广东的汉族居民，主要可分为广府、客家与潮汕三大民系。由于历史上的种种原因，三大民系的人民长期各自保持其生活习俗、文化意识和性格特征，共同创造了丰富多彩、千姿百态的广东文化，并以其各自的优势，促进了岭南经济文化的发展。

（三）侨乡

广东自古就是我国海上贸易和移民出洋最早、最多的省份，近代以后逐渐发展成为我国著名的侨乡。广东有 3 000 多万海外侨胞，占全国的 2/3，分布于世界 160 多个国家和地区，主要集中在亚洲的印尼、泰国、马来西亚、新加坡、菲律宾、越南和欧美的美国、加拿大、法国、英国及大洋洲的澳大利亚、新西兰等地。广东省内还有约 10.17 万归侨和 2 000 多万侨眷，主要集中在珠江三角洲、潮汕平原和梅州地区。在广东，华侨文化、侨乡文化积淀深厚，已成为岭南文化的重要组成部分。世界文化遗产“开平碉楼与村落”、世界记忆文化遗产“侨批档案”等都是广东华侨文化和侨乡文化的典型代表。

第二节　广东行政区划与经济状况概述

一、广东的行政区划

广东省的行政区划曾经有过多次调整和变动。截至 2017 年，全省有 21 个地级市，20 个县级市、34 个县、3 个自治县、64 个市辖区，1 124 个镇、11 个乡（其中 7 个民族乡）、466 个街道办事处。2017 年度广东各市区划详细资料见表 1－1。

表 1－1　　2017 年度广东各市区划详细资料

市名称	县（市、区）名称	辖镇、乡、民族乡、街道数
广州市（11 区）	越秀区 海珠区 荔湾区 天河区 白云区 黄埔区 花都区 番禺区 南沙区 从化区 增城区	34 镇 136 街道
深圳市（8 区）	福田区 罗湖区 盐田区 南山区 宝安区 龙岗区 龙华区 坪山区	74 街道
珠海市（3 区）	香洲区 金湾区 斗门区	15 镇 9 街道
汕头市（6 区 1 县）	金平区 龙湖区 澄海区 濠江区 潮阳区 潮南区 南澳县	32 镇 37 街道
佛山市（5 区）	禅城区 南海区 顺德区 高明区 三水区	21 镇 11 街道
韶关市（3 区 4 县 1 自治县 2 县级市）	浈江区 武江区 曲江区 仁化县 始兴县 翁源县 新丰县 乳源瑶族自治县 乐昌市 南雄市	93 镇 10 街道 1 民族乡
河源市（1 区 5 县）	源城区 东源县 和平县 龙川县 紫金县 连平县	94 镇 6 街道 1 民族乡

续前表

市名称	县（市、区）名称	辖镇、乡、民族乡、街道数
梅州市（2区5县1县级市）	梅江区 梅县区 平远县 蕉岭县 大埔县 丰顺县 五华县 兴宁市	104镇6街道
惠州市（2区3县）	惠城区 惠阳区 惠东县 博罗县 龙门县	48镇22街道1民族乡
汕尾市（1区2县1县级市）	城区 海丰县 陆河县 陆丰市	44镇10街道
东莞市		28镇4街道
中山市		18镇6街道
江门市（3区4县级市）	蓬江区 江海区 新会区 台山市 开平市 鹤山市 恩平市	61镇12街道
阳江市（2区1县1县级市）	江城区 阳东区 阳西县 阳春市	38镇10街道
湛江市（4区2县3县级市）	赤坎区 霞山区 麻章区 坡头区 遂溪县 徐闻县 雷州市 廉江市 吴川市	82镇37街道2乡
茂名市（2区3县级市）	茂南区 电白区 信宜市 高州市 化州市	87镇22街道
肇庆市（3区4县1县级市）	端州区 鼎湖区 高要区 广宁县 德庆县 封开县 怀集县 四会市	91镇12街道1民族乡
清远市（2区2县2自治县2县级市）	清城区 清新区 佛冈县 阳山县 连山壮族瑶族自治县 连南瑶族自治县 英德市 连州市	77镇5街道3民族乡
潮州市（2区1县）	湘桥区 潮安区 饶平县	41镇9街道
揭阳市（2区2县1县级市）	榕城区 揭东区 揭西县 惠来县 普宁市	61镇20街道2乡
云浮市（2区2县1县级市）	云城区 云安区 新兴县 郁南县 罗定市	55镇8街道
全省合计	21个地级市，20个县级市、34个县、3个自治县、64个市辖区，1 124个镇、11个乡（其中7个民族乡）、466个街道办事处。全省总面积：17.98万平方千米。	

资料来源：广东省民政厅．区划地名—各市区划详细资料—2017年度．(2018-01-11)［2018-04-13］．http://www.gdmz.gov.cn/qhgk/2 017p/list_tt.shtml.

按地理方位，广东全省通常可分为四大区域（见表1-2），即珠三角地区、粤东地区、粤西地区和粤北地区。珠江三角洲位于广东省中南部，珠江入海口，包括广州、深圳、佛山、中山、惠州、东莞、珠海、江门、肇庆9市。粤东地区和粤西地区位于广东的东西两翼，包括东翼的汕头、潮州、揭阳、汕尾、河源、梅州6市和西翼的湛江、茂名、阳江、云浮4市。粤北地区包括韶关、清远2市。

表 1-2　　广东四大区域

珠三角地区	广州、深圳、珠海、佛山、东莞、中山、江门、惠州、肇庆
粤东地区	汕头、汕尾、潮州、揭阳、河源、梅州
粤西地区	阳江、湛江、茂名、云浮
粤北地区	韶关、清远

广州和深圳为副省级城市，深圳为计划单列市，深圳、珠海和汕头为经济特区，广州和湛江为中国首批沿海开放城市。英德市是广东省陆地面积最大的县级市。

补充阅读

2016 年 9 月 30 日，中国社科院城市发展与环境研究所和社科文献出版社在北京举行《城市蓝皮书：中国城市发展报告 No. 9——迈向健康城市之路》发布会，发布了 2015 年度城市健康发展指数综合排名。在被评价的全国 288 座城市中，城市健康发展综合指数排名前 10 位的 10 个城市有 4 个来自珠江三角洲，分别是深圳、珠海、广州和佛山，其中，深圳健康发展综合指数排名第一，而且是连续三年位居全国第一。

2017 年，中国社会科学院与《经济日报》共同发布《中国城市竞争力第 15 次报告》。2016 年在综合经济竞争力方面，深圳排名第一，超过香港和上海，广州排名第五；在宜居竞争力方面，广州排名第三，深圳排名第七；在可持续竞争力排名方面，深圳、广州排名第四和第五。

二、广东的主要资源状况

（一）土地资源

广东是国内人多地少的省份之一。人均土地占有量仅为 3.75 亩①，不足全国人均土地的 1/3，只有世界人均土地的 1/40；人均耕地仅为 0.63 亩，不到全国人均耕地的 1/2，约只有世界人均耕地数的 1/4。但是，广东的土地适宜性强，复种指数高，生物生长量大，适合多元化经营。而且，广东沿海还有大量可围垦利用的滩涂，这是宝贵的农渔业后备土地资源。

（二）水资源

广东降水丰沛，河网密集，水资源总量居全国第二。全省多年平均水资源总量为 1 830 亿立方米，人均水资源量和耕地亩均水资源量均高于全国平均水平。但全省水资源时空分布不均，夏秋易涝，冬春易旱。沿海台地和低丘陵区不利于蓄水，缺水现象突出，尤以粤西的雷州半岛最为典型。加上不少河流的中下游受到城市排污的影响，存在水质性缺水问题。

广东省水力资源欠丰富，水能理论蕴藏量为 1 137.2 万千瓦，仅占全国的 1.6%。

广东有丰富的温泉资源，现有温泉 300 多处，日总流量 9 万吨，从化温泉早已闻名遐迩。

① 目前法定计量单位为公顷，1 亩≈0.067 公顷，以下不再另做说明。

广东现有饮用天然矿泉水 145 处，探明可采用储量居全国第一。

（三）矿产资源

广东地处欧亚板块与太平洋板块交接处，频繁的地质活动形成了种类丰富的矿产，全省已找到矿产 148 种，查明资源储量的有 101 种。但小矿、贫矿、伴生矿多，给矿产的开采利用带来了难度。

广东有色金属、稀有金属和稀土资源丰富，有“稀有金属和有色金属之乡”的称号。在全国占有重要地位的矿产有钨、锡、锑、铋、钼、铜、铅、锌、油页岩等。储量列全国第一位的矿产有铌钽矿、高岭土、建筑用花岗岩、泥炭、水泥用粗面岩、碲、建筑用大理岩等 7 种，储量列全国第二位的矿产有银、铅、铋、铊、铀矿、独居石、磷钇矿、玻璃用砂、油页岩和辉绿岩等。但广东省煤、石油、天然气、铝、铁、磷、钾盐等比较短缺。

（四）生物资源

广东高温多雨，四季常青，全省森林覆盖率为 58.2%。植物种类丰富，属于国家一级保护野生植物的有苏铁、南方红豆杉等 7 种。而白豆杉、水杉、野荔枝、观光木、广东松、长苞铁杉、野龙眼、见血封喉等属于国家二级和三级保护植物。水松、苏铁、树蕨被称为广东植物的“活化石”。

广东省动物种类多样，其中被列入国家一级保护的有华南虎、云豹、熊猴和中华白海豚等 22 种，被列入国家二级保护的有金猫、水鹿、穿山甲、猕猴和白鹇（省鸟）等 95 种。

（五）海洋资源

广东省有丰富的海洋资源，是全国著名的海洋水产大省，远洋和近海捕捞及海水养殖业发达。沿海的风能、潮汐能和波浪能都有较大的开发价值，而广阔的沿海沙滩和丰富的红树林又为旅游开发提供了良好的条件。广东沿海还拥有众多的优良港口资源，广州港、深圳港、汕头港和湛江港已成为国内对外交通和贸易的重要通道，大亚湾、大鹏湾、碣石湾、博贺湾及南澳岛等地还有可建大型深水良港的港址。

三、广东的经济发展状况

（一）改革开放后广东经济的发展

广东是全国经济大省，走在中国改革开放的前列。但在改革开放之前，广东的经济虽然取得了一定的成就，在全国却并没有明显的领先优势。1978 年，广东 GDP 全国排名第五，低于上海、江苏、辽宁和山东。

1978 年 12 月，中共中央在北京召开十一届三中全会，做出了把党和国家的工作重心转移到经济建设上来，实行改革开放的伟大决策。

1980 年，我国设立了 4 个经济特区，其中有 3 个在广东，分别是深圳、珠海和汕头。它们以国家给予的优惠经济政策，吸收侨资、外资，引进先进科学技术和管理经验，进行现代化建设。这三个特区的建立为广东改革开放注入了强大的活力。深圳成为特区后，创造出“深圳速度”“深圳效率”，在几年之内就成为一座繁华的现代化城市，成为全国经济特区的代表、对外开放的“窗口”。

1984 年初，邓小平视察深圳、珠海、厦门等地，对经济特区的发展给予充分的肯定。1984 年 5 月，中共中央决定进一步开放 14 个沿海城市，其中广东有 2 个城市，即广州和湛江。1985 年 2 月，珠江三角洲被确立为沿海经济开放区。广东的改革开放从点到面全面展开，经济发展蒸蒸日上，珠江三角洲也成为中国经济最有活力的地区之一。1989 年，广东 GDP 总量跃居全国第一。

从 1989 年开始直到 2017 年，广东 GDP 已连续 29 年居全国第一，经济总量 1998 年超越新加坡，2003 年超越中国香港，2007 年超越中国台湾。其他如社会消费品零售总额、居民储蓄存款、税收、专利申请总量、进出口总额、旅游总收入等也是全国第一，其中年进出口总额约占全国 1/4，年财政总收入约占全国 1/7，累计吸引外商投资约占全国 1/4。

2017 年，广东实现地区生产总值 89 879.23 亿元（当年全国的国内生产总值为 827 122亿元），比上年增长 7.5%。其中，珠三角地区生产总值占全省比重为 79.7%。2017 年广东人均地区生产总值达到 81 089 元，按平均汇率折算为 12 009 美元。

补充阅读

2006—2017 年广东地区生产总值及其增长速度如表 1－3 所示。

表 1－3　　2006—2017 年广东地区生产总值及其增长速度

年份	地区生产总值（亿元）	增长速度（%）
2006 年	26 588	14.8
2007 年	31 777	14.9
2008 年	36 797	10.4
2009 年	39 483	9.7
2010 年	46 036	12.4
2011 年	53 246	10.0
2012 年	57 148	8.2
2013 年	62 475	8.5
2014 年	67 810	7.8
2015 年	72 813	8.0
2016 年	79 512	7.5
2017 年	89 879	7.5

现在，广东仍然面临重大的发展机遇。2014 年底，中国（广东）自由贸易区获批，开启了广东新一轮开放的格局。中国（广东）自由贸易区包含广州南沙自贸区、深圳前海蛇口自贸区、珠海横琴自贸区三大片区，总面积为 116.2 平方千米。2017 年，为推动内地与港澳深化合作，粤港澳大湾区建设提上日程。粤港澳大湾区是指由广东的广州、深圳、珠海、佛山、惠州、东莞、中山、江门、肇庆 9 市和香港、澳门两个特别行政区组成的城市群，是与美国纽约湾区、旧金山湾区和日本东京湾区并肩的世界四大湾区之一。2017 年 7 月，《深化粤港澳合作，推进大湾区建设框架协议》签署，一些有利于粤港澳三地人员、货物和资金往来的机制、政策、举措陆续出台，港珠澳大桥已建成

并基本具备通车条件。广深港高铁基本建成，其中广州到深圳高铁已建成通车，深圳到香港高铁正在联调联试。

广东还将打造由珠三角九市和环珠三角六市组成的大珠三角经济区，提速粤东西北振兴发展。

（二）工业

广东是我国的工业大省。其最早的近代工业，是外资经营的船舶修理和制糖业，后来发展了食品、纺织业。1949年以后，钢铁、煤炭、电子、石油、化工、机械、有色金属、造船等工业迅速发展。目前，广东工业规模不断增长，实力快速增强，已成为全国重要的制造业基地和世界知名的加工制造出口基地。

广东形成了九大支柱产业，其中，纺织服装、食品饮料、建筑材料是广东三大传统支柱产业；电子信息、电气机械及专用设备、石油及化学工业是广东三大新兴支柱产业；森工造纸、医药、汽车及摩托车是广东三大潜力产业。广州、深圳、珠海、佛山、东莞等都是全国知名的工商业城市。深圳的高新技术产业、佛山的家电和建材、东莞的服装、中山的灯饰、江门的造纸等都是具有国际影响力的区域品牌。广东还拥有一大批极具竞争力的知名企业和品牌，如华为、中兴、腾讯、美的、万科、TCL、康佳、格力、科龙、容声、格兰仕、创维、步步高、三九、健力宝、王老吉、雅士力、喜之郎、乐百氏、立白、安利、广州本田、珠江钢琴等。

2014年，广东研发投入占GDP的比例达2.4%，PCT国际专利申请量超过全国总数的一半。2017年，广东专利授权总量33.26万件，居全国首位；国际专利申请受理量2.68万件，居全国首位。截至2017年底，全省有效发明专利量20.85万件，居全国首位。2017年，广东先进制造业增加值占规模以上工业增加值的比重达53.2%。

补充阅读

2015年1月16日，广东省社会科学院、广东省省情调查研究中心公布了广东大型企业竞争力50强，其中，有49家企业在珠三角地区，广州入选企业23家，深圳入选企业19家，华为公司列广东大型企业竞争力50强第一位。

2014年，广东有6家企业入选世界500强，有47家企业入选中国500强，数量首次超过江苏、浙江和山东。2016年财富世界500强，中国平安保险排名第41，中国南方电网排名第95，华为排名第129，招商银行排名第189，正威国际集团排名第190，广州汽车工业集团排名第303，万科排名第356，美的集团（佛山）排名第481，恒大集团（广州）排名第496。

（三）农业

广东的农业在唐代以后，随着移民的增加有了较快发展。明代以后，广东的桑蚕、蔗糖业已较为发达，但粮食长期不能自给，很多破产农民向海外移居。1949年以后，全省迅速修建起水利网，大部分稻田实现了旱涝保收，1953年，广东实现了粮食自给。

广东的粮食作物以水稻为主，广东是我国最重要的稻米产区之一。经济作物以甘蔗、花生、黄麻为主，其中甘蔗产量全国第一。广东还是全国最大的水果生产基地之一，热带、亚热带水果种类繁多，其中，香蕉、荔枝、柑橘和菠萝被称为“广东四大名果”，还盛产龙眼、阳桃、木瓜等，荔枝产量多年来居全国第一位。在广东南部地区，由于水热条件较好，水稻一年可以三熟，番薯可以四熟，波罗蜜、香蕉、木瓜、杧果等热带水果可终年开花结果，是我国重要的热带作物生产基地。

广东也有发达的海洋捕捞和淡水、海水养殖业，雷州半岛的养殖海水珍珠产量居全国首位。

补充阅读

古代的广东尽管粮食长期不能自给自足，但岭南先民在发展农业的过程中，培育了许多新的品种，还引进了大量的国外良种，如粮食当中的玉米，蔬菜当中的番茄、辣椒、荷兰豆，水果当中的菠萝、香芒、木瓜，花卉当中的茉莉、素馨、郁金香，经济作物当中的烟草等。

（四）金融

广东有较为发达的金融业，金融机构网点和从业人员数量均居全国首位。广东金融业创造了许多个“中国第一”，如成立中国第一家证券公司、第一家金融电子结算中心、第一个外汇调剂中心，发行了中国银行第一张信用卡等。广发银行是全国首个在境外开设分行的商业银行，深圳发展银行是中国第一家面向社会公众公开发行股票并上市的商业银行。

近年来广东充分发挥毗邻港澳的优势，深化区域金融合作，建设金融强省，已基本形成了以货币、外汇、产权等市场为主体的金融市场体系，对周边地区的金融辐射力越来越强。

（五）外贸

广东也是我国的外贸大省，进出口总额多年居全国第一，而且近年来进出口总额都占全国的20%以上。2017年，广东货物进出口总额达68 155.9亿元，约占全国的24.5%，比上年增长8.0%。其中，出口额为42 186.8亿元，约占全国的27.5%，增长6.7%；进口额为25 969.1亿元，约占全国的20.8%，增长10.1%。进出口差额（出口减进口）为16 217.7亿元。

补充阅读

2017年，我国全年货物进出口总额为277 923亿元，比上年增长14.2%。其中，出口额为153 321亿元，增长10.8%；进口额为124 602亿元，增长18.7%。货物进出口差额（出口减进口）为28 719亿元。

广东的很多城市都是全国知名的外贸强市，如深圳、东莞、珠海、广州等。2017年7月，《中国海关》杂志发布“中国外贸百强城市”排行榜（不含港澳台地区），广东有5个城市名列前20名，分别是深圳（第1位）、东莞（第3位）、珠海（第5位）、广州（第6位）、佛山（第16位）。

补充阅读　　**广交会**

广交会即中国进出口商品交易会（The China Import and Export Fair），因在广州举办，被称为广交会。广交会创办于1957年春季，每年春秋两季举办，至2017年10月，已举办122届。

广交会是我国历史最长、规模最大、商品种类最全、到会客商最多、成交效果最好的综合性国际贸易盛会，是中国进出口贸易的晴雨表，被称为“中国第一展”。

（六）人民生活

近年来，广东居民人均可支配收入和住房条件都有较大改善。2017年，广东居民人均可支配收入为33 003.3元，其中城镇居民收入大于农村，但住房面积低于农村。2017年，农村常住居民人均可支配收入为15 779.7元，人均住房建筑面积为45.27平方米；城镇常住居民人均可支配收入为40 975.1元，人均住房建筑面积为33.09平方米。

近年来广东居民恩格尔系数（家庭中食物支出占消费总支出的比重）呈明显下降趋势。2013年，广东农村居民家庭恩格尔系数为49%，城镇居民家庭恩格尔系数为36.7%。2017年，全省居民恩格尔系数为33.51%，其中农村为40.18%，城镇为32.16%。

补充阅读　　**恩格尔系数**

恩格尔系数是指居民家庭中食物支出占消费总支出的比重，由德国统计学家恩格尔提出，常用作衡量家庭富足程度的重要指标。通常认为：一个家庭收入越少，家庭总支出中用来购买食物的支出所占的比例就越大，随着家庭收入的增加，家庭支出中用来购买食物的支出将会下降。因此，一个家庭生活越贫困，恩格尔系数就越大；生活越富裕，恩格尔系数就越小。根据联合国粮农组织提出的标准，恩格尔系数在59%以上为贫困，50%～59%为温饱，40%～50%为小康，30%～40%为富裕，低于30%为最富裕。

但这一结论也遭到多方质疑。有专家认为，人均收入、人均可支配消费支出等才是衡量富裕的“硬指标”。还有专家认为，衡量生活富裕程度的真正指标应该是闲暇支出占总支出的比重。

思考与练习

一、单项选择

1. 广东，因（　　）设“广南东路”而得名。

   A. 隋代　　B. 唐代　　C. 宋代　　D. 元代

2. 广东人口密度最大的市是（　　）。

   A. 广州　　B. 深圳　　C. 佛山　　D. 珠海

3.（　　）是广东人口密度最小的市。

A. 清远　B. 湛江　C. 韶关　D. 云浮

4. 广东探明可采用储量全国第一的是（　　）。

A. 天然气　B. 铁　C. 温泉　D. 饮用天然矿泉水

5. 广东的粮食作物以（　　）为主。

A. 水稻　B. 玉米　C. 小麦　D. 红薯

6. 下面哪一个数值与广东省的陆地面积最相近？（　　）

A. 20 万平方千米　B. 18 万平方千米

C. 16 万平方千米　D. 22 万平方千米

7. 广东省在（　　）方面居全国第一。

A. 具有大专及以上文化程度的人口总数

B. 省外流动人口总数

C. 老年人口总数

D. 户籍人口总数

8. 广东全省共有（　　）个地级市。

A. 21　B. 19　C. 11　D. 10

9. 广东的下列城市中，进出口总额排全国第一位的是（　　）。

A. 广州　B. 深圳　C. 东莞　D. 珠海

10. 广东的（　　）产量多年来居全国第一位。

A. 柑橘　B. 荔枝　C. 梨　D. 苹果

二、多项选择（至少有两项符合题意）

1. 广东地貌类型复杂多样，尤以（　　）为主。

A. 山地　B. 平原　C. 盆地　D. 丘陵

2. 下列哪些是广东省世居的少数民族？（　　）

A. 壮族　B. 瑶族　C. 畲族　D. 回族

3. 下列属于广东三大民系的有（　　）。

A. 广府民系　B. 客家民系　C. 百越民系　D. 潮汕民系

4. 下列属于珠三角地区的有（　　）。

A. 珠海　B. 惠州　C. 江门　D. 汕头

5. 下列地级市中属于粤西的有（　　）。

A. 湛江　B. 江门　C. 阳江　D. 茂名

6. 广东省居全国第一位的有（　　）。

A. 经济总量　B. 专利申请总量　C. 进出口总额　D. 旅游总收入

7. 被称为“岭南四大名果”的有（　　）。

A. 杧果　B. 香蕉　C. 荔枝　D. 菠萝

8. 与广东接壤的省份有（　　）。

A. 福建　B. 江西　C. 广西　D. 海南

9. 广东主要经济作物有（　　）。

A. 橡胶　B. 甘蔗　C. 花生　D. 黄麻

10. 粤港澳大湾区包括下面哪些城市？（　　）

A. 湛江　　B. 汕头　　C. 珠海　　D. 惠州

三、简答题

1. 广东的方位有何优势？
2. 广东为什么简称“粤”？
3. 广东在矿产资源方面有何优势和劣势？
4. 请简要介绍广东的经济发展现状。
5. 广东有哪些地级市？分别位于广东哪些区域？
6. 请列举广东名列全国第一的指标。
7. 写一篇 300 字左右的广东概况介绍。

四、分析题

材料：2013 年，广东农村居民家庭恩格尔系数为 49％，城镇居民家庭恩格尔系数为 36.7％。2017 年全省居民恩格尔系数为 33.51％，比上年下降 0.67 个百分点，其中农村为 40.18％，城镇为 32.16％。

问：上述数据说明了什么问题？

第二章 广东的旅游业和旅游资源概况

本章导读

在古代，广东还没有产生旅游行业，旅游活动在全国也没有明显的优势。近代是广东旅游业的起步时期，广东出现了一批新式酒店和旅行社。从 20 世纪七八十年代开始，广东的旅游业得到迅猛发展，广东成为中国旅游业第一大省。

第一节 广东旅游简史

一、古代广东旅游

古代广东的旅游起源于何时并无专门记载。人们较一致地认为，人类旅游活动至少在原始社会解体、奴隶社会形成的时候就产生了，古代广东旅游的产生时间应该也不会例外。传说当中，黄帝曾来到肇庆的鼎湖山，在山上铸鼎，鼎湖山也因此而得名。传说当中舜帝也曾南巡到韶关，登高奏韶乐。舜帝还带领宫廷乐队到过英德，登南山之巅，奏曲唱词，后人于是把南山之巅取名“鸣弦峰”。

汉朝初年，南越王赵佗曾在广州筑越王台，经常登临宴乐，使这里成为广州最早的游乐去处。汉代以后，随着佛教的传入和道教的流行，国内外僧徒道士相继入粤，开宗教旅游的先河。王园寺（今光孝寺）、西来庵（今华林寺）、宝庄严寺（今六榕寺）、曲江宝林寺（今南华寺）、罗浮山南楼寺、清远峡山寺、广州三元宫等寺庙宫观相继出现。此时的罗浮山上道佛两教并存，成为粤东宗教旅游集中点。

唐代，全国经济重心日渐南移，张九龄又开凿大庾岭驿道，广东与中原地区的联系日益紧密，人员和物资交流更加频繁，有力地推动了广东旅游活动的开展。杜审言、宋之问、韩愈、刘禹锡、李翱、李商隐等相继在广东留下游踪。肇庆七星岩在唐代名扬长安，开元年间，唐代著名书法家李邕（yōng）（即李北海）慕名而来，写了《端州石室记》刻在洞壁上，成为七星岩保存下来的年代最久远的石刻。此后这里留下了更多的游人碑刻，其中保存至今的唐宋游人碑刻就达 300 多条，形成千年诗廊，也使得七星岩摩崖石刻群成为岭南地区保存摩崖石刻最多最集中的地方，唐代以来各代书法大师的作品在这里基本都能找到。唐代广东海上交通日益发展，广州成为世界贸易大港，许多外商旅居广州，留下了一些著名的游记，如唐大中五年（851 年）苏莱曼写的《苏莱曼东游记》就是一部很出色的旅游作品。

补充阅读

李邕是唐代书法家，因曾任北海太守等职，人称“李北海”。他的《端州石室记》非常细腻地描写了端州石室洞里面如人间仙境一般的奇异景致，既是一篇山水美文，也是一幅精美的书法作品，是七星岩的“镇岩之宝”。李邕本擅长行书、草书，而此石刻用的却是楷体。据说此石刻拓本传到京城长安时，即名动京城，使端州名扬长安。

宋元时期，大庾岭驿道成为入粤交通和旅游的主要路线，南雄珠玑巷也由此成为闻名遐迩的旅人驻足地，有“广东第一巷”之誉。寇准、苏东坡、秦观、米芾、苏辙、王岩叟、任伯雨等游踪遍及广东。苏轼在惠州整治西湖，使惠州西湖与杭州西湖齐名。

明代，广东大部分州县城墙得到重建，出现了更多的园林建筑，为游客提供了游乐场所。富有岭南风格的广东四大名园（东莞可园、顺德清晖园、番禺余荫山房和佛山梁园）相继建成。明清时代，随着交通的改善和广东商品经济的发展，广东旅游活动更为频繁，有更多的人游历南海。西樵山吸引了更多的名流学者到此讲学游览，成为广东名山之一。徐霞客、汤显祖等在广东留下了他们的足迹和诗文。有更多的外国人进入广东，其中就有利玛窦，他在肇庆建立了中国第一所天主教堂——仙花寺。

与全国其他地方一样，古代的广东只有旅游活动，还没有形成一个旅游行业。

二、近代广东旅游

近代是广东旅游业的起步时期。

近代，随着铁路和公路的兴建，广东的旅游交通日益方便，许多外国人来粤经商、传教、兴办学校而兼顾旅游，许多华侨、港澳同胞亦回乡探亲访友和进行贸易，虽然此时的旅游尚未形成规模，但旅游业作为一项产业已开始出现。这首先体现在一些新式酒店的出现，到 1937 年，光广州一市就有旅店、酒店、客栈达 302 家。其中，建于 1937 年的爱群酒店是广州第一幢钢框架结构高层建筑，是当时设备最新式、最完善、最豪华的酒店，在国内首屈一指。肇庆七星岩、韶关丹霞山、从化温泉等也开始接待众多的国内外游客。同时，旅行社也开始落户广东。1933 年，总社设于上海的中国旅行社在广州设立中国旅行社广州支社，后升格为分社。其他旅游服务机构，如中国旅行社广州湾办事处（后改为分社）、中国旅行社曲江支社、湖光岩名胜风景旅行社等也先后建立。

三、现代广东旅游

新中国成立以后，我国的旅游发展进入新的历史阶段。广东的旅游发展历程大体上可以1978年为界，划分为前后两个阶段。

（一）1978年以前

从新中国成立到1978年以前的这一段时期，广东的旅行社数量很少，其常规的工作任务是接待归国访问的华侨和港澳同胞，以及组织由外事部门确定的国际友人在我国境内的观光和游览活动，现代意义上的国内旅游几乎没有出现，旅游设施总体规模小、结构单一，旅游还没形成一个完整的产业。

1950年，广东省人民政府华侨事务委员会成立深圳华侨接待站（后改名为深圳华侨服务社），这是广东省中国旅行社的雏形。随后，广州、拱北、普宁、潮阳、大埔、梅县、中山、台山、开平等市、县先后设置华侨服务站（后来改名服务社、华侨旅行服务社、华侨旅行社和中国旅行社）。1956年2月，广东省华侨旅行服务社成立，次年更名为广东省华侨旅行社，形成了一个以省华侨服务社为首的全省接待华侨、外籍华人、港澳台同胞的有机网络。1974年1月，广东省华侨旅行社更名为广东省中国旅行社。

1954年，中国国际旅行社广州分社成立，主要接待国外来宾、外国文艺团体、外国旅行团。1957年起，承担每年春、秋两季广交会应邀外商的生活接待和单项委托事宜。1965年，中国国际旅行社广州分社在全国首创了国际游客香港—广州游。

1972年，中国国际旅行社广州分社接待人数为31 582人次，其中旅行团有1 800人次；中国旅行社接待人数为10 152人次。

20世纪50年代以来，肇庆七星岩、广州越秀山、从化温泉、惠州西湖、南海西樵山等几处风景点得到修缮，但旅游人数并不多。国内居民除少数于节假日进行的短途的自发性旅行外，尚未形成有组织、有计划的旅游活动。

（二）1978年以后

1978年，我国开始了改革开放，旅游业获得了新的生机，开始了迅猛发展阶段。广东旅游业在这一阶段也获得了高速发展，国内旅游人数、入境游人数、城市接待国际旅游人数、旅游创汇、旅游营业总收入等重要经济指标长期居全国首位，广东已成为全国旅游业发展的第一大省。

补充阅读

2014年12月13日，中国旅游研究院武汉分院承担的《2014中国旅游业发展报告》成果在武汉发布。报告显示，广东在旅游综合竞争力方面名列全国第一，在现实竞争力方面也列全国第一，在潜在竞争力方面列全国第二。在全国15个副省级城市中，广州、深圳分别列旅游综合竞争力前两名。

1978年7月，广东省旅行游览事业管理局（简称广东省旅游局）成立，全省的旅游行政管理工作开始向正规化方向迈进。自1978年以来，全省旅游体制进行了一系列改革，旅游经营单位由事业单位转变为企业化管理，成为独立经营、自负盈亏的经济实体。省内

迅速建立了大量宾馆，旅行社数量大量增加，原有景区（点）得到完好的维护，同时新建了许多新的旅游景区（点），开办了许多旅游院校，培养了大量旅游人才，广东旅游业取得了巨大成就。

1978 年，广东入境人数达 168.73 万人次，旅行社全年有组织地接待的外国人 12.3 万多人次，华侨、港澳台同胞 32 万多人次。从 1978 年开始，多年以来广东的入境旅游人数以每年 20%左右的速度递增。1984 年，广东省实现了省内居民赴香港、澳门两地探亲旅游。1987 年，入境游客达 2 530 万人次，占全国入境总人数的 94%，其中外国游客达 89.56 万人次。1998 年，广东在全国率先将旅游业确立为新经济增长点。2006 年，广东省口岸接待入境游客 1.003 91 亿人次，成为全国首个口岸接待入境旅游者突破 1 亿人次的省份。

补充阅读

在景区建设上，广东创造了许多全国第一：1983 年，广东引进外资建设了全国第一个现代化的游乐园——中山长江乐园；1984 年建成全国第一个农民度假村——珠海白藤湖农民度假村，同年建成全国第一个高尔夫球场——中山温泉高尔夫球场；1989 年建成全国第一个大型微缩景观旅游区——深圳锦绣中华；1996 年建成第一个现代化的温泉度假村——恩平金山温泉度假村；1997 年建立第一个民营野生动物世界——番禺香江野生动物世界。

2015 年，全省接待国内游客达 7.43 亿人次，增长 12.9%，其中，过夜旅游者 3.28 亿人次，增长 11.5%。全年口岸入境旅游人数达 10 517.16 万人次（其中外国人 660.42 万人次，香港、澳门和台湾同胞 9 856.74 万人次），比上年增长 5.3%，入境过夜旅游者达 3 446.94 万人次。

补充阅读

2015 年，全国接待的国内游客达 40 亿人次，其中广东接待的国内游客占了 18.6%；全国的国内旅游收入为 34 195 亿元，广东占了其中的 30.3%；入境游客 13 382 万人次，从广东口岸入境的就占了 78.6%。

2017 年，全省接待国内过夜游客 4.07 亿人次，增长 12.5%。国内旅游收入 10 667.02亿元，增长 15.9%。当年全国国内旅游收入 45 661 亿元，广东约占全国的 23%。2017 年广东接待入境过夜游客 3 647.56 万人次，增长 3.7%。国际旅游外汇收入 196.50 亿美元，增长 5.8%。当年全国入境过夜游客 6 074 万人次，广东占了其中的 60%；当年全国国际旅游收入 1 234 亿美元，广东占了其中的 16%。

旅游产业的繁荣带动了周边产业的发展，增加了就业岗位。据统计，2010 年，广东省在旅游行业直接就业的有 140 万人，间接就业者达到 700 万人，二者相加占了全省就业人数的 12.5%。到 2015 年，全省旅游业直接就业人数增至 250 万人，直接就业贡献率达 6.8%，在旅游相关行业的就业人数超过 1 250 万人，两方面人数相加为 1 500 万人，占全国旅游行业直接和间接就业人数的 19%。

补充阅读

据统计，1978 年全国旅游业直接就业人数为 45 万人，2013 年为 2 278 万人，是 1978 年的 51 倍。2013 年，旅游业直接和间接就业总人数为 6 441 万人，占全国就业总数的 8.4%。当年世界旅游业共创造了 2.66 亿个就业岗位，中国旅游业创造的就业岗位占了 24.06%。到 2015 年，我国旅游业创造的就业岗位进一步增加。当年旅游业直接就业 2 798 万人，比 2013 年增加了 520 万，平均每年增加 260 万。旅游业直接和间接就业 7 911 万人，占全国就业总人口的 10.2%。2017 年，旅游业直接就业 2 825 万人，旅游业直接和间接就业 7 990 万人，占全国就业总人口的 10.28%。

近年来，广东率先建设全国唯一的省域旅游综合改革示范区，推动落实带薪休假制度，在全国旅游业格局中占有越来越重要的地位。会展旅游、游艇旅游、高尔夫旅游、自驾车旅游等高端旅游已成为新的旅游热点，文化旅游、温泉康体旅游、绿道旅游、乡村旅游、森林生态旅游等专项旅游产品日益丰富。2015 年 12 月 25 日，广东省政府正式印发了《广东省人民政府关于促进旅游业改革发展的实施意见》(粤府函〔2015〕351 号)，为促进广东旅游业的健康持续快速发展指明了方向。2017 年 7 月 27 日，《广东省旅游条例》获得通过，于 2017 年 11 月 1 日起施行。

补充阅读

深圳和广州历来是全国接待入境游客最多的城市。拿深圳来说，深圳是我国拥有口岸数量最多、出入境人员最多、车流量最大的口岸城市。2015 年深圳接待入境过夜游客 1 218.70万人次，居全国大中城市首位。当年全国的入境过夜游客为 5 689 万人次，深圳占了其中的 21.4%。

第二节　广东旅游产业发展状况

旅游产业是以旅游资源为依托，通过一定的旅游设施为旅游者创造便利的旅游条件并提供旅游者所需商品和服务的综合性产业，主要包括旅行社、旅游饭店、旅游交通、旅游景区（点）、旅游购物商店等。其中，旅行社、旅游饭店和旅游交通通常被认为是旅游产业的三大支柱。

改革开放以来，广东旅游产业获得迅猛发展，并日益成为我省国民经济的战略性支柱产业。一批大型旅游企业，如华侨城集团、岭南集团、长隆集团、广东省旅游集团、广东省中旅集团、白天鹅酒店集团等脱颖而出，成为全国旅游行业中的知名品牌。

补充阅读

2017 年 12 月 20 日，中国旅游研究院、国家旅游局数据中心、中国旅游协会发布了 2017 年度中国旅游集团 20 强名单。华侨城集团、岭南集团入围，其中华侨城集团排名第五。

一、旅行社

根据国务院 2009 年 2 月 20 日颁布的《旅行社条例》（2009 年 5 月 1 日起施行），旅行社是指“从事招徕、组织、接待旅游者等活动，为旅游者提供相关旅游服务，开展国内旅游业务、入境旅游业务或者出境旅游业务的企业法人”。

广东的旅行社数量排在全国前列。截至 2017 年 11 月，广东列入统计范围的旅行社总数为 2 345 家，其中出境游组团社有 419 家，外资旅行社有 19 家；旅行社从业人员达 65 348 人。

补充阅读

截至 2015 年底，全国旅行社直接从业人员达 334 030 人，其中有大专以上学历的从业人员为 244 112 人。全国旅行社直接从业人员中，签订劳动合同的导游人数为 111 903 人，领队人员为 45 503 人。

广东的旅行社各项排名长期居全国前列。2012 年，广东共有 17 家旅行社荣获 2012 年度全国百强旅行社称号，百强旅行社数量与北京市并列全国第一。广东省中国旅行社股份有限公司、广州广之旅国际旅行社股份有限公司、广东南湖国际旅行社有限责任公司名列 2012 年度全国旅行社税收十强（排名分别为第一、第二和第八）。此外，广东省中国旅行社股份有限公司、广州广之旅国际旅行社股份有限公司还入选 2012 年度全国旅行社集团十强。

2016 年 12 月 7 日，国家旅游局公布了 2015 年度全国百强旅行社、2015 年度全国旅行社集团二十强名单，广州广之旅国际旅行社股份有限公司等 17 家旅行社名列 2015 年度全国百强旅行社前 100 名。广东省中国旅行社股份有限公司、广州广之旅国际旅行社股份有限公司、广东南湖国际旅行社有限责任公司、中国国旅（广东）国际旅行社股份有限公司入选 2015 年度全国旅行社集团二十强。

广东旅行社的组接能力和经营业绩突出，在全国年度旅行社组接指标（出境旅游、国内旅游、入境旅游综合）排名中，广东多次名列全国第一。

补充阅读

根据国家旅游局的统计，2014 年，广东的旅行社在组接指标（出境旅游、国内旅游、入境旅游综合）排名居全国第一，在主要经济指标（旅游业务收入、旅游业务利润、实缴税金三项综合）的排名上也列全国第一。

2016 年 9 月，国家旅游局发布《2015 年度全国旅行社统计调查情况的公报》，2015 年度全国旅行社组接指标排名，广东再次名列第一。2015 年度全国旅行社主要经济指标（旅游业务收入、旅游业务利润、实缴税金三项综合）排名，广东名列第二。

2018 年 1 月，国家旅游局发布《2017 年第三季度全国旅行社统计调查情况的公报》，广东的旅行社组接指标排名仍为第一。

就广东旅行社数量的地区分布而言，深圳的旅行社数量全省最多，其次是广州、珠海。2011 年，旅行社数量排在前五位的地级市依次为：深圳（311 家）、广州（265 家）、珠海（109 家）、汕头（67 家）、佛山（61 家），五市旅行社总量占全省总量的 59%。截至 2017 年 11 月，列入统计范围的旅行社数量排在前五位的地级市依次为：深圳（692 家）、广州（521 家）、珠海（179 家）、佛山（116 家）、东莞（112 家）。

广州的旅行社从业人员数量居全省第一。截至 2017 年 11 月，广州旅行社从业人员达到 16 096 人，占全省旅行社从业人员的 24.6%。深圳的旅行社数量居全省第一。截至 2017 年 11 月，深圳有旅行社 692 家，占全省旅行社数量的 29.5%；有出境游组团社 149 家，占全省出境游组团社数量的 35.6%；有旅行社从业人员 13 230 人，占全省旅行社从业人员的 20%。

二、旅游住宿设施

饭店是依托服务设施向旅游者提供住宿、餐饮、购物和娱乐等项服务的企业。

在 1978 年以前，广东已建立深圳华侨大厦、广州华侨大厦、广州羊城宾馆、广州宾馆、白云宾馆等。1980 年初，广东省率先利用外资建设了全国第一座现代化的合资合作酒店——珠海石景山旅游中心。1982 年，广东建成我国第一个自行设计、自我建筑、自我管理的旅游示范性宾馆——广州白天鹅宾馆，它也是中国内地首批三家五星级饭店之一。至 1987 年底，全省涉外宾馆、饭店达 440 座，客房 54 222 间。到 2006 年，全省拥有各类住宿设施约 3 800 多家，客房 25 万多间，其中星级饭店 1 189 家、五星级 48 家、四星级 158 家、三星级 564 家。截至 2010 年 10 月，全省共有旅游饭店约 8 500 家，其中白金五星级饭店 1 家（广州花园酒店）、五星级饭店 89 家、四星级饭店 194 家、绿色饭店 927 家。

长期以来，广东的五星级饭店数量居全国首位，一些酒店曾是全国酒店经营管理和优质服务的样板，如广州花园酒店就在 2007 年被评为我国首批白金五星级饭店。

补充阅读

广州白天鹅宾馆

广州白天鹅宾馆坐落于广州市沙面白鹅潭，由霍英东先生与广东省政府投资合作兴建而成，1983 年开业，1985 年被接纳为世界一流酒店组织成员，1990 年被评为中国首批五星级饭店之一。广州白天鹅宾馆创下了多个“第一”：中国第一家自行设计、自行建设、自行管理的现代大型港粤合作酒店，中国第一家港粤合作的五星级宾馆，中国第一家四门打开对群众开放的高级酒店，中国第一家全面实施电脑化管理的酒店，中国第一家使用信用卡结账及实行八种外汇付款方式的酒店。

2010 年，广东省第三次全国文物普查，广州白天鹅宾馆被认定为文物。2016 年 9 月入选《首批中国 20 世纪建筑遗产名录》。

截至 2017 年 11 月，全省共有旅游饭店 16 693 家，以广州市最多，达 3 001 家，其次是东莞，有 1 704 家。深圳市有 784 家旅游饭店。全省旅游饭店中有星级饭店 861 家，其中有白金五星级饭店 1 家、五星级饭店 109 家、四星级饭店 162 家、三星级饭店 498 家、二星级饭店 87 家、一星级饭店 4 家。全省星级饭店最多的城市是广州，达 188 家；其次是深圳，有 114 家。全省五星级饭店最多的城市是深圳，达 25 家；其次是广州和东莞，分别有 21 家和 16 家。

补充阅读

截至 2017 年底，全国有 860 家五星级饭店。广东的五星级饭店数量居全国第一，达到 108 家，其次是江苏和浙江，分别为 86 家和 82 家。排名第 20 位的陕西拥有五星级饭店 16 家。

三、旅游交通

旅游交通是旅游业发展的基础。公路、铁路、航空、水运是最常见的旅游交通运输方式。广东是我国海陆交通都较发达的省份，公路交通构成了旅游交通运输方式的主体，其次是铁路交通和航空交通。

2017 年，广东全年旅客运输总量为 148 339 万人，其中公路运输完成的旅客运输量为 105 824 万人，占总运输量的 71.3%（当年全国公路运输完成的旅客运输量占总运输量的比重为 78.8%），因此，公路运输是广东最重要的一种旅游交通运输方式。铁路运输完成的旅客运输量为 28 483 万人，占总运输量的 19.2%，而且是 2017 年广东增长速度最快的一种交通运输方式，增速达到 12.1%。民航运输完成的旅客运输量为 11 420 万人，占总运输量的 7.7%（当年全国民航运输完成的旅客运输量占总运输量的比重为 2.97%）。水路运输完成的旅客运输量为 2 612 万人，占总运输量的 1.8%，是四种交通运输方式中所占比重最低的，而且是 2017 年唯一呈负增长的交通运输方式。

补充阅读

2017 年全国各种运输方式完成旅客运输量及其增长速度如表 2－1 所示，2017 年广东各种运输方式完成旅客运输量及其增长速度如表 2－2 所示。

表 2－1　　2017 年全国各种运输方式完成旅客运输量及其增长速度

指　标	单　位	绝对数	比上年增长（%）
旅客运输总量	亿人次	185.1	－2.6
铁路	亿人次	30.8	9.6

续前表

指　标	单　位	绝对数	比上年增长（%）
公路	亿人次	145.9	−5.4
水运	亿人次	2.8	4.1
民航	亿人次	5.5	13.0
旅客运输周转量	亿人千米	32 812.7	5.0
铁路	亿人千米	13 456.9	7.0
公路	亿人千米	9 765.1	−4.5
水运	亿人千米	77.9	7.7
民航	亿人千米	9 512.8	13.5

资料来源：中华人民共和国国家统计局．中华人民共和国 2017 年国民经济和社会发展统计公报．（2018-02-28）[2018-04-15]．http：//www.stats.gov.cn/tjsj/zxfb/201802/t20180228_1585631.html.

表 2-2　2017 年广东各种运输方式完成旅客运输量及其增长速度

指　标	单　位	绝对数	比上年增长（%）
旅客运输总量	万人	148 339	5.4
铁路	万人	28 483	12.1
公路	万人	105 824	3.7
水运	万人	2 612	−1.4
民航	万人	11 420	8.1
旅客运输周转量	亿人千米	4 143.84	7.7
铁路	亿人千米	874.66	9.7
公路	亿人千米	1 130.92	4.7
水运	亿人千米	10.50	1.5
民航	亿人千米	2 127.75	8.6

资料来源：广东省统计局，国家统计局广东调查总队．2017 年广东国民经济和社会发展统计公报．（2018-03-02）[2018-04-15]．http：//www.gdstats.gov.cn/tjzl/tjgb/201803/t0180302_381919.html.

（一）公路客运

截至 2006 年，广东全省公路总里程达 17.84 万千米，其中高速公路为 3 340 千米，公路密度达 100.03 千米/百平方千米，乡镇和行政村公路通达率达 100%。2011 年，公路通车里程为 19.07 万千米，其中高速公路里程为 5 049 千米。到 2015 年底，全省公路通车里程达到 21.60 万千米，其中高速公路里程为 7 021 千米，在全国率先突破 7 000 千米，长度居全国首位。

广东主要的高速公路有广清高速公路、京港澳高速（原京珠高速公路）、广惠高速、广深高速公路、广佛高速公路、广三高速公路、广肇高速公路、广梧高速公路、广贺高速公路、广河高速公路、广深沿江高速公路、广明高速公路、珠三角外环高速公路等。

（二）铁路客运

广东省第一条铁路是始建于 1901 年的广三铁路（广州至三水）。从 1901 年到 1936 年，广东先后建成广三铁路、粤汉铁路及广九铁路。至 1949 年末，全省只有标准轨距铁路 576.2 千米，且技术标准低，弯多坡陡。

新中国成立后，黎（塘）湛（江）铁路、三茂铁路、广深复线、衡广复线、广梅汕铁路、梅龙铁路、京九铁路、粤海铁路（第一条通往海南省的跨海铁路）、梅坎铁路等相继建成通车，铁路营运里程大大增加。2014 年 9 月 30 日，赣韶铁路正式开通运行。该线全长 179 千米，连通京广、京九线，从广州可以直达丹霞山、珠玑巷、梅关古驿道等著名旅游景点。

广东高铁建设也发展很快。1994 年 12 月 22 日，广深准高速铁路胜利建成通车，这是全国第一条时速 160 千米的准高速铁路，为中国铁路朝高科技方向发展揭开了新纪元。2009 年以来，武广、广珠、广深港高铁广深段、厦深高铁 、贵（阳）广（州）高铁、南（宁）广（州）高铁相继开通运营，有效缓解了运输紧张状况。此外，杭（州）广（州）高铁、茂（名）湛（江）高铁也正加紧建设。

补充阅读

贵广高铁即贵广高速铁路，又称贵广客运专线，从广州南站出发至贵州的贵阳市，全长 857 千米，其中广东境内 207.5 千米，于 2014 年 12 月 26 日正式通车运行，广州至贵阳的列车运行时间缩至 4 小时左右。这条铁路是西南地区最便捷的铁路出海大通道，是连接“一带一路”，实现长江经济带、珠江经济带、西江经济带、中孟缅印经济走廊“互联互通”的高速通道。

南广高速铁路也于 2014 年 12 月 26 日正式开通运营，是连接祖国西南与华南的快捷大通道，是华南地区的经济大动脉。南广高铁始自广西南宁的南宁东站、黎塘西站，经贵港、梧州，广东省云浮、肇庆、佛山至广州的广州南站，线路全长 577.1 千米，其中广东境内 227.3 千米。南广高铁开通后，南宁至广州运输距离缩短约 250 千米，列车全程运行时间节省约 11 小时。

截至 2018 年 2 月，广东铁路营业里程达到 4 510 千米，其中有 1 400 多千米是近五年新增的。时速 200 千米以上的铁路达到 1 542 千米。到 2018 年 3 月，全省有 16 个地级市已通高铁，河源、梅州、阳江、湛江、茂名也已有高铁在建。广东的出省铁路通道已达到 12 条，其中高速铁路出省通道有 5 条，基本形成了以广州、深圳为中心，连通全省的路网格局。

广州站是华南地区最大的火车站。广州南站是华南最大的高铁站，车站经停车次（含始发、终到、过路）位列全国第一（2017 年春运期间，日均到发 36.86 万人次），广深港高速铁路、广珠城轨、武广客运专线 、贵广高速铁路 、南广高速铁路均始发于广州南站。

深圳福田火车站是亚洲最大的地下火车站，也是全球第二大地下火车站（仅次于美国纽约中央火车站），总建筑面积达 147 088 平方米，设 8 线 4 站台 21 个出入口，分为三层

(换层大厅、候车大厅、站台层)，2016 年已开通运营深圳至广州段，即将开通深圳至香港段。

(三) 民航客运

1911 年 7 月，爱国华侨、著名飞行家、飞机设计师冯如在广州燕塘开办广东飞行器公司，首创广东航空事业。1932 年，中国航空公司和欧亚航空公司相继开航广州。1933 年，西南航空公司成立，这是当时唯一一家由中国人自己集资、筹办和经营的地方航空公司。

补充阅读

冯如（1884—1912 年），字九如，广东恩平人。中国第一位飞机设计师、制造家和飞行家，被称为“中国航空之父”。

冯如生于一个贫农家庭，12 岁随父漂洋过海到美国谋生。他目睹了美国的先进技术，认为要改变中国贫穷落后面貌一定要有先进的技艺。1907 年，他在华侨支持下在奥克兰开办了广东机器制造公司（1909 年改名广东飞行器公司）。1909 年 9 月，他驾驶自己设计制造的飞机上天，飞行距离甚至超过了美国莱特兄弟首飞的距离。1910 年 10 月，在一世界性的飞行比赛中，冯如制造的飞机以时速 105 千米、高度超过 230 米、航程达 32.2 千米而获得第一名，轰动了航空界。

1911 年，冯如在广州近郊燕塘设立广东飞行器公司，参加了广东光复之役。1912 年 8 月，在一次飞行表演中，冯如因飞机失事牺牲。

新中国成立后，广东的民用航空事业取得了巨大的发展。1950 年 8 月 1 日，广州白云机场迎来了中华人民共和国成立后的第一个航班。1980 年，广东民航走上企业化管理的道路。从 1980 年开始，白云机场的飞机起落架次和旅客吞吐量长期位居全国各大机场的首位，现在仍然是全国的主要机场之一。

目前，广东主要的民用机场有广州白云国际机场、深圳宝安国际机场、珠海金湾国际机场、揭阳潮汕国际机场、湛江机场、惠州平潭机场、佛山沙堤机场和梅州梅县机场等 8 个。2017 年，我国机场全年旅客吞吐量近 114 787 万人次，其中广州白云机场完成旅客吞吐量将近 6 581 万人次，居全国第三；深圳宝安机场完成旅客吞吐量超过 4 561 万人次，居全国第五。

补充阅读

2017 年，珠海金湾国际机场旅客吞吐量排名居全国 36 位（9 216 808 人次），揭阳潮汕国际机场排 46 位（4 851 015 人次），湛江机场排 54 位（2 090 568 人次），惠州平潭机场排 87 位（956 858 人次），佛山沙堤机场排 126 位（471 472 人次），梅州梅县长岗岌机场排 139 位（397 857 人次）。

广州白云国际机场为 4F 级标准，是中国三大国际航空枢纽机场、国家级枢纽机场之一，也是国家“一带一路”倡议和“空中丝绸之路”的一个重要国际航空枢纽。深圳宝安

国际机场也为4F级标准，是一个具有海、陆、空联运的现代化航空港，是世界百强机场之一、中国五大机场之一。

补充阅读

深圳宝安机场于1989年5月开工奠基，只用了两年4个月即建成，1991年10月正式通航。深圳宝安机场创造了多个“最快”——国内建设速度最快的机场、吞吐量增长最快的机场、国内唯一仅一年半就升格为对外开放口岸的机场。随着深圳社会经济的快速发展，原A、B航站楼容量很快饱和。2010年深圳宝安机场新航站楼正式开工建设，2013年投入使用。航站楼面积达到原航站楼的3倍，年吞吐能力大为提高。

（四）水上运输

广东未建成公路、铁路之前，水运是旅游的主要运输形式。随着公路运输、铁路运输、航空运输的日渐发达，水上客运已不像以前那样繁忙，但仍然是旅游业不可或缺的运输形式。2017年，水上运输完成旅客运输2 612万人次。

广东海岸线长，河流、湖泊、岛屿众多，发展水上运输的条件得天独厚。目前，广东已建成了以干流为主通道的干支相通的内河运输网和以枢纽港为主骨架的江海相连、内外贸易运输并举的海上运输网络。内河航运以珠江为主干，通过西江、北江、东江这一扇形河网，沟通了全省一半地区。至2006年底，全省可通航河流为1 265条，内河航道里程为13 596千米。到2013年底，全省航道通航总里程达1.2万千米，等级航道达4 667千米。珠江是华南水上运输的大动脉，通航能力仅次于长江，居全国的第二位。

海运通达世界各大港口，深圳港、广州港、湛江港、汕头港等都是全国著名大港，深圳港、广州港还是世界知名的集装箱大港。2017年，在全球主要集装箱港口吞吐量排名中，中国有九大集装箱港口入围前二十名，其中，深圳港排名第三，广州港排名第七。

深圳港是中国国际班轮航线密度最高的港口之一，集装箱吞吐量连续多年位居世界集装箱港口第三位。2016年10月31日，深圳蛇口邮轮中心（太子湾邮轮母港）正式启用，这是华南地区唯一的集“海、陆、空、铁”于一体的现代化国际邮轮母港，全球最大的邮轮可以在这里停靠。

第三节　广东旅游资源及旅游景区概述

一、旅游资源的含义、特征及分类

（一）旅游资源的含义

旅游由三个基本要素构成：旅游的主体，即旅游者；旅游客体，即旅游资源；旅游的媒介，即旅游业。作为旅游的三个基本构成要素之一，旅游资源是旅游业发展的基础，也是吸引旅游者旅游的客体。旅游资源所包含的范围非常广泛，事实上，我们今天已很难找出哪一类事物或现象绝对不可能被当作旅游资源了。也正因为旅游资源涵盖广泛，要对旅游资源下一个定义并非易事。直到今天，关于旅游资源的定义还存在不少争论。

我国的国家标准《旅游资源分类、调查与评价》（GB/T18972-2003）中对旅游资源的定义是这样的：自然界和人类社会凡能对旅游者产生吸引力，可以为旅游业开发利用，并可产生经济效益、社会效益和环境效益的各种事物和因素。

从上述定义可以看出，只要满足下列条件的事物和因素都可能成为旅游资源：（1）能对游客产生吸引力，激发游客的旅游动机；（2）能被旅游业开发利用；（3）能产生经济效益、社会效益和环境效益。因此，现实生活中旅游资源的品种和数量是相当多的。

（二）旅游资源的特征

旅游资源不同于传统意义上的资源，如土地资源、水资源、矿产资源等，旅游资源有其自身的特点：

（1）审美性。旅游资源之所以能吸引游客，是因为旅游资源都有一定的美感，能唤起游客审美和愉悦的感受。旅游资源的美学特征越突出、观赏性越强，对旅游者的吸引力就越大。

（2）多样性。旅游资源品种繁多、类型复杂、形态多样，其多样性和广泛性是其他资源所不能及的。旅游资源的多样性来自旅游者旅游需求的多样性，每一种旅游需求之下都存在潜在的旅游资源，一旦条件许可或时机成熟，潜在的旅游资源就有可能变为现实的旅游资源。

（3）综合性。一种旅游资源很少孤立地存在，它往往与其他旅游资源相互依存、相互作用，共同形成一个和谐的有机体。很少有哪一个旅游资源是纯粹地只含一种特性的旅游资源，比如庐山，以风光秀美著称于世，但庐山却是以“文化景观”列入世界遗产的。

（4）地域性。各类旅游资源总是分布在一定的地理环境或一定的人文环境中。而各地的地理和人文环境总是存在一定的差异，这必然导致旅游资源间的差异，使得不同区域的旅游资源呈现出不同的特色和独有的景观魅力。

（5）季节性。许多旅游资源会随着季节、时间的变化而显示出不同的景观特征，甚至会随着季节的不同而出现或消失。旅游资源的季节性变化会引起旅游流的季节性变化，从而形成了旅游业的淡季、旺季的更迭。

（6）时代性。不同的时代、不同的社会经济条件下，人们对同一旅游资源的看法可能不同，旅游资源的价值也会随着时代的变迁而出现变化。今天特别受欢迎的旅游资源，在过去则可能是人们熟视无睹的东西。

（7）易损性。旅游资源如果利用保护不当，很容易遭到破坏。而旅游资源一经破坏，则很难恢复。即使人工修复，也很难保持原有的吸引力。

（8）可持续利用性。旅游资源只要开发得当、保护得力，一般可长期反复利用。在旅游过程中，游客可以得到关于旅游资源的认识、印象和感受，却不能带走旅游资源，也不会将旅游资源消耗掉。

（三）旅游资源的分类

旅游资源可分成两大类：自然旅游资源和人文旅游资源。

自然旅游资源是依照自然发展规律天然形成的、存在于自然环境中的旅游资源。可进一步细分为四类：

（1）地文景观。分成综合自然旅游地、沉积与构造、地质地貌过程形迹、自然变动遗迹、岛礁五类。

（2）水域风光。分成河段、天然湖泊与池沼、瀑布、泉、河口与海面、冰雪地六类。

（3）生物景观。分成树木、草原与草地、花卉地、野生动物栖息地四类。

（4）天象与气候景观。分成光现象、天气与气候现象两类。

人文旅游资源则是在人类历史发展和社会进程中由人类社会行为促使形成的具有人类社会文化属性的旅游资源。人文旅游资源也可进一步细分为四类：

（1）遗址遗迹。分成史前人类活动场所、社会经济文化活动遗址遗迹两类。

（2）建筑与设施。分成综合人文旅游地、单体活动场馆、景观建筑与附属型建筑、居住地与社区、归葬地、交通建筑、水工建筑七类。

（3）旅游商品。含菜品饮食、农林畜产品与制品、水产品与制品、中草药材及制品、传统手工产品与工艺品、日用工业品等。

（4）人文活动。分成人事记录（含人物与事件）、艺术（含文艺团体与文学艺术作品）、民间习俗（含地方风俗与民间礼仪、民间节庆、民间演艺、民间健身活动与赛事、宗教活动、庙会与民间集会、饮食习俗、特色服饰等）、现代节庆四类。

二、广东旅游资源的特色品牌

悠久的历史，灿烂的文化，优越的自然条件，形成了广东旅游资源数量多、类型全、分布广的特色。长期以来，广东形成了“活力广东”的总体旅游形象，并形成了“岭南文化、活力商都、黄金海岸、美食天堂”这四大特色旅游品牌和珠三角都市休闲旅游、粤北生态休闲旅游、粤东特色文化旅游、粤西滨海生态旅游这四大区域旅游品牌。

其中，“岭南文化、活力商都、黄金海岸、美食天堂”这四大特色也是广东旅游资源当中最具特色与开发价值的方面。

（一）岭南文化

岭南文化是中华民族传统文化中最具特色和活力的地域文化之一，是悠久灿烂的中华文化的重要的有机组成部分，是祖国文化百花园中的一枝奇葩。广东文化是岭南文化的典型代表。

受独特的地理环境和历史条件的影响，岭南文化受农业文化和海洋文化的双重影响，体现出务实、开放、兼容、创新的特点，而敢为人先、务实进取、开放兼容、敬业奉献等成为岭南人共同的精神追求。在旅游业快速发展的今天，岭南文化又成为广东旅游资源的一大特色品牌，成为吸引游客的重要因素。岭南文化的载体很多，粤语、粤剧、潮剧、广东音乐、广东曲艺、岭南民歌、梅州客家山歌、岭南书法、岭南画派、岭南诗歌、岭南园林、岭南盆景、岭南民俗、岭南饮食文化和潮绣、广绣、广彩、广雕、石湾陶塑等岭南工艺以及广州骑楼、西关大屋、客家围龙屋、开平碉楼等岭南建筑艺术，无不体现广东的地方特色，展示出广东文化的独特魅力。

广东的岭南文化博大精深，包括了广府文化、客家文化、潮汕文化、雷州文化、禅宗文化、华侨文化、流寓文化、香山文化、五邑文化等。其中，广府文化、客家文化、潮汕文化、雷州文化又被称为“广东四大文化”。

1. 广府文化

历史上，广府是广信府和广州府的合称，地域范围主要包括西江流域中下游地区、北江流域中下游地区和珠江流域。广府文化通常指的是这一区域中粤语覆盖区的地域文化，而狭义的广府文化专指以广州为核心、以珠江三角洲为通行范围的粤语文化。由于在人口和地域上的优势，广府文化在岭南文化中居于主体地位，以其开放、兼容、务实、进取的优秀品质丰富着岭南文化的内涵，并对其他地域文化有着突出的影响。

2. 客家文化

客家文化是南迁入粤的客家人所创造的文化。在长期的移民过程中，客家人传承着中原文化的优秀传统，并将其与本地文化相结合，形成了崇文重教、敦亲睦族、吃苦耐劳、团结协作、奋发有为的文化精神，使客家文化成为岭南文化的重要组成部分。广东梅州是客家文化的代表区域，有“世界客都”之称。

3. 潮汕文化

潮汕文化是主要流行于潮州、汕头、揭阳地区的地域文化，这一地区习惯上被称为“潮汕地区”。潮汕文化融合了中原文化、当地土著文化、闽越文化、海外文化，深受传统农耕文化、近现代商业文化和海洋文化的影响，具有精细考究、抱团乐群、勇于开拓、善于经商的特质，在广东岭南文化中独树一帜。历史上潮汕地处偏远，不易受外来文化的冲击，保留了一些在今天的中原地带都已经消失的文化传统，因此潮汕文化被称为“中原文化的最后一支余脉”，潮州也因此被称为“中原古典文化的橱窗”。

4. 雷州文化

雷州文化是产生于有“天南重地”之称的雷州半岛的地域文化，主要流布于古雷州府所辖的海康、遂溪、徐闻三县，并辐射整个雷州半岛及海南、广西等环北部湾地区，是岭南地区最古老、持续时间最长的文化之一。它以闽语雷州话为通用语言，融合了百越文化、俚僚文化、中原文化、闽南移民文化和海洋文化，是中华文化百花园中的一朵奇葩。雷歌、雷剧、傩舞、雷州音乐、雷州石狗等都是雷州文化的代表。“雷州换鼓”还被明代冯梦龙的《警世通言》记载为“天下四绝”之首。

【小思考】

岭南地区的地理环境对岭南文化独特性的形成造成了哪些影响？

提示：(1) 岭南地区远离中原地区，受中原文化的影响较为缓慢，影响的程度也较小。(2) 岭南地区的北面是连绵群山，南面是茫茫大海，这使得岭南地区处在一个相对封闭的地理单元，外人难以进入岭南，而岭南人也难以走出去。(3) 岭南的气候高温多雨，日照强烈，空气潮湿，这使得北方人难以适应。北方人长期将岭南地区视为“瘴疠病毒”多发的蛮荒之地而不愿意来岭南地区，阻碍了南北文化的交流。

5. 流寓文化

广东地处南岭之南，气候湿热。历史上，这里人烟稀少，森林茂密，常有毒蛇猛兽出没，因此，在生产力落后的古代，广东长期被视为瘴疠①蛮夷之地。淮南王刘安谏汉武帝远征岭南时就曾说：“南方暑湿，近夏瘴热，暴露水居，蝮蛇蠚生，疾疠多作，兵未刃血，

---

① 瘴疠，指热带或亚热带潮湿地区流行的恶性疟疾等传染病。

而病死者十之二三。”[①] 正因为此，秦汉以来，广东所处的岭南地区长期被朝廷作为流放犯人和官员贬谪之地。屈大均《广东新语》中说“扬越盖自古迁谪之乡也”。《唐书·玄宗纪》也曾记载：朝廷将犯有死罪和徒刑的罪犯流放岭南。唐代对官员的一大处罚措施也是贬谪岭南，整个唐朝共有50多位宰相被贬岭南为官。宋真宗时对官员贬谪的最重处置就是“过岭”（过大庾岭）、“过海”（到海南岛）。宋朝的很多著名官员，如苏轼、苏辙、寇准、范祖禹、秦观、李纲、郑侠、梁焘等都曾被贬岭南。

这些被朝廷贬谪或流徙的官员来到广东后，有许多人颇有建树，为广东的经济文化发展做出了显著的贡献。而广东人对他们的贡献也牢记于心，这些流寓官员的事迹传说至今被人津津乐道，和他们有关的遗迹遗存也往往成为人文胜地，如惠州的“合江楼”、雷州的“十贤祠”、英德的“坡翁堂”、潮州的韩文公祠等。

补充阅读

历史上被贬入粤的官员很多，主要有：三国时的东吴骑都尉虞翻曾被贬番禺；隋炀帝时，尚书柳述曾流放循州（今惠州）；唐高祖时，惠能之父卢行瑫流放岭南，定居于新州（今新兴县）；唐宣宗时，曾任唐朝宰相的李德裕被贬为潮州司马；唐代著名散文家韩愈被贬为潮州刺史；唐代诗人刘禹锡曾被贬为连州刺史；唐代兵部尚书牛僧孺、唐朝著名诗人李尚德被贬惠州；北宋著名文学家苏轼被贬惠州；宋真宗时，曾任参知政事的陈尧佐被贬为潮州通判；宋代御使陈次升和崇政殿说书陈鹏飞被贬惠州。唐宋时期被贬雷州或途经雷州的官员数不胜数，雷州“十贤祠”中所纪念的寇准、李纲、赵鼎、李光、王岩叟、苏轼、苏辙、任伯雨、秦观、胡铨是其中的代表人物。明代大戏剧家汤显祖曾被贬徐闻。

（二）活力商都

广东有悠久的商业传统，也有特色鲜明的现代都市文明和城市风貌，“活力商都”旅游品牌形象已深入人心。

广东是制造业基地，这里生产的产品价廉物美。广东还有许多著名的传统工艺，如广州三雕一彩一绣、石湾工艺陶瓷、潮州木雕、佛山剪纸、肇庆端砚、阳江风筝、高州角雕、阳美玉器等，这些都为广东成为购物天堂打下了基础。广东历来重视城市公园、博物馆、图书馆、美术馆、文化艺术馆、影剧院、体育馆、健身馆、科技馆、植物园、动物园、文化休闲广场、旅游休闲街区、社区文化中心等公共服务设施的建设和完善，大大提升了都市旅游的质量和品位。广州塔、珠海情侣路、东莞中心广场等已成为著名的城市地标；广州花城广场、深圳市民中心广场、潮州市民广场等城市公共游憩空间已成为著名的城市形象宣传的窗口；中山古镇、佛山大沥镇、东莞厚街镇、汕尾鲘（hòu）门镇等特色工商业旅游名镇闻名遐迩。

广东都市旅游的重点是以广州、深圳、珠海三城市为核心的珠三角城市群，这里有良好的产业基础和城市快速交通网络，有完善的绿道网络及自行车租赁系统，而这些城市中

① 司徒尚纪. 广东文化地理（修订本）：第3版. 广州：广东人民出版社，2013：3.

遍布的大型购物商场、专业市场、商业街区，有成为旅游消费服务中心和旅游购物天堂的良好条件。

目前，广东各大中城市正以大型综合购物商场、商业步行街、美食购物街、酒吧街、历史文化街区、城市滨水区等为依托，通过发展标志景观、都市娱乐、商务会展、文化体验、旅游购物、高端度假等都市旅游项目，塑造“活力商都”旅游品牌。

（三）黄金海岸

广东全省最北边距海岸最远也不到400千米，海洋影响遍及全省。而且，广东是全国拥有大陆海岸线最长的一个省份，拥有的岛屿数量也居全国第三位。由于北回归线横穿广东，使得广东有充足的光照和热量。这些都为广东的滨海旅游提供了良好的条件。近年来，广东利用丰富的沿海滩涂地、沙滩、海岛、海湾、岸滩生物群落、沿海城镇、海洋文化等资源，大力推进滨海旅游产业集群的发展。

惠州环大亚湾、深圳大小梅沙、深圳大鹏半岛、深圳红树林海滨生态公园、汕头南澳岛、江门川岛、阳江海陵岛、广州南沙、雷州天成台、珠海横琴岛、珠海万山群岛、汕尾遮浪半岛、茂名放鸡岛、湛江五岛一湾等成为广东著名的滨海旅游地。

此外，以广东四大名山（丹霞山、西樵山、罗浮山、鼎湖山）为代表的生态旅游区，以南岭、小坑、车八岭、南昆山、大北山等为代表的国家森林公园，以万绿湖、广州珠江游、中山岐江游、北江旅游带、西江三峡、东江画廊、湟川三峡、湛江湖光岩、惠州西湖等为代表的江河湖泊旅游产品，也成为广东黄金海岸线旅游的重要组成部分。

补充阅读

广东的空气质量在全国也处于较好的水平。2015年初，环保部发布2014年74个城市空气质量状况。空气质量较好前10位分别是海口、舟山、拉萨、深圳、珠海、惠州、福州、厦门、昆明和中山，广东占了4个。我国三大城市群（京津冀、长三角、珠三角）中，珠三角城市空气质量平均达标天数所占的比例最高。

（四）美食天堂

“东西南北中，美食在广东”，广东美食名扬海内外，“粤菜”历来就是我国四大菜系之一，其菜式达5 400多种，点心达1 000多种，风味小吃也有数百种之多。粤菜当中，广府菜、潮菜、客家菜各有特色，各有其著名菜肴。广东的餐饮企业众多，其中不乏陶陶居、泮溪酒家、咀香园等“老字号”企业。广东的饮食风俗也有独到之处，广州的早茶、潮州的工夫茶早已超出“吃”的范围而成为一种典型的饮食文化现象。

三、广东旅游景观类型与分布

旅游景观是物化的旅游资源，有着具体的形状和外观。旅游景观比旅游资源的范围要窄，可以说，任何旅游景观都是旅游资源，但不是所有的旅游资源都是旅游景观。如饮食习俗、旅游诗歌都是旅游资源，但它们不是旅游景观。一般来说，自然旅游资源都可构成自然景观，但人文旅游资源就要复杂得多，并不是所有的人文旅游资源都是人文景观。

景观是多数旅游资源的具体化，往往构成旅游资源的精华和主体。对游客来说，景观往往是最具直接吸引力的旅游资源。广东省的自然景观和人文景观都很丰富，其主要类型和大体的分布情况如下：

（一）自然景观

1. 地貌景观

（1）花岗岩景观：如惠州罗浮山、潮州莲花峰等。

（2）岩溶景观：如肇庆七星岩、云浮蟠龙洞、阳春凌霄岩等。

（3）丹霞景观：如广东仁化丹霞山、番禺莲花山、乐昌市金鸡岭等。

（4）熔岩景观：如湛江湖光岩等。

（5）海岸景观：如深圳大小梅沙、惠东县巽寮湾、茂名水东湾、汕头南澳岛、阳江海陵岛、汕尾红海湾遮浪岛、台山上川岛和下川岛、湛江东海岛、陆丰金厢观音岭海滩等。

（6）峡谷景观：如广东乳源大峡谷（有“广东最美的地方”之称）。

（7）冰川遗迹景观：如清远市佛冈县古冰川遗迹、潮州市饶平县青岚冰臼奇观、梅州市丰顺县龙鲸河畔冰川遗迹等。

2. 水域风光

（1）风景河段：指风景优美，可进行水上或岸边游览的河段。如珠江沿岸、西江小三峡、北江中下游三峡等。

（2）漂流河段：指可进行漂流、探险活动的河段。如韶关九泷十八滩漂流、德庆盘龙峡漂流等。

（3）湖泊景观：如肇庆星湖、河源万绿湖（新丰江水库）等。

（4）瀑布景观：如德庆盘龙峡瀑布群、增城白水寨瀑布、罗浮山大坑白石漓瀑布等。

（5）温泉景观：如从化温泉、珠海御温泉和海泉湾温泉、中山仙沐园温泉等。

（6）水网水乡景观：如中山民众镇的岭南水乡、顺德逢简水乡等。

3. 生物景观

广东著名植物景观如华南植物园，著名的动物景观如广州番禺香江野生动物世界，综合性的生物景观如南昆山国家森林公园等。

4. 气候与气象景观

如羊城“双桥烟雨”、清远飞霞山的“飞霞烟雨”、阳江海陵岛的“马尾夕照”等景观。

（二）人文景观

1. 古遗址

广东境内有为数众多的古遗址。如韶关马坝人遗址、韶关石峡文化遗址、南越国宫署遗址、广州明代城墙遗址、番禺莲花山古采石场遗址、新会宋元崖门海战遗址等。

2. 古墓葬

如位于广州的西汉南越王墓、位于深圳的宋少帝陵等。

3. 著名建筑

（1）民居建筑：如开平碉楼、广州西关大屋、广州骑楼建筑、粤东客家围龙屋、潮汕“四点金”、潮汕“下山虎”、龙门县香溪古堡等。

（2）礼制建筑：包括坛庙建筑、祠堂建筑和学宫建筑等。坛庙建筑包括广州南海神庙、佛山祖庙（有“东方民间艺术之宫”“岭南建筑艺术之宫”的美誉）、德庆悦城龙母祖庙（被誉为“古坛仅存”）、山水芦苞祖庙（胥江祖庙）、高州冼太庙等。祠堂建筑包括广州陈家祠、潮州韩文公祠、潮州己略黄公祠（被誉为“潮州木雕第一绝”）、湛江雷祖祠等。其中，广州陈家祠与佛山祖庙、德庆悦城龙母祖庙并称为“岭南古建筑三瑰宝”。学宫建筑包括被称为广东“三大学宫”的番禺学宫（广州）、德庆学宫（德庆县）、揭阳学宫（揭阳市）等。

（3）西式建筑：如广州西关的十三夷馆（最早出现的西式建筑）、广州沙面的西式建筑群、广州圣心大教堂（中国最大的石结构哥特式建筑）、广州粤海关大楼、广州爱群大厦等。

（4）古城：如龙川佗城、肇庆端州古城、广州南越古城、潮州府城、潮安龙湖古寨（有“潮汕古民居博物馆”之称）、深圳南头古城（新安故城）、湛江雷州古城、信宜镇隆古城等。

（5）城防建筑：炮台包括东莞虎门炮台（由珠江口一系列炮台构成）、新会崖门炮台、广州四方炮台、深圳蛇口赤湾古炮台等；要塞包括位于广州越秀山的镇海楼（始建于明代，1928 年重建）、位于广州番禺莲花山的莲花城、位于惠州市惠东县的平海古城（始建于明代）、位于深圳市的大鹏所城、位于饶平县的大埕所城（有“粤东第一城”之说）等；古城墙包括肇庆宋城墙（广东省唯一主体部分较为完整的古城墙）、广州越秀山明代城墙（广州保存的唯一一段明代城墙，也是广州现存的最古老城墙）、龙川佗城秦代古城基等。

（6）岭南园林：如顺德清晖园、东莞可园、番禺余荫山房、番禺宝墨园、中山市詹园（岭南地区最大的私家园林）、开平立园、佛山梁园、沙湾宝墨园、东莞粤晖园、广州越秀公园等。其中，顺德清晖园、东莞可园、番禺余荫山房和佛山梁园被称为“广东四大名园”。

（7）桥梁建筑：如潮州广济桥、佛山市顺德区逢简村明远桥、乐昌应山村应山石桥（广东目前发现的跨度最大的古石桥）等。广济桥连通了韩江两岸，是中国古代四大名桥之一。

（8）牌坊：如珠海梅溪牌坊、从化钱岗村彩绘砖石牌坊、江门陈白沙祠牌坊、佛山祖庙灵应牌坊、潮州宗山书院坊等。

4. 著名寺庙

著名寺庙有被称为广东四大名寺的广州光孝寺、潮州开元寺、韶关曹溪南华寺和肇庆鼎湖山庆云寺。其他著名寺庙还有新兴国恩寺、陆丰元山寺等。其中，新兴国恩寺、广州光孝寺和曹溪南华寺被称为岭南禅宗三大祖庭；光孝寺又与六榕寺、海幢寺、华林寺并称为“广州四大丛林”。

5. 著名街巷

如南雄珠玑巷、广州上下九商业步行街、广州市北京路步行街、广州荔枝湾涌（逢源大街）、深圳沙头角中英街等。

6. 名人故居

新会梁启超故居、东莞袁崇焕故居、梅州黄遵宪故居（人境庐）、汕头市澄海陈慈黉（hóng）故居、海丰县彭湃故居等。

7. 博物馆

广东拥有国家二级博物馆 20 家，数量位居全国第一。著名博物馆包括广东省博物馆（全国首批“国家一级博物馆”）、东莞虎门鸦片战争博物馆（虎门林则徐纪念馆）、阳江市广东海上丝绸之路博物馆等。2017 年 12 月 26 日揭幕的深圳市蛇口改革开放博物馆是我国首家以“改革开放”为主题的历史专题博物馆。

8. 纪念馆和纪念地

广州黄埔军校旧址、广州中山纪念堂、中山市孙中山故居纪念馆、广州黄花岗七十二烈士陵园、广州农民运动讲习所旧址、海丰县红宫和红场、惠州东江纵队纪念馆、惠州叶挺纪念馆、梅州叶剑英纪念园、肇庆阅江楼（叶挺独立团团部旧址）等。

9. 综合人文旅游地

梅州雁南飞茶田度假村、梅州雁鸣湖旅游度假村、河源苏家围客家乡村旅游区、梅州大埔客家民俗文化村、江门海侨东南亚风情园、南岗瑶寨（有“中国瑶族第一寨”之称）、珠海农科奇观、中山市中山城（中央电视台中山基地）、佛山市南国陶都、三水荷花世界、南雄市梅关和梅岭古驿道等。

10. 主题公园

广东在旅游主题公园建设方面处于全国领先水平。著名的主题公园有广州长隆旅游度假区、深圳世界之窗、深圳欢乐谷、深圳锦绣中华、深圳中国民俗文化村、深圳青青世界、珠海圆明新园、珠海长隆海洋王国、珠海珍珠乐园等。

11. 现代著名设施

如深圳大亚湾核电站、河源新丰江水电站（全省最大的水电站）、清远市飞来峡水利枢纽工程（广东省最大的综合性水利枢纽工程）、廉江鹤地银湖（鹤地水库）等。

12. 历史文化名城、名镇、名村

历史文化名城、名镇、名村是我国历史文化遗产的重要组成部分。截至 2016 年 12 月，我国共审定公布了 131 座国家级历史文化名城，广东省有 8 座。此外，广东省还有省级历史文化名城 15 座。

自 2003 年以来，住房和城乡建设部和国家文物局联合公布了六批共 528 个中国历史文化名镇名村，包括名镇 252 个、名村 276 个。其中，广东的国家级历史文化名镇名村就达 37 个（名镇 15 个，名村 22 个），如广州市番禺区沙湾镇、吴川市吴阳镇、佛山市三水区乐平镇大旗头村、深圳市龙岗区大鹏镇鹏城村等。

[小资料]

2008 年 4 月 22 日，国务院颁布了《历史文化名城名镇名村保护条例》，于 2008 年 7 月 1 日起施行。根据条例，申报历史文化名城、名镇、名村的城市、镇、村庄须具备下列条件：

(1) 保存文物特别丰富。

(2) 历史建筑集中成片。

(3) 保留着传统格局和历史风貌。

(4) 历史上曾经作为政治、经济、文化、交通中心或者军事要地，或者发生过重要历史事件，或者其传统产业、历史上建设的重大工程对本地区的发展产生过重要影响，或者能够集中反映本地区建筑的文化特色、民族特色。

(5) 申报历史文化名城的，在所申报的历史文化名城保护范围内还应当有 2 个以上的历史文化街区。

四、广东旅游资源的精华

（一）世界遗产（2 处）

我国从 1986 年开始向联合国教科文组织申报世界遗产项目，截至 2017 年 7 月，我国已有 52 处文化、自然遗产列入《世界遗产名录》，居世界第二。其中广东拥有 2 处，分别是广东开平碉楼与村落（世界文化遗产，2007 年评定）和韶关丹霞山（2010 年与遵义赤水、邵阳崀山、鹰潭龙虎山、上饶龟峰、衢州江郎山、三明泰宁一起作为“中国丹霞”的组成部分被评为世界自然遗产），其中韶关丹霞山景区 2013 年还被评为全国生态旅游示范区。

（二）世界地质公园（2 处）

地质公园是以具有特殊地质科学意义、较高的美学观赏价值的地质遗迹为主体，并融合其他自然景观与人文景观而构成的一种独特的自然区域。世界地质公园由联合国教科文组织选出。截至 2017 年，我国有 35 处地质公园列入联合国教科文组织《世界地质公园网络名录》，约占《世界地质公园网络名录》的四分之一。其中，广东拥有 2 处，分别是丹霞山世界地质公园和雷琼世界地质公园（与海南省共有）。

（三）国际重要湿地（4 处）

我国是亚洲湿地类型最齐全、数量最多、面积最大的国家。截至 2015 年底，我国已有 49 处湿地列入《国际重要湿地名录》，其中广东有 4 处：广东湛江红树林国家级自然保护区（中国最大面积的海岸红树林湿地）、广东惠东港口海龟国家级自然保护区（中国目前唯一的海龟自然保护区）、广东海丰湿地、广东南澎列岛海洋生态国家级自然保护区（农业部业务主管）。

（四）人类非物质文化遗产（4 个）

截至 2017 年 8 月，广东有 4 个非遗项目列入联合国教科文组织公布的《人类非物质文化遗产代表作名录》。这 4 个项目分别是粤剧、古琴艺术岭南派、广东剪纸和陆丰皮影戏。

此外，广东还有 147 个非遗项目列入《国家级非物质文化遗产代表性项目名录》，608 个非遗项目列入《省级非物质文化遗产代表性项目名录》。

补充阅读

2016 年底，中国已公布国家级非遗代表性项目 1 372 项，省级非遗代表性项目 13 087 项。31 项非遗项目入选联合国教科文组织《人类非物质文化遗产代表作名录》，7 项非遗项目入选《急需保护的非物质文化遗产名录》，1 项入选《非物质文化遗产优秀实践名册》。

仅 2016 年，中国就新增人类非遗代表作项目 1 项（“二十四节气——中国人通过观察太阳周年运动而形成的时间知识体系及其实践”），新增省级非遗代表性项目 882 项。

资料来源：宋俊华. 中国非物质文化遗产保护发展报告（2017）. 北京：社会科学文献出版社，2017.

(五)国家级风景名胜区(8处)

风景名胜区是指具有观赏、文化或者科学价值,自然景观、人文景观比较集中,环境优美,可供人们游览或者进行科学、文化活动的区域。我国的风景名胜区划分为国家级风景名胜区和省级风景名胜区。国家级风景名胜区,原称国家重点风景名胜区,由国务院批准公布。

自1982年起至2017年3月,国务院总共公布了9批、244处国家级风景名胜区,其中广东有8处,分别是肇庆星湖风景名胜区、西樵山风景名胜区、丹霞山风景名胜区、白云山风景名胜区、惠州西湖风景名胜区、罗浮山风景名胜区、湖光岩风景名胜区、梧桐山风景名胜区。

(六)国家5A级旅游景区(12处)

我国的旅游景区按质量等级划分为5级,从高到低依次为5A、4A、3A、2A、1A级旅游景区。2007年5月,北京市故宫博物院、北京天坛公园、安徽黄山风景名胜区、大连老虎滩公园等66家景区被批准为国家首批5A级旅游景区。截至2017年9月全国共有249处5A级景区,其中广东拥有12处①,分别是:

(1)广州市长隆旅游度假区(2007年);
(2)深圳市华侨城旅游度假区(2007年);
(3)广州市白云山风景名胜区(2011年);
(4)韶关市丹霞山风景名胜区(2011年);
(5)深圳市观澜湖休闲度假区(2011年);
(6)梅州市雁南飞茶田旅游度假区(2011年);
(7)清远市连州地下河(2011年);
(8)佛山市西樵山风景名胜区(2012年);
(9)惠州市罗浮山风景名胜区(2013年);
(10)佛山市长鹿旅游休博园(2014年);
(11)阳江市海陵岛大角湾海上丝路旅游区(2001年4A,2015年5A);
(12)中山市孙中山故里旅游区(2001年4A,2016年5A)。

(七)全国红色旅游经典景区(13处)

截至2017年底,广东有13处全国红色旅游经典景区②。

(1)广州市红色旅游系列景区(毛泽东同志主办农民运动讲习所旧址、广州起义纪念馆和烈士陵园);
(2)梅州市梅县叶剑英元帅纪念馆;
(3)惠州市惠阳区叶挺纪念馆;
(4)深圳市博物馆(新馆)及莲花山公园;
(5)汕尾市海丰县红宫红场旧址、彭湃故居;

① 广东省旅游局.广东省A级旅游景区名录(截至2017年12月31日).(2018-01-15)[2018-04-13]. http://www.gdta.gov.cn/ggfw-desc.html?id=35594&type=lyjd&code=lyjd&tag=ggfw-lyml.

② 广东省旅游局.广东13处全国红色旅游经典景区.(2018-01-03)[2018-4-13].http://www.gdta.gov.cn/ggfw-desc.html?id=35389&type=lyjd&code=lyjd&tag=ggfw-lyml.

(6) 中山市孙中山故居和纪念馆；

(7) 广州市三元里人民抗英斗争纪念馆；

(8) 广州市黄花岗七十二烈士墓；

(9) 广州市黄埔陆军军官学校旧址；

(10) 东莞市鸦片战争博物馆；

(11) 梅州市大埔县“八一”起义军三河坝战役纪念园；

(12) 韶关南雄市梅关古道景区；

(13) 河源市五兴龙县中央苏区苏维埃政府旧址及兵工厂旧址。

(八) 全国重点文物保护单位 (98 处)

全国重点文物保护单位是我国对不可移动文物所核定的最高保护级别。从 1961 年开始到 2013 年，国务院已公布七批全国重点文物保护单位，总数为 4 296 处。山西省的全国重点文物保护单位数量居全国第一，达 452 处。目前，广东省的全国重点文物保护单位有 98 处，省级文物保护单位 613 处。其中 98 处全国重点文物保护单位是：

广州市 (28 处)：三元里平英团遗址、黄花岗七十二烈士墓、广州农民运动讲习所旧址、广州公社旧址、光孝寺、洪秀全故居、中国国民党第一次全国代表大会旧址、黄埔军校旧址、中华全国总工会旧址、陈家祠堂、秦代造船遗址和南越国宫署遗址及南越文王墓、怀圣寺光塔、广州沙面建筑群、广州圣心大教堂、广州大元帅府旧址、莲花山古采石场、中山纪念堂 (含中山纪念碑)、余荫山房、南汉二陵、六榕寺塔、广裕祠、粤海关旧址、广东咨议局旧址、清真先贤古墓、五仙观及岭南第一楼、镇海楼与广州明城墙、中共第三次全国代表大会会址、南海神庙 (包括浴日亭)。

深圳市 (1 处)：大鹏所城。

珠海市 (3 处)：宝镜湾遗址、陈芳家宅、三灶岛侵华日军罪行遗迹。

汕头市 (3 处)：崎碌炮台，文光塔，国民革命军东征军总指挥部、政治部旧址。

佛山市 (7 处)：佛山祖庙、康有为故居、东华里古建筑群、南风古灶、古椰贝丘遗址、顺德糖厂早期建筑、顺德清晖园。

韶关市 (9 处)：云龙寺塔、三影塔、满堂围 、石峡遗址、南华寺、双峰寨、南粤雄关与古道、丹霞山摩崖石刻、长围村围屋。

河源市 (1 处)：龟峰塔。

梅州市 (5 处)：叶剑英故居、丘逢甲故居、父子进士牌坊、人境庐和荣禄第、谢晋元故居。

惠州市 (1 处)：叶挺故居。

汕尾市 (2 处)：海丰红宫红场旧址、元山寺。

东莞市 (7 处)：林则徐销烟池与虎门炮台旧址、东莞可园 、南社村和塘尾村古建筑群、却金亭碑、大岭山抗日根据地旧址、蚝岗贝丘遗址、广九铁路石龙南桥。

中山市 (3 处)：孙中山故居、茶东陈氏宗祠群、中山纪念中学旧址。

江门市 (2 处)：梁启超故居、开平碉楼。

阳江市 (1 处)：独石仔洞穴遗址。

湛江市 (4 处)：雷祖祠、硇洲灯塔、广州湾法国公使署旧址和法军指挥部旧址、唐氏墓群。

茂名市（1处）：隋谯国夫人冼氏墓。

肇庆市（5处）：梅庵、德庆学宫、悦城龙母祖庙、肇庆古城墙、七星岩摩崖石刻。

清远市（1处）：慧光塔。

潮州市（9处）：广济桥、许驸马府、笔架山潮州窑遗址、潮州开元寺、已略黄公祠、韩文公祠、道韵楼、从熙公祠、潮州老城古民居建筑群。

揭阳市（3处）：揭阳学宫（周恩来同志革命活动旧址）、丁氏光禄公祠（丁日昌旧居）、古榕武庙（关帝庙）。

云浮市（2处）：龙龛岩摩崖石刻、大湾古建筑群。

（九）国家地质公园（8处）

到2017年12月，我国已批准建立国家地质公园207处，其中广东8处，分别是广东丹霞山国家地质公园、广东湛江湖光岩国家地质公园、广东佛山西樵山国家地质公园、广东阳春凌霄岩国家地质公园、广东恩平地热国家地质公园、广东封开国家地质公园、深圳大鹏半岛国家地质公园、广东阳山国家地质公园。

（十）国家级自然保护区（13个）

自然保护区是指对有代表性的自然生态系统，珍稀濒危野生动植物物种的天然集中分布区，有特殊意义的自然遗迹等保护对象所在的陆地、陆地水体或者海域，依法划出一定面积予以特殊保护和管理的区域。我国的自然保护区分为国家级自然保护区和地方级自然保护区。

截至2016年5月，我国共有446个国家级自然保护区，其中广东有13个，分别是广东南岭国家级自然保护区、广东车八岭国家级自然保护区、广东丹霞山国家级自然保护区、广东内伶仃岛—福田国家级自然保护区、广东珠江口中华白海豚国家级自然保护区、广东湛江红树林国家级自然保护区、广东鼎湖山国家级自然保护区、广东象头山国家级自然保护区、广东惠东港口海龟国家级自然保护区、广东徐闻珊瑚礁国家级自然保护区、广东雷州珍稀水生动物国家级自然保护区、广东罗坑鳄蜥国家级自然保护区、云开山国家级自然保护区。于1956年建立的鼎湖山自然保护区是我国的第一个自然保护区。

（十一）国家森林公园（24处）

截至2015年底，我国共建有国家森林公园826处，其中广东有24处（见表2-3）。

表2-3　广东的24处国家森林公园

序号	所在市	公园名称	批建时间
1	深圳市	广东梧桐山国家森林公园	1989年6月
2	韶关市	广东小坑国家森林公园	1992年9月
3	汕头市	广东南澳海岛国家森林公园	1992年12月
4	韶关市	广东南岭国家森林公园	1993年3月
5	韶关市	广东新丰江国家森林公园	1993年5月
6	韶关市	广东韶关国家森林公园	1993年5月

续前表

序号	所在市	公园名称	批建时间
7	广州市	广东流溪河国家森林公园	1993 年 9 月
8	惠州市	广东南昆山国家森林公园	1993 年 10 月
9	佛山市	广东西樵山国家森林公园	1994 年 12 月
10	广州市	广东石门国家森林公园	1995 年 11 月
11	江门市	广东圭峰山国家森林公园	1997 年 12 月
12	英德市	广东英德国家森林公园	2000 年 12 月
13	肇庆市	广东广宁竹海国家森林公园	2004 年 12 月
14	台山市	广东北峰山国家森林公园	2004 年 12 月
15	云浮市	广东大王山国家森林公园	2004 年 12 月
16	惠州市	广东梁化国家森林公园	2005 年 12 月
17	梅州市	广东神光山国家森林公园	2005 年 12 月
18	东莞市	广东观音山国家森林公园	2005 年 12 月
19	湛江市	广东三岭山国家森林公园	2006 年 12 月
20	梅州市	广东雁鸣湖国家森林公园	2006 年 12 月
21	韶关市	广东天井山国家森林公园	2008 年 12 月
22	揭阳市	广东大北山国家森林公园	2008 年 12 月
23	梅州市	广东镇山国家森林公园	2009 年 12 月
24	梅州市	广东南台山国家森林公园	2009 年 12 月

注：位于湛江的广东东海岛国家森林公园于 2016 年 2 月被国家林业局根据《国家级森林公园管理办法》第三十二条规定予以撤销。

（十二）国家级水利风景名胜区（9 处）

水利风景区，是指以水域（水体）或水利工程为依托，具有一定规模和质量的风景资源与环境条件，可以开展观光、娱乐、休闲、度假或科学、文化、教育活动的区域。

截至 2014 年 9 月，全国共有 658 处国家级水利风景区，其中广东省有 9 处，分别是飞来峡水利枢纽旅游区、茂名市玉湖风景区、茂名市小良水土保持生态风景区、惠州白盆湖生态风景区、梅州市洞天湖水利风景区、五华县益塘水库水利风景区、连州市湟川三峡水利风景区、增城区增江画廊水利风景区、珠海竹洲水乡水利风景区。

（十三）首批中国 20 世纪建筑遗产（6 个）

2016 年 9 月，中国文物学会、中国建筑学会联合发布了 98 项《首批中国 20 世纪建筑遗产名录》。其中广东有 6 个：广州市中山纪念堂、白天鹅宾馆、黄花岗七十二烈士墓园、广州白云山庄、西汉南越王墓博物馆、广州泮溪酒家。

（十四）中国历史文化名城（8个）、中国历史文化名镇（15个）、中国历史文化名村（22个）

广东省的国家级历史文化名城有8个，分别为广州市、潮州市、肇庆市、佛山市、梅州市、雷州市、中山市和惠州市。

广东的中国历史文化名镇共15个，名单见表2-4。广东的中国历史文化名村共22个，名单见表2-5。

表2-4　　广东的15个中国历史文化名镇

入选批次	镇名
第二批	广州市番禺区沙湾镇 吴川市吴阳镇
第三批	开平市赤坎镇 珠海市唐家湾镇 陆丰市碣石镇
第四批	东莞市石龙镇 惠州市惠阳区秋长镇 普宁市洪阳镇
第五批	中山市黄圃镇 大埔县百侯镇
第六批	珠海市斗门区斗门镇 佛山市南海区西樵镇 梅州市梅县区松口镇 大埔县茶阳镇 大埔县三河镇

表2-5　　广东的22个中国历史文化名村

入选批次	村名
第一批	佛山市三水区乐平镇大旗头村 深圳市龙岗区大鹏镇鹏城村
第二批	东莞市茶山镇南社村 开平市塘口镇自力村 佛山市顺德区北滘镇碧江村
第三批	广州市番禺区石楼镇大岭村 东莞市石排镇塘尾村 中山市南朗镇翠亨村
第四批	恩平市圣堂镇歇马村 连南瑶族自治县三排镇南岗古排村 汕头市澄海区隆都镇前美村
第五批	仁化县石塘镇石塘村 梅县区水车镇茶山村 佛冈县龙山镇上岳古围村 佛山市南海区西樵镇松塘村

续前表

入选批次	村名
第六批	广州市花都区炭步镇塱头村 江门市蓬江区棠下镇良溪村 台山市斗山镇浮石村 遂溪县建新镇苏二村 和平县林寨镇林寨村 蕉岭县南磜镇石寨村 陆丰市大安镇石寨村

（十五）中国优秀旅游城市（21 个）

我国从 1998 年开始评定“中国优秀旅游城市”，截至 2010 年共 339 个城市通过验收，达到了“中国优秀旅游城市”的标准。其中广东省有 21 个城市（18 个地级市、3 个县级市）是“中国优秀旅游城市”，分别为深圳市、广州市、珠海市、肇庆市、中山市、佛山市、江门市、汕头市、惠州市、南海市、韶关市、清远市、阳江市、东莞市、潮州市、湛江市、河源市、开平市、梅州市、茂名市、阳春市。

（十六）国家 4A 级旅游景区（172 处）

截至 2017 年 12 月，广东全省的 4A 级景区已达 172 处①，分别是：

（1）珠海市圆明新园（2000 年）；

（2）肇庆市星湖风景名胜区（2001 年）；

（3）清远市清新温矿泉旅游度假区（2001 年）；

（4）广州市中山纪念堂（2002 年）；

（5）广州市莲花山旅游区（2002 年）；

（6）广州市宝墨园（2002 年）；

（7）汕头市中信高尔夫海滨旅游度假区（2002 年）；

（8）汕头市岩石风景名胜区（2002 年）；

（9）江门市圭峰山风景名胜区（2002 年）；

（10）江门市开平立园（2002 年）；

（11）江门市金山温泉旅游度假区（2002 年）；

（12）河源市新丰江国家森林公园（2002 年）；

（13）东莞市鸦片战争博物馆（2003 年）；

（14）湛江市湖光岩风景名胜区（2003 年）；

（15）广州市黄花岗烈士陵园（2004 年）；

（16）汕头市南澳生态旅游区（2004 年）；

（17）梅州市雁鸣湖旅游度假村（2004 年）；

（18）惠州市西湖风景名胜区（2004 年）；

（19）清远市黄腾峡生态旅游区（2004 年）；

---

① 广东省旅游局. 广东省 A 级旅游景区名录（截至 2017 年 12 月 31 日）.（2018-01-15）[2018-04-13]. http://www.gdta.gov.cn/ggfw-desc.html?id=35594&type=lyjd&code=lyjd&tag=ggfw-lyml.

（20）广州市西汉南越王墓博物馆（2005 年）；
（21）广州市从化碧水湾温泉度假村（2005 年）；
（22）江门市新会古兜温泉旅游度假村（2005 年）；
（23）广州市越秀公园（2006 年）；
（24）珠海市农科中心景区（2006 年）；
（25）佛山市三水荷花世界（2006 年）；
（26）佛山市三水森林公园（2006 年）；
（27）韶关市曹溪温泉旅游度假区（2006 年）；
（28）江门市锦江温泉旅游度假区（2006 年）；
（29）深圳市仙湖植物园（2007 年）；
（30）惠州市龙门铁泉旅游度假区，简称“龙门铁泉”（2007 年）；
（31）惠州市南昆山大观园生态度假区（2007 年）；
（32）惠州市南昆山生态旅游区（2007 年）；
（33）汕尾市玄武山旅游区（2007 年）；
（34）中山市詹园（2007 年）；
（35）湛江市蓝月湾温泉度假邨（2007 年）；
（36）清远市广东省飞来峡水利枢纽风景区（2007 年）；
（37）清远市碧桂园假日半岛故乡里旅游度假区（2007 年）；
（38）清远市玄真古洞生态旅游区（2007 年）；
（39）佛山市清晖园（2007 年）；
（40）广州市陈家祠旅游区（2008 年）；
（41）广州市起义烈士陵园（2008 年）；
（42）广州市动物园（2008 年）；
（43）广州市中国科学院华南植物园（2008 年）；
（44）梅州市叶剑英纪念园（2008 年）；
（45）梅县阴那山文化生态产业园（2008 年）；
（46）清远市聚龙湾天然温泉度假村（2008 年）；
（47）清远市宝晶宫生态旅游度假区（2008 年）；
（48）潮州市东山湖温泉度假村（2008 年）；
（49）揭阳市京明温泉度假村（2008 年）；
（50）广州市广东科学中心（2008 年）；
（51）深圳市西部海上田园旅游区（2008 年）；
（52）深圳市观澜山水田园农庄景区（2008 年）；
（53）佛山市南风古灶旅游区（2008 年）；
（54）韶关市广东大峡谷景区（2009 年）；
（55）江门市川岛旅游度假区（2009 年）；
（56）惠州市海滨温泉旅游度假区（2009 年）；
（57）东莞市松山湖景区（2009 年）；
（58）东莞市观音山国家森林公园（2009 年）；

(59) 河源市御临门温泉度假区（2009 年）；
(60) 阳江市凌霄岩景区（2009 年）；
(61) 肇庆市龙母祖庙景区（2009 年）；
(62) 肇庆市盘龙峡景区（2009 年）；
(63) 肇庆市德庆学宫景区（2009 年）；
(64) 云浮市六祖故里旅游度假区（2009 年）；
(65) 云浮市金水台温泉景区（2009 年）；
(66) 广州市九龙湖旅游区（2010 年）；
(67) 汕头市莲华乡村旅游区（2010 年）；
(68) 韶关市云门寺佛教文化生态保护区（2010 年）；
(69) 韶关市古佛洞天旅游区（2010 年）；
(70) 惠州市永记生态园景区（2010 年）；
(71) 惠州·巽寮国际滨海旅游度假区（2010 年）；
(72) 河源市和平温泉之都旅游区（2010 年）；
(73) 清远市广东第一峰旅游风景区（2010 年）；
(74) 清远市奇洞温泉度假区（2010 年）；
(75) 潮州市淡浮收藏院（2010 年）；
(76) 潮州市绿岛旅游山庄（2010 年）；
(77) 广州市正佳广场商贸旅游区（2010 年）；
(78) 广州市南海神庙景区（2010 年）；
(79) 广州市石头记矿物园（2010 年）；
(80) 广州市增城白水寨旅游区（2011 年）；
(81) 深圳市野生动物园（2011 年）；
(82) 深圳市青青世界旅游区（2011 年）；
(83) 佛山市南海湾森林生态园（2011 年）；
(84) 韶关市丽宫旅游区（2011 年）；
(85) 江门市康桥温泉景区（2011 年）；
(86) 梅州市客天下景区（2011 年）；
(87) 梅州市蕉岭县长潭旅游区（2011 年）；
(88) 惠州市尚天然花海温泉小镇（2011 年）；
(89) 东莞市科学技术博物馆（2011 年）；
(90) 茂名市广东茂名森林公园（2011 年）；
(91) 茂名市放鸡岛海上游乐世界（2011 年）；
(92) 揭阳市阳美玉都旅游景区（2011 年）；
(93) 广州市岭南印象园旅游景区（2012 年）；
(94) 广州市南沙滨海湿地景区（2012 年）；
(95) 汕头市方特欢乐世界·蓝水星景区（2012 年）；
(96) 佛山市祖庙博物馆（2012 年）；
(97) 佛山市皂幕山旅游风景区（2012 年）；

(98)韶关市南岭国家森林公园(2012年);
(99)韶关市珠玑古巷梅关古道景区(2012年);
(100)东莞市龙凤山庄影视旅游区(2012年);
(101)东莞市粤晖园旅游景区(2012年);
(102)阳江市阳西咸水矿温泉景区(2012年);
(103)清远市湟川三峡—龙潭文化生态旅游区(2012年);
(104)佛山市(顺德区)陈村花卉世界(2012年);
(105)佛山市顺德罗浮宫国际家具艺术博览中心景区(2012年);
(106)广州市广州塔景区(2013年);
(107)广州市广东圆玄道观(2013年);
(108)惠州市叶挺将军纪念园景区(2013年);
(109)东莞市香市动物园(2013年);
(110)河源市苏家围东江画廊旅游景区(2013年);
(111)茂名市电白御水古温泉度假区(2013年);
(112)清远市森波拉度假森林景区(2013年);
(113)广州百万葵园主题公园(2014年);
(114)深圳东部华侨城旅游度假区(2014年);
(115)珠海罗西尼工业旅游(2014年);
(116)汕头市前美古村侨文化旅游区(2014年);
(117)佛山(国际)家居博览城(2014年);
(118)佛山平洲玉器街景区(2014年);
(119)佛山市广东盈香生态园(2014年);
(120)韶关市银山户外运动养生景区(2014年);
(121)韶关市新丰云天海温泉原始森林度假村景区(2014年);
(122)江门市山泉湾温泉旅游度假区(2014年);
(123)泰安楼客家文化旅游产业园(2014年);
(124)梅州市百侯名镇旅游区(2014年);
(125)汕尾市城区凤山祖庙旅游区(2014年);
(126)东莞展览馆(2014年);
(127)广东东江纵队纪念馆(2014年);
(128)东莞市银瓶山森林公园(2014年);
(129)河源市叶园温泉度假区(2014年);
(130)茂名市浪漫海岸景区(2014年);
(131)清远市颐杰鸿泰狮子湖景区(2014年);
(132)清远市德盈新银盏温泉旅游度假村(2014年);
(133)清远市广东瑶族博物馆(2014年);
(134)清远市南岗千年瑶寨景区(2014年);
(135)潮州市紫莲森林度假村景区(2014年);
(136)潮州市韩文公祠景区(2014年);

(137) 潮州市广济桥文物旅游景区（2014年）；
(138) 揭西黄满寨瀑布旅游区（2014年）；
(139) 广东天露山旅游度假区（2014年）；
(140) 佛山市乐从国际会展中心景区（2014年）；
(141) 河源市龙源温泉旅游度假区（2015年）；
(142) 广州南沙天后宫（2015年）；
(143) 惠州五矿·哈施塔特旅游小镇（2015年）；
(144) 清远市清新区古龙峡原生态旅游区（2015年）；
(145) 揭阳市望天湖生态旅游度假区（2015年）；
(146) 汕尾市铜鼎山旅游区（2015年）；
(147) 汕尾市海丰莲花山度假村（2015年）；
(148) 汕头市潮阳莲花峰风景区（2015年）；
(149) 梅州市五指石风景名胜区（2015年）；
(150) 梅州市神光山旅游区（2015年）；
(151) 广州市北京路文化旅游区（2016年）；
(152) 佛山中央电视台南海影视城景区（2016年）；
(153) 河源市巴伐利亚庄园（2016年）；
(154) 汕尾市红海湾旅游区（2016年）；
(155) 东莞市南社村和塘尾村古建筑群景区（2016年）；
(156) 东莞市可园博物馆（2016年）；
(157) 逸颐艺舍博物馆（2016年）；
(158) 韶关市经律论文化旅游小镇（2016年）；
(159) 湛江市金沙湾滨海旅游休闲区（2016年）；
(160) 珠海市御温泉度假村景区（2017年）；
(161) 广州市沙湾古镇景区（2017年）；
(162) 深圳市光明农场大观园旅游区（2017年）；
(163) 珠海市东澳岛旅游度假区（2017年）；
(164) 珠海市外伶仃岛旅游度假区（2017年）；
(165) 中山市中国（大涌）红木文化博览城景区（2017年）；
(166) 清远市洞天仙境生态旅游度假区（2017年）；
(167) 茂名市南海旅游岛·中国第一滩景区（2017年）；
(168) 东莞市香市文化旅游区（2017年）；
(169) 广东鹿湖温泉度假村景区（2017年）；
(170) 广东三岭山国家森林公园（2017年）；
(171) 广州神农草堂中医药博物馆（2017年）；
(172) 东莞隐贤山庄（2017年）。

思考与练习

一、单项选择

1. 广州最早的游乐去处是（ ）。
   A. 余荫山房 B. 白云山 C. 越王台 D. 越秀山
2. 大庾岭驿道开凿于（ ），这条驿道使得广东与中原地区的联系日益紧密。
   A. 秦代 B. 唐代 C. 宋代 D. 明代
3. 唐代广东海上交通日益发展，（ ）成为世界贸易大港。
   A. 广州 B. 湛江 C. 徐闻 D. 汕头
4. （ ）在惠州整治西湖，使惠州西湖与杭州西湖齐名。
   A. 包拯 B. 韩愈 C. 张九龄 D. 苏轼
5. 宋元时期，（ ）成为闻名遐迩的旅人驻足地。
   A. 佛山大沥镇 B. 深圳沙头角 C. 南雄珠玑巷 D. 广州上下九
6. 利玛窦在（ ）建立了中国第一所天主教堂——仙花寺。
   A. 广州 B. 肇庆 C. 佛山 D. 开平
7. 广东的旅游业起步于（ ）。
   A. 古代 B. 近代 C. 现代 D. 当代
8. 广东于（ ）将旅游业确立为新经济增长点。
   A. 1978 年 B. 1988 年 C. 1998 年 D. 2008 年
9. 入境游客接待量排在全国城市第 1 位的是（ ）。
   A. 北京 B. 上海 C. 广州 D. 深圳
10. 广东省旅行社数量最多的城市是（ ）。
    A. 广州 B. 深圳 C. 佛山 D. 珠海
11. 我国第一个自行设计、自行建筑、自行管理的旅游示范性宾馆是（ ）。
    A. 广州白天鹅宾馆 B. 深圳华侨大厦
    C. 广州宾馆 D. 白云宾馆
12. 下列饭店中属于我国首批白金五星级饭店的是（ ）。
    A. 广州白天鹅宾馆 B. 深圳威尼斯酒店
    C. 广州花园酒店 D. 深圳华侨城大酒店
13. 我国的第一个自然保护区是（ ）。
    A. 广东南岭国家级自然保护区 B. 鼎湖山自然保护区
    C. 广东丹霞山国家级自然保护区 D. 广东车八岭国家级自然保护区
14. 《广东省旅游条例》于（ ）年施行。
    A. 1987 B. 1997 C. 2007 D. 2017
15. （ ）摩崖石刻群是岭南地区保存摩崖石刻最多最集中的地方。
    A. 七星岩 B. 湖光岩 C. 梅岭 D. 凌霄岩
16. （ ）的旅行社从业人员数量为全省第一。
    A. 广州 B. 深圳 C. 佛山 D. 珠海

17. 2017 年，全省五星级饭店数量最多的城市是（　　）。

A. 广州　　B. 深圳　　C. 东莞　　D. 珠海

18. 广东的（　　）居全国首位。

A. 民用机场的数量　　B. 5A 级景区的数量

C. 旅行社的数量　　D. 五星级饭店数量

19. （　　）是广东最重要的一种旅游交通运输方式。

A. 公路运输　　B. 铁路运输　　C. 民航运输　　D. 水路运输

二、多项选择（至少有两项符合题意）

1. 下列园林中不属于广东四大名园的是（　　）。

A. 可园　　B. 清晖园　　C. 留园　　D. 豫园

2. 深圳是我国（　　）的口岸城市。

A. 拥有口岸数量最多　　B. 出入境人员最多

C. 车流量最大　　D. 航班数最多

3. 广东旅行社的（　　）方面名列全国第一。

A. 国内旅游组织人次　　B. 旅行社总数

C. 全国旅行社组接指标　　D. 全国旅行社主要经济指标

4. 下列哪些城市有民用机场？（　　）

A. 珠海　　B. 佛山　　C. 广州　　D. 湛江

5. 广东“四大特色旅游品牌”包括（　　）。

A. 活力广东　　B. 黄金海岸　　C. 美食天堂　　D. 岭南文化

6. 属于“广东四大名山”的有（　　）。

A. 丹霞山　　B. 白云山　　C. 罗浮山　　D. 西樵山

7. 有“岭南古建筑三瑰宝”之称的是（　　）。

A. 广州陈家祠　　B. 佛山祖庙

C. 德庆悦城龙母祖庙　　D. 番禺学宫

8. 被称为“广东四大名寺”的有（　　）。

A. 新兴县国恩寺　　B. 潮州开元寺

C. 广州光孝寺　　D. 韶关南华寺

9. 属于世界遗产的有（　　）。

A. 佛山西樵山　　B. 广东开平碉楼与村落

C. 清远连州地下河　　D. 韶关丹霞山

10. 属于 5A 级景区的有（　　）。

A. 广州长隆旅游度假区　　B. 广州白云山风景区

C. 佛山西樵山景区　　D. 深圳华侨城旅游度假区

11. 属于国家级风景名胜区的有（　　）。

A. 西樵山风景名胜区　　B. 白云山风景名胜区

C. 惠州西湖风景名胜区　　D. 罗浮山风景名胜区

12. 广东省的国家级历史文化名城有（　　）。

A. 广州市　　B. 雷州市　　C. 惠州市　　D. 南雄市

13. 被列入联合国教科文组织公布的《人类非物质文化遗产代表作名录》的有（　　）。

A. 粤剧　　B. 古琴艺术岭南派

C. 广东剪纸　　D. 陆丰皮影戏

三、简答题

1. 广东现代旅游业有哪些指标名列全国第一？
2. 广东的总体旅游形象和四大特色旅游品牌是什么？
3. 举例说明广东有哪些类型的人文景观。
4. 广东有哪些国家5A级旅游景区？
5. 广东有哪些国家级历史文化名城？
6. 举例说明广东岭南文化有哪些载体。
7. 广东的岭南文化包含了哪些文化？
8. 为什么古代的广东经常被作为官员的贬谪之地？

四、分析题

1. 岭南地区的地理环境对岭南文化独特性的形成造成了哪些影响？

2. 你认为广东的旅游资源当中，哪些方面最具特色与开发价值？

3. 2017年广东接待入境过夜游客3 647.56万人次，增长3.7%。国际旅游外汇收入196.50亿美元，增长5.8%。当年全国入境过夜游客6 074万人次，广东占了其中的60%；当年全国国际旅游收入1 234亿美元，广东占了其中的16%。

从上述材料中可以得出哪些结论？

第二篇　自然篇

第三章 广东地貌与水体旅游资源

本章导读

广东的地貌以山地、丘陵为主，而有重要旅游价值的地貌以花岗岩地貌、丹霞地貌、岩溶地貌和海岸地貌为主。广东有丰富的降水，茂盛的地表植被也有利于涵养水源，这使得广东有着众多的河流、湖泊、泉水、瀑布等水体。千百年来，广东人依水而居，发展了以水为依托的独特文化。在旅游业飞速发展的今天，很多水体成为广东著名的旅游资源。

第一节 广东的地貌旅游资源

一、地貌与旅游

地貌是指地球表面的各种形态，也叫地形。地球上有很多种地貌，这些地貌主要有两种分类方式，一种是以地貌形态来划分，可分为高原、平原、盆地、山地和丘陵；另一种是按地貌成因来划分，可分为花岗岩地貌、丹霞地貌、岩溶地貌、火山岩地貌、海岸地貌、风沙地貌、雅丹地貌、冰川地貌、地震地貌等类型。

地貌对人类的生产生活有着重要的影响，也与旅游有着密切的关系。地貌是旅游开发的重要环境条件，影响旅游资源开发的可通达性等。同时，地貌也能构成一种景观，各种地貌类型所具有的雄伟美、险峻美、幽静美、敞旷美、奇特美等使得地貌成为自然风景的重要组成部分，既可游乐、观赏，也可用来开展休闲、体育等活动。在很多情况下，地貌决定了风景的骨架和气势，定下了风景的基调。地貌还具有科学文化属性，可用来开展求知、科学考察旅游。

广东的地貌以山地、丘陵为主，山地与丘陵占全部面积的62%。在广东地貌中，花岗岩地貌、丹霞地貌、岩溶地貌、海岸地貌也占有相当比例，并具有很高的旅游开发价值。

二、广东的山地和丘陵

（一）山地

1. 山地的分布

广东的山地主要分布于粤北、粤东和粤西，多呈东北—西南走向。山地以粤北最集中。粤北山地是南岭的一部分，主要包括大庾岭、骑田岭、滑石山、瑶山、大东山、连山等，海拔高度一般为800～1 100米，山脉走向多为向南拱出的弧形。位于阳山、乳源与湖南省的交界处的石坑崆山海拔1 902米，是广东省最高峰，有“广东第一峰”之称。石韭岭海拔1 888米，为广东第二高峰。连山壮族瑶族自治县是广东海拔千米以上山峰最多的县，周边和境内海拔千米以上有名称的山峰有49座。

2. 广东主要山地

南岭是广东最主要的山脉。它是中国南部广东、湖南、江西三省及广西壮族自治区边境山系的总称。狭义的南岭，指的是五座山岭，由西向东分别是越城岭、都庞岭、萌渚岭、骑田岭和大庾岭，故又称五岭。广义的南岭还包括五岭邻近的苗儿山、海洋山、九嶷山、香花岭、瑶山、九连山等。南岭西段的盆地多由石灰岩组成，形成喀斯特地貌；南岭东段的盆地多由红色砂砾岩组成，经风化侵蚀形成丹霞地貌。南岭是中国南部最大山脉，分隔着长江流域和珠江流域。南岭还是华中、华南之间的气候屏障，阻挡了北方寒潮的南下和南方热带暖流的北上，因此南岭也被称为我国三大重要地理界线之一。

由粤北山地向广东东南部，山势逐渐降低，青云山、九连山、罗浮山、莲花山、海岸山等，大致呈东北—西南走向平行排列，海拔高度一般为800～1 000米。由粤北山地向西南部直到雷州半岛，主要有天露山、云雾山和云开大山。信宜市的大田顶海拔1 704米，是粤西第一高峰。

岭南的含义 讲到“南岭”，必须说一说“岭南”。岭南亦称岭表、岭外、岭海，从字面上来说，岭南指的是南岭（五岭）之南。因五岭范围广阔，因而岭南的地域范围也很广，主要包括广东、广西、海南以及香港、澳门等地区。历史上，岭南还包括越南北部地区。宋代以后，岭南不再包含越南北部。

3. 山地旅游资源

“仁者乐山，智者乐水”。山地往往是旅游资源最丰富最集中的地方，广东也不例外。广东不仅有罗浮山、鼎湖山等名山，还有南岭、南昆山、圭峰山等著名的国家森林公园，以及丹霞山、车八岭、云开大山等国家级自然保护区。

南岭国家森林公园 南岭国家森林公园位于韶关市乳源瑶族自治县与湖南省交界地带，面积为273平方千米，既是国家森林公园，也是国家级自然保护区，还是国家4A级旅游景区。这里处于南岭山脉的核心，是广东省海拔最高的地方，有广东唯一的原始森林，是广东省最大的自然保护区，茫茫林海，一望无际。因海拔高，其植被呈垂直分布：从低海拔的常绿阔叶林，一直过渡到针阔混交林、高山矮林。森林公园内的植物以广东松最为出名，姿态如雕如琢，苍劲古朴。

主要景区有小黄山景区、瀑布群景区、亲水谷景区和石坑崆景区。小黄山景区里保留着世界上最大片的“广东松”原始森林，冬季可看到南国难得一见的冰挂、雾凇景观。瀑布群景区内有中国南部最大的天然瀑布群，在落差近500米的深壑幽谷中，有近百条大小瀑布飞流而下。亲水谷景区以“幽峡、碧潭、奇石”著称，这里保存了典型的壶穴地貌（急流中挟带砂砾石磨蚀河床而产生的呈圆形凹穴状的一种地貌），成为南岭的一大奇景。石坑崆景区内有被誉为“广东屋脊”的广东最高峰，云海、日出为主要看点。森林公园内还有一个名叫“通天箩”的溶洞，洞口直径73米，深90米，面积2公顷，洞内分布着一片地下森林。

连山金子山 连山金子山位于清远市连山县，距县城20千米，海拔1 417米，为广东第8高峰。因其高、险、奇、峻、峭、陡，素有“南粤小华山”与“岭南第一险峰”之称，是粤湘桂三省接合部罕见的集风光览胜、探险猎奇、避暑疗养、度假休闲、科普教育功能为一体的综合性休闲旅游度假名山。现建有天梯、玻璃廊桥和玻璃观景台。天梯挂在悬崖绝壁之上，长500多米、台阶2 000多级，坡度最陡处达到80多度。玻璃廊桥沿最高峰的悬崖峭壁搭建，连通金子山最高两大主峰——通天南峰、通天北峰，玻璃观景台建在通天南峰，游客可在此眺望群山，获得独特的旅游体验。

（二）丘陵

广东的丘陵主要分布于山地周边，零星散落于沿海平原与台地上，海拔一般为200～500米。南雄、仁化、连州、兴宁、梅县、五华、龙川、河源、平远、紫金、罗定等地是广东主要的丘陵分布区。

三、广东的盆地、台地与平原

（一）盆地

在山地之间，多分布着盆地，如兴宁盆地、梅州盆地、阳春盆地、罗定盆地、怀集盆地等。

（二）台地

台地是明显较四周或一侧为高、顶面相对平坦、面积不是很大的高地，它既不像丘陵那样多起伏，也不像冲积平原那样低洼，海拔高度在200米以内。广东的台地以雷州半岛—电白—阳江一带和海丰—潮阳一带分布较多，尤以高州、电白以西最为普遍。雷州半岛是中国三大半岛之一，基本上是玄武岩构成的台地，面积达5 500平方千米，占半岛面积将近3/4。

（三）平原

广东的平原可分为三角洲平原和河谷冲积平原两种。三角洲平原主要有珠江三角洲平原和韩江三角洲平原。河谷冲积平原分布于各大小河流沿岸，较大的如北江的英德平原，东江的惠阳平原，粤东的榕江平原、练江平原，粤中的潭江平原，粤西的鉴江平原、漠阳江平原和九洲江平原。

广东的平原以珠江三角洲平原最大，地跨惠州、东莞、广州、深圳、佛山、肇庆、中山、珠海、江门等市的全部或部分地区，是中国最大的南亚热带平原，也是我国仅次于长江三角洲平原的第二大三角洲平原。珠江三角洲平原气候适宜，土壤肥沃，河网纵横，历来是广东省主要的粮食、蔗糖、蚕桑、塘鱼、果蔬的生产及出口基地。

潮汕平原是广东第二大平原，它由韩江三角洲平原与榕江平原、练江平原等构成。

四、广东的特色地貌

在广东，有重要旅游价值的地貌以花岗岩地貌、丹霞地貌、岩溶地貌和海岸地貌为主。

（一）花岗岩地貌

花岗岩是由地下深处炽热的岩浆上升失热冷凝而成的，主要成分是长石和石英。在花岗岩石体基础上，各种外动力形成的形态特殊的地貌类型称为花岗岩地貌。花岗岩不易风化，颜色美观，由花岗岩构成的山体群峰簇拥，陡峭险峻，气势宏伟，多球状岩块，多弧形岩壁，多崩块，多奇峰、怪石、深壑，有很好的旅游观赏价值，我国的黄山、泰山、华山、三清山都是花岗岩地貌名山。

花岗岩地貌有多种形态，其形成主要取决于花岗岩体出露地表后上升和剥蚀的速度。如果花岗岩岩体缓慢上升，往往形成球状石蛋或馒头状岩丘；如果花岗岩岩体快速上升，会形成花岗岩峰林地貌；如果花岗岩岩体上升速度介于前二者之间，则会形成上述两种景观的过渡类型。

多种类型的花岗岩地貌形成了独特的景观，有代表性的如石蛋及其垒砌造型、石柱、孤峰及峰林、绝壁、陡崖、一线天、洞穴、石窟等，此外还有花岗岩地貌常伴有的泉和瀑布。

广东花岗岩地貌分布广泛，山地多以花岗岩为主，许多都是著名的风景名山，如惠州的罗浮山、潮阳的莲花峰、汕头岩石风景名胜区（其垂虹洞被称为“天下第一花岗岩奇洞”）、龙泉洞和珠海的濂泉洞等。

罗浮山　罗浮山是典型的花岗岩地貌名山，位于惠州市博罗县西北35千米处的东江之滨，广东四大名山之一，素有“岭南第一山”之称。又被称为“东樵山”，与西樵山并称为南粤二樵。

补充阅读

罗浮山是罗山与浮山的合称，其得名充满神秘色彩。《后汉书·地理志》刘昭注：“有浮山自会稽浮往傅罗山”。《广东新语》中也这样记载，浮山是蓬莱三个别岛之一，在很久以前，浮山从东海浮来，与罗山合为一体。

罗浮山风景区为5A级景区，面积广大，方圆260多平方千米，共有大小山峰400多座，山势壮观，风景秀丽，为避暑胜地。最高峰为罗山的飞云顶（峰），海拔1 296米，常年云雾缭绕。第二高峰为浮山的上界峰，海拔1 276米。罗浮山有飞瀑名泉900多处，尤其以白石漓、白水门、黄龙洞等瀑布和长生井、卓锡泉等泉水最为出名。

罗浮山自汉代以来就是天下名山。司马迁谈到过罗浮山，甚至将其与“五岳”相提并论。汉代的陆贾，晋代的谢灵运，唐朝的李白、杜甫、李贺、刘禹锡，宋朝的苏东坡、杨万里，明朝的汤显祖，清朝的屈大均等都留下了赞美罗浮山的诗文。尤其是苏东坡在这里写下的“罗浮山下四时春，卢橘杨梅次第新。日啖荔枝三百颗，不辞长作岭南人”名句，使罗浮山闻名于世。

罗浮山植被丰富，有中草药 1 240 种，自古就成为著名的“药市”。屈大均《广东新语》曾记载：“粤中有四市：一曰药市，在罗浮山冲虚观左，亦曰洞天药市。”（其余三市为广州芳村花市、合浦廉州卖鱼桥珍珠市和东莞寮步沉香集市）

罗浮山也是道教名山，被称为第七洞天，第三十四福地。晋朝的葛洪长期在此采药炼丹。葛洪为晋朝时期的名门望族，江苏句容人，因立战功，升为伏波将军，后被罗浮山美景所吸引，定居在罗浮山潜心修炼，研究丹术，为百姓治病。葛洪逝世后，其妻子鲍姑（即鲍仙姑）和弟子黄初平（即黄大仙）到广州越岗院继续修道和为百姓治病。现在罗浮山还留下许多与葛洪有关的景点，如冲虚观、炼丹炉、洗药池等。

（二）丹霞地貌

丹霞地貌是红色沙砾岩在内外营力作用下发育成的，因广东仁化的丹霞山而得名。其景观特点是碧水丹山、精巧玲珑，形成诸多方山、奇峰、赤壁、岩洞等特殊地貌，许多丹霞地貌都成为我国著名的旅游资源。

仁化丹霞山、番禺莲花山、乐昌市金鸡岭、紫金县越王山、梅州市平远县五指石等都是这种地貌的典型代表，也构成了广东省著名的丹霞地貌旅游资源。其中，仁化丹霞山自古为“岭南第一奇山”，是我国最早的一批世界地质公园之一（2004 年入选），也是“中国八大世界地质公园”之一（另外 7 个分别是江西庐山、云南石林、安徽黄山、湖南张家界、河南云台山、河南嵩山和黑龙江五大连池）。

丹霞山　丹霞山位于广东韶关仁化盆地锦江一带，距仁化县城 8 千米，因“色渥如丹，灿若明霞”而得名，是我国典型的丹霞地貌景观，也是丹霞地貌的命名地，现为国家级风景名胜区、国家级自然保护区、世界地质公园、世界自然遗产。这里是世界发育最典型、类型最齐全、造型最丰富、景色最优美的丹霞地貌集中分布区。景区内 20 多座红色砂砾岩构成的岗丘临江拔起，沿垂直节理发育的丹崖奇峰千姿百态，蔚为壮观，被称为“中国红石公园”。“锦石”“锦江”“锦岩”是丹霞山的代表。

补充阅读

2010 年 8 月 1 日，在巴西利亚举行的第 34 届世界遗产大会将中国湖南崀山、广东丹霞山、福建泰宁、贵州赤水、江西龙虎山和浙江江郎山联合申报的“中国丹霞地貌”列入《世界遗产目录》。这是中国第 40 个列入《世界遗产名录》的项目。

（三）岩溶地貌

岩溶地貌是地下水和地表水对可溶性岩石（如石灰岩）进行溶蚀、侵蚀等综合地质作用而产生的各种地貌的总称，又称喀斯特地貌。其景观特点是：山地高度不大，奇峰林立或孤峰突起，岩石嶙峋，造型丰富。地表常见有石芽、溶沟、石林、漏斗、落水洞、溶蚀洼地等岩溶形态。而地下则发育着地下湖、地下暗河以及由石灰岩溶解沉淀而形成的石钟乳、石笋、石柱、石花等千姿百态的溶洞景观。岩溶地貌往往有极高的旅游观赏价值，是地貌景观的重要组成部分。

广东有代表性的岩溶地貌如肇庆七星岩、云浮蟠龙洞、阳春凌霄岩、乐昌古佛岩、英德宝晶宫、封开白石岩、怀集燕岩、连州地下河（有“广东地下第一河”之称）等。

（四）海岸地貌

海岸地貌是在地质构造运动、海浪与潮汐冲刷和堆积、生物作用以及气候因素等共同作用下形成的各种地貌形态。从旅游的角度，可将海岸地貌分为基岩海岸地貌、沙砾质海岸地貌和生物海岸地貌。沙砾质海岸在海滩坡度适宜、沙质纯净、沙粒粗细合适的情况下，一般都能成为良好的海滨浴场。生物海岸有红树林海岸、珊瑚海岸等之分，红树林海岸很可能成为良好的景观海岸，而珊瑚海岸往往成为价值极高的潜水旅游胜地。

我国的大陆海岸以杭州湾钱塘江口为界，以南多岩石海岸，以北多沙砾质海岸。不同的海岸景观特点，形成了不同的滨海旅游特色。

广东海岸线漫长，海岸地貌分布广泛，深圳大小梅沙、惠东县巽寮湾、汕头南澳岛、阳江海陵岛、珠海东澳岛、湛江东海岛、茂名放鸡岛、广州南沙、陆丰市金厢滩（有“粤东旅游黄金海岸”之称）等都是著名的滨海旅游资源。海陵岛的十里银滩，海岸线长达16.5千米，总面积为6 000平方千米，已载入大世界基尼斯之最。

广东的红树林海岸十分普遍，深圳、广州、珠海等都有大片红树林湿地，湛江建有红树林国家级自然保护区。雷州半岛有大片珊瑚礁海岸，徐闻县的珊瑚礁群是目前我国大陆保存最完好的珊瑚自然生长区，现建有珊瑚礁国家级自然保护区。在我国大陆南端的灯楼角（位于湛江市徐闻县西南海滨）还有全国唯一的大陆缘型珊瑚礁，旅游资源开发潜力很大。

（五）火山岩地貌

火山岩地貌是指地下深处的岩浆喷溢出地表并快速冷凝所形成的各种地貌的总称。这些地貌包括火山口、流纹岩、熔岩洞、火口湖、地下森林等。我国火山地貌主要分布在三个地带：环内蒙古高原带、青藏高原带和环太平洋带。

广东的火山地貌主要分布在湛江。湛江的湖光岩发育着由炽热岩浆和冷的水相互作用的蒸汽岩浆爆发形成的玛珥火山（低平火口，凝灰岩环），这里形成的玛珥湖被称为是“世界上最大、最典型的玛珥湖”，湛江湖光岩也被称为第四纪火山天然博览园。

湖光岩世界地质公园　湖光岩世界地质公园位于广东省湛江市区西南部18千米处，总面积为38平方千米。这里是一个以火山地质地貌为主体的展示多种地质遗迹的公园，以深刻的地质科学内涵、奇特秀美的玛珥湖风光、优良的生态环境、丰富的人文景观而闻名于世。

补充阅读　**湖光岩的得名**

湖光岩是湖而不是岩，那为什么又叫“湖光岩”呢？其实，湖光岩起初叫“陷湖”，因湖水清澈如镜，又被称为“镜湖”。又因水质纯净，也被称为“净湖”。南宋建炎三年（1129年），宰相李纲因力主抗金，被贬官至琼州，途经此地时与人月下对饮，看见月光下湖水映照岩壁，于是挥笔写下“湖光岩”三个大字，此后，这三个字就成了湖的名称，沿用至今。

地质公园的核心景区是被称为中国玛珥湖的典型代表的湖光岩。湖光岩面积约2.3平方千米，目前水深约22米，但湖里的磁化火山泥就达400米厚，对人体有极高的美容保

健医疗价值。据科学考证，湖光岩是20万年前熔岩爆发凹陷而形成的，其诞生过程犹如神话传说。大概20万年前，湖光岩所在的地下深处的炽热岩浆上升至地表，与地下水相遇后形成过热水并产生力量强大的蒸汽，蒸汽冲破岩石和土层产生爆炸，随后爆炸口冷却下沉，形成了446米深的地坑，积水后成为湖泊。因湖底低于海平面，地下水成为湖水的主要来源，湖水因而较为稳定，旱不涸涝不溢。在地质学上，湖光岩这样的火山口湖被称为玛珥湖。

湖光岩是中国目前唯一的玛珥湖，被认为是中国乃至世界上保存最完好的火山口湖之一，其湖底的沉积物真实地记录了20万年以来气候、环境的变迁。湖光岩也因此被称为中国玛珥湖研究的起始地。湖光岩景色优美，被火山垣环抱，湖四周遍布悬崖陡壁，湖水清澈如镜。

湖光岩历史悠久。隋朝时期就有佛教僧人依岩而建楞严寺、白衣庵等古刹，宋朝丞相李纲曾在此题写摩崖石刻“湖光岩”，存留至今。公园内植被茂盛，古树参天，是一片高密度空气负离子区，堪称“天然氧吧”。主要景点有玛珥湖（湖光岩）、雷琼世界地质公园博物馆、火山地质遗迹、白衣庵、望海楼、清风林、楞严寺等。

补充阅读

湖光岩有众多谜团待解：（1）湖水竟然不是平的，湖中心水位比湖边低了约30厘米；（2）每年6—8月，夜间1—2点，湖中间会冒出10多米高的水柱；（3）湖里没有青蛙、没有蚂蟥、没有蛇；（4）湖四周绿树成荫，但湖面却没有一片落叶；（5）湖里生长着4米多长的大鱼和直径约2米宽的大龟；（6）在景区内热带雨林区爬山特别省力，好像有一股浮力在推动。

第二节 广东的水体旅游资源

一、水与旅游

水是自然环境形成和发展过程中最活跃的因素之一，是保障人类生活和生产的重要物质条件，广泛存在于自然界中。地球表面3/4由水所覆盖，在生物体的各种组成成分中，水也占有较高的比例。

在自然界中，水是唯一以三种聚合态——气态、液态、固态存在的物质。它或以水蒸气、云雾等气态形式出现，或以雨、露、泉、湖、江河、瀑布、海洋等液态形式存在，或以霜、雪、雾凇、冰雹、冰川等固态形式出现。

从科学的角度讲，水是由两个氢原子和一个氧原子结合而成的最简单的氢氧化合物。而水体则是以相对稳定的陆地为边界的水域，是河流、湖泊、沼泽、水库、地下水和海洋的总称。

补充阅读 **湿地**

与水体相关的另一个常用概念是湿地。湿地这一概念在狭义上是指陆地与水域之间的过渡地带，广义上是指地球上除海洋（水深6米以上）外的所有大面积水体。现在普遍采用广义的定义。根据这一定义，湿地覆盖了地球表面6%的面积，包括湖泊与河流、三角洲、沼泽地、湿地草场、绿洲、潮滩、近海水域和鱼塘、水稻田、水库等。湿地、森林和海洋是地球最重要的三大生态系统，如果说森林是“地球之肺”，那么湿地就是“地球之肾”，对维持生态平衡、保持生物多样性、调节气候、美化环境等均有着重要作用。

不是所有的水体都能成为旅游资源，但那些水质好、可观赏性强的水体，往往成为旅游资源的重要组成部分。一些水体，如风景湖泊、泉水、瀑布、冰川等本身就是旅游资源，而更多情况下，水体与其他旅游资源组合在一起，成为景色多变、形态各异的旅游风景名胜。水体旅游资源能满足多样化的旅游需求，其旅游功能主要体现在下列四个方面：

（一）观赏功能

水是自然美景的重要构成要素，具有形、声、影、色、光、味俱全的特点，能给人以形态美、声音美、倒影美、色彩美、光泽美、味道美等多种美感。浩瀚无垠的大海、波光粼粼的湖面、奔流不息的江河、雄伟壮观的瀑布……这些水体对游客都有着强大的吸引力。

（二）疗养功能

一些具有特别的成分和温度的温泉、矿泉、海水、湖水等具有疗养功能。我国古代很早就发明了温泉、矿泉疗养。现在，水的疗养功能越来越受到重视。

（三）品茗功能

中国人自古爱喝茶，现在茶也成为一种世界性的饮料。好茶需要好水，中国的许多名泉都因适合泡茶而闻名。

（四）娱乐功能

水体还可提供丰富多彩的娱乐和运动旅游项目，如游泳、潜水、划船、漂流、冲浪、滑水、垂钓、滑冰、滑雪等，可以说，水体旅游是游客参与性最强的旅游项目。

广东有丰富的降水，茂盛的地表植被也有利于涵养水源，这使得广东有着众多的河流、湖泊、泉水、瀑布等水体，而且多数水体都保持了较好的水质。千百年来，广东人依水而居，发展了以水为依托的独特文化。在旅游业飞速发展的今天，很多水体都成为广东著名的旅游资源。

二、广东的河流

河流是一种天然的地表水流，地表水在重力作用下，沿着陆地表面上的线形凹地流动，称为河流。河流当中较大的称为江、河，较小的称为溪、涧，每一条河流都可分为上游、中游和下游。大大小小的河流构成的脉络相通的系统称为水系。

补充阅读

河流有两种：外流河和内流河。外流河是指流入海洋的河流，所在区域称为外流区，主要在我国的东部和南部，约占全国面积的2/3；内流河是最终没有流入海洋的河流，所在区域称为内流区，主要在我国的北部和西部。内流河的水源主要是高山冰雪融水，各河下游或在洼地积水成湖，或消失于荒漠之中。

（一）广东的主要河流

广东省河流众多，全省集水面积在100平方千米以上的各级干支流共542条（其中，集水面积在1 000平方千米以上的有62条）。独流入海河流有52条。广东主要河流有珠江、韩江、榕江、漠阳江、鉴江、九洲江等，各河流具有流量大、含沙量小、汛期长、流量季节变化明显等特点。

1. 珠江

珠江主要位于广东省，是中国南方最大河系，与长江、黄河、淮河、海河、松花江、辽河并称中国七大江河。就长度而言，珠江是中国第三长河流，全长2 320千米，仅次于长江和黄河；就流量而言，珠江是中国第二大河流，仅次于长江，是黄河流量的7倍。珠江汛期从每年的4月开始直到10月结束，长达半年，是中国汛期最长的一条河流。

珠江旧称粤江，后称珠江，原指广州到虎门的一段入海水道，现为西江、北江、东江和珠江三角洲诸河的总称。西江是珠江水系主流，发源于云南省沾益区马雄山。干流上、中游各段分别称南盘江、红水河、黔江和浔江，在梧州以下称西江。著名的黄果树瀑布、桂林山水都在西江流域。北江的正源是浈水，发源于江西省信丰县，在韶关附近与武水相会称北江。东江正源称寻乌水，发源于江西省寻乌县大竹岭。

珠江并没有统一的入海口，而是从8个入海口分别注入南海，故而有“三江汇合，八口分流”之说。

补充阅读

珠江的得名有两种说法，一是说在江中发现珍珠，故名珠江；另一种说法是江中有一块海珠石，故名珠江，这一说法流传更为广泛。在古代，流经广州一带的珠江江面宽阔，宽达2千米，江中有三块礁石，分别为海珠石、海印石和浮丘石。海珠石很大，又被称为海珠岛，因长期被江水冲刷而浑圆如珠，位置在今沿江西路与新堤附近。宋朝以后，因泥沙冲积，海珠石渐渐与珠江北岸陆地相连。1931年扩筑新堤建沿江西路时，海珠石遂被埋于地下。

2. 韩江

韩江发源于赣、闽、粤三省交界山地，唐称恶溪，后为纪念韩愈驱鳄改称韩江。干流长度为470千米，是广东省第二大河流，是潮汕地区、兴梅地区与福建的重要联系水道。北源为汀江，南源为梅江，汀江和梅江在广东省梅州市大埔县三河镇三河坝汇合之后，称为韩江。

（二）广东的旅游河段

任何一条河流都有可能成为旅游资源，而广东的河流往往来自高山峡谷，流经城市、村庄、田野，易与周边环境相衬托，成为综合性很高的旅游资源。

1. 观光游憩河段

河水清澈，河谷形态奇特，两岸植被茂密，近岸地带人文资源丰富的河段往往能成为观光游憩河段。如珠江沿岸、珠江广州段的都市风光、西江小三峡（羚羊、大鼎、三榕）、北江中下游三峡（飞来峡、香炉峡、浈阳峡）、小北江三峡（又称湟川三峡，含龙泉、楞伽、羊跳三部分）等。

2. 漂流河段

漂流是正在兴起的集惊险与娱乐于一体的参与性旅游项目，良好的漂流河段应具备下列条件：河流有一定落差、流速恰当、水质清澈、两岸景色秀美、有可进入性。广东是我国开发漂流最好最多的地方，这些漂流都成为全省生态旅游的亮点，清远还被授予“中国漂流之乡”的称号。广东有许多著名的漂流旅游资源，如韶关九泷十八滩漂流、清远黄腾峡漂流、清新区玄真漂流（被称为“华南第一漂”“南粤最激漂流”）、清新区笔架山青龙峡漂流、英德市英西峰林暗河漂流、德庆盘龙峡漂流、和平热水漂流、南昆山漂流、龙门香溪河漂流等。

3. 水网水乡景观

珠江在珠江三角洲一带分汊众多，从多个入海口流入大海，这使得珠江三角洲水网密集，很多地方形成秀丽的水乡景观，如中山市民众镇的“岭南水乡”、广州小洲村、惠州市龙门县香溪堡、恩平歇马举人村、顺德逢简水乡（有顺德“小周庄”之称）、德庆金林水乡、河源市东源县苏家围、鹤山市古劳镇古劳水乡等。

三、广东的湖泊

湖泊是陆地上蓄水的洼地。湖泊不仅具有蓄水、灌溉、养殖、净化环境、调节气候的功能，还有重要的旅游观赏价值，是重要的旅游资源。

（一）天然湖泊

广东省天然湖泊不多，主要有肇庆星湖、惠州西湖、湛江湖光岩、斗门白藤湖等。惠阳与东莞间的潼湖为广东省最大的天然湖泊，汕尾品清湖则是中国大陆最大的咸水潟湖。

（二）人工湖泊

除了天然湖泊，广东还有成千上万个人工湖——水库。将现有水库开发成旅游资源是广东旅游业发展的一个特色。如河源万绿湖（新丰江水库，华南地区最大的人工水库）、流溪河水库、枫树坝水库、高州水库、兴宁合水水库、蕉岭长潭水库、乳源南水水库、深圳水库、中山长江水库、湛江鹤地水库、饶平汤溪水库等。

四、广东的瀑布

从河床纵剖面陡坡或悬崖处倾泻而下的水流称为瀑布。瀑布声、色、形俱备，对游客有着强烈的吸引力。

一定的水量和落差是瀑布形成的前提，广东省地形复杂、河流众多，形成了众多的瀑布，如德庆盘龙峡瀑布群、增城白水寨“白水仙瀑”、罗浮山大坑白石漓瀑布、西樵山瀑布群、从化温泉三瀑（百丈飞涛瀑、飞虹瀑、香粉瀑）、石坑崆天泉瀑布、鼎湖山飞水瀑和水帘洞天、丹霞山马尾瀑等。

位于揭阳市揭西县京溪园粗坑村粗坑河上游的黄满寨瀑布群，享有“岭南第一瀑”的美誉。其中的飞虹瀑落差高度约 60 米，宽度约 80 米，银河瀑高度约 120 米。

五、广东的泉水

泉是地下水的天然露头。一般来说，温度高于当地年平均气温的是温泉，含有一定量矿物质并且具有医疗作用和饮用价值的泉水是矿泉。泉除了可治疗疾病、供饮用之外，还有特殊的观赏价值，有着独特的纯洁美、味觉美、触觉美、听觉美，在旅游景观中占有重要的地位。

补充阅读

依据泉水温度的差别，还可对温泉进行更细的分类。即把水温在 25℃以下的泉水称为冷泉，水温在 25℃～33℃的泉水称为微温泉，水温在 34℃～37℃的泉水称为温泉，水温在 38℃～42℃的泉水称为热泉，水温在 43℃～99℃的泉水称为高热泉，水温在 100℃以上的泉水称为沸泉。热泉和高热泉常被称为“汤”。

广东有丰富的温泉资源，从化温泉自古闻名，恩平市是中国第一个温泉之乡，也拥有广东省唯一的国家级地热地质公园。目前，广东已开发的泉水旅游资源多属于温泉、热泉和高热泉。开发较成功和较有影响力的温泉有从化温泉（世界著名的稀有小苏打、氡元素名泉，有“岭南第一泉”之称）、珠海御温泉和海泉湾温泉（有“南海第一泉”之称）、中山仙沐园温泉（广东著名的露天温泉之一，有“仙泉世界”之称）、新会古兜温泉（有“广东华清池”之誉）、惠州汤泉（有“岭南第一汤”之誉）、台山三合温泉（有“广东第一泉”之誉）、清新温泉、五华县汤湖热矿泥温泉、清远银盏温泉、恩平三大温泉（金山温泉、帝都温泉、锦江温泉）等。

六、广东的海洋旅游资源

海洋由海和洋组成，海洋的中心部分叫洋，海洋的边缘部分叫海，但其实二者很难截然分开。洋的面积比海大得多，但作为旅游的重点对象主要不是洋，而是海，并且又多局限于海岸带。大洋旅游仅限于公海考察、探险等特殊项目。

海岸带是海洋与陆地的接触带，海岸带的旅游资源是在水、陆、气候、生物及多种人文因素的作用下产生的，包括海水、沙滩、阳光、海边的断崖绝壁、海底景观、海洋生物、海上日出、海上观潮、海边的建筑等，特别是海水、沙滩和阳光被称为“3S”旅游资源（因其英文名称都以“S”开头）。

补充阅读

潮汐景观是海洋景观的组成部分。潮汐是月亮、太阳和地球间的吸引力与地球自转产生的离心力共同作用于海水而产生的海水水位定时涨落的现象。所有的大陆海岸都会产生潮汐。由于月亮离地球最近，所以引潮力主要发生在月地之间。中国最壮观、最有名的潮汐是浙江钱塘江的钱塘潮，被誉为世界一大奇观。

广东的海洋旅游主要体现在两个方面：

（一）风光欣赏

（1）海面风光。海天一色、海浪滔天、海水的广阔无垠等，都是令人向往的美景，具有欣赏价值。

（2）海岸景观。如海岸的岩石、山峰，海边的沙滩，岸边的灯塔、渔村、渔港等，对游客也往往具有吸引力。

（3）海洋生物景观。海洋生物种类丰富，外形奇特，对游人也具有很大吸引力。广东很多地方建立了海洋生物的观赏地，如广州海洋馆、深圳海洋世界、湛江水生生物博物馆等。

（4）海底观光探秘。对很多人来说，海底是一个神秘的世界。现代旅游依靠一定的技术手段，已经可以为游客展示海底独特的风光。现在，潜水观赏鱼类、珊瑚等海洋生物，观赏海底地貌，探寻水下遗迹等已成为许多人向往的旅游活动。茂名电白水东镇的放鸡岛是我国第一个海底潜水旅游地。

（二）海滨休闲疗养

海水有其独特的成分，富含钠、钾、碘、钙等多种对人体非常重要的元素，有利于创伤、骨折等疾病的治疗；海滨空气新鲜宜人，有益于人体健康；海水因为比热容大，温度的变化较慢，这使得盛夏的海边相对较凉爽，有利于人们消暑避夏；在海滨还能开展海水浴、冲浪、游泳、潜水、垂钓等多种体育活动，以及海鲜品尝活动。因此，很多人选择滨海地区作为疗养胜地。广东有很多适合海滨疗养的地方，如北回归线横贯的南澳岛、阳江市的海陵岛、台山上川岛和下川岛（有“东方夏威夷”美誉）、惠东的巽寮湾、茂名的水东湾（号称“中国第一滩”）等。

思考与练习

一、单项选择

1. 广东的山地主要分布于（　　）。

A. 粤西　　B. 粤东　　C. 粤北　　D. 珠江三角洲

2. 广东省最高峰，有“广东第一峰”之称的是（　　）。

A. 石坑崆　　B. 石韭岭　　C. 莲花峰　　D. 大庾岭

3. 广东千米以上山峰最多的地方是（　　）。

A. 连南瑶族自治县　　B. 连州市

C. 清新区　D. 连山壮族瑶族自治县

4.（　　）基本上是玄武岩构成的台地。

A. 梅州　B. 雷州半岛　C. 怀集　D. 广州

5. “岭南第一奇山”指的是（　　）。

A. 白云山　B. 罗浮山　C. 丹霞山　D. 鼎湖山

6. “中国红石公园”指的是（　　）。

A. 白云山　B. 罗浮山　C. 丹霞山　D. 鼎湖山

7.（　　）被称为第四纪火山天然博览园。

A. 湛江湖光岩　B. 肇庆七星岩　C. 阳春凌霄岩　D. 怀集燕岩

8. 广东省第二大河流是（　　）。

A. 珠江　B. 韩江　C. 榕江　D. 北江

9. 被称为“华南第一漂”“南粤最激漂流”的是（　　）。

A. 韶关九泷十八滩漂流　B. 清远黄腾峡漂流

C. 德庆盘龙峡漂流　D. 清新区玄真漂流

10. 下列不属于天然湖泊的是（　　）。

A. 河源万绿湖　B. 斗门白藤湖　C. 惠州西湖　D. 肇庆星湖

11.（　　）是中国第一个温泉之乡。

A. 清新　B. 恩平　C. 新会　D. 珠海

12. 有“岭南第一泉”之称的是（　　）。

A. 海泉湾温泉　B. 新会古兜温泉　C. 从化温泉　D. 惠州汤泉

13. 我国大陆南端的灯楼角位于（　　）。

A. 湛江市　B. 茂名市　C. 阳江市　D. 珠海市

14.（　　）的珊瑚礁群是目前我国大陆保存最完好的珊瑚自然生长区。

A. 惠东县　B. 南澳岛　C. 徐闻县　D. 东海岛

二、多项选择（至少有两项符合题意）

1. 关于南岭，说法正确的（　　）。

A. 分隔长江流域和珠江流域　B. 是中国南部最大山脉

C. 是重要的自然地理界线　D. 全部在广东省境内

2. 广东最大的两块平原是（　　）。

A. 练江平原　B. 珠江三角洲平原

C. 潮汕平原　D. 英德平原

3. 关于珠江三角洲平原，说法正确的有（　　）。

A. 广东最大的平原　B. 全国最大的三角洲平原

C. 我国著名的鱼米之乡　D. 河网纵横

4. 下列哪些属于花岗岩地貌?（　　）

A. 惠州的罗浮山　B. 潮阳的莲花峰

C. 汕头岩石风景名胜区　D. 肇庆七星岩

5. 下列哪些属于丹霞地貌?（　　）

A. 阳春凌霄岩　B. 番禺莲花山　C. 乐昌市金鸡岭　D. 仁化丹霞山

6. 水体的旅游功能主要体现在（　　）。

A. 品茗　B. 观赏　C. 疗养　D. 娱乐

7. 下列哪些是广东的主要河流？（　　）

A. 西江　B. 东江　C. 珠江　D. 韩江

8. 下列哪些是广东河流的特点？（　　）

A. 流量大　B. 含沙量小

C. 汛期长　D. 流量有明显的季节变化

9. 关于珠江，说法正确的有（　　）。

A. 淮河以南最大的河流　B. 是中国第三长河流

C. 流量仅次于长江　D. 是中国汛期最长的一条河流

10. 广东已开发的泉水旅游资源多属于（　　）。

A. 温泉　B. 热泉　C. 冷泉　D. 高热泉

三、简答题

1. 请简要介绍南岭。
2. 请简要介绍珠江三角洲平原。
3. 广东有哪些有代表性的丹霞地貌？
4. 水体的旅游功能主要体现在哪些方面？
5. 请简要介绍珠江。
6. 广东有哪些著名的温泉旅游资源？
7. 广东的海洋旅游主要体现在哪两个方面？

第四章 广东气候气象与生物旅游资源

本章导读

天气、气候、气象具有造景的功能，在不同的气候、气象、天气条件下可形成云海、雾、雨景、冰雪、雾凇、蜃景、极光、佛光、日出、彩霞、晚霞、月景等各具魅力的旅游景观，因此是旅游资源的重要组成部分。广东气候高温多雨，有得天独厚的水热条件，是全国野生动植物最繁盛的地区之一，有丰富的生物旅游资源。

第一节 广东的气候气象旅游资源

一、天气、气候、气象与旅游

天气是指一定的区域范围内在短时间里的阴晴、风雨、冷热等大气物理状况。气候是一个地方多年的天气特征，是多年常见的和特有的天气状况的综合。气象是指大气中发生的云、雨、风、雷、电、雪、雾、霜、雹、露等物理现象及增温、冷却、蒸发、凝结等物理变化过程。

天气、气候、气象直接影响旅游者对旅游目的地的选择和出游时间的安排。此外，天气、气候、气象本身又有造景的功能，如在不同的气候、气象、天气条件下可形成云海、雾、雨景、冰雪、雾凇、蜃景、极光、佛光、日出、彩霞、晚霞、月景等各具魅力的旅游景观。因此，天气、气候、气象既是旅游资源，也对其他旅游资源造成重大影响。

二、广东的气候

一个地方的气候，主要受地理纬度、海陆位置、地形地势、大气环流等方面的影响。广东地处低纬，北回归线横穿全省，地跨亚热带和热带，属亚热带和热带湿润季风气候，以高温多雨为主要特征。夏长冬暖，多台风，干湿变化大。

（一）广东的气温

广东省年平均气温为 21.8℃。其基本分布规律是纬度越低，平均气温越高。同纬度的地方山地年平均气温一般低于平原、谷地年平均气温，越靠近海洋，年平均气温越高于内陆。粤北的西北部和中部较高的山地是全省年平均气温最低的区域，约 19℃，连山年平均气温为 18.7℃，为全省最低。湛江、电白沿海地区年平均气温在 23℃以上。

1 月是广东全年最冷的月份，粤北偏北地区 1 月平均气温可降至 9℃以下，但仍难见霜雪。即使是 1 月份，广东大多数地方的平均气温仍普遍高于 10℃。自 2 月份开始全省气温逐渐回升，3、4 月份升温最快。7 月是广东全年最热的月份，大部分地区月平均气温在 28℃～29℃。

补充阅读

广东冬天的极端最低气温在－7.3℃～6.0℃，夏天的极端最高气温在 35.0℃～42.0℃。历史上极端最低气温为－7.3℃（1955 年 1 月 12 日，梅州），极端最高气温为 42℃（1953 年 8 月 12 日，韶关）。

从一年中的温度分布来看，广东的春季是 3～5 月，夏季是 6～8 月，秋季是 9～11 月，冬季是 12 月至次年 2 月。但是，如果严格按照气候分季的标准，广东仅在英德、新丰、龙川以北的粤北地区才有短暂的冬季，其他大部分地区不存在气候意义上的冬季，只有春夏秋三季，且夏季长达七个月。

尽管广东各地不同的季节会出现温度的起伏变化，但总体上来说，广东既无严寒，也无酷暑。这主要是受下列因素的影响：

（1）广东地处低纬度，得到的太阳热量较多，不太可能出现严寒天气。

（2）广东面向大海，海岸线长，岛屿多，全省离海洋最远的地方也不超过 400 千米，因此温度的变化比内陆地区更慢、更小。

（3）广东省北面有南岭山脉，东北面接武夷山，西南有云开大山，地势北高南低，对广东起了一个屏障作用。冬季，来自北方的冷空气受到粤北山脉的阻挡而受到削弱，使广东省内气候总体上比较温暖，基本上没有气候意义上的冬季。故有“南岭两枝梅，南枝已暖北枝寒”之说。有人做过统计，衡阳至韶关之间每 100 千米冬季气温相差 2.4℃，而韶关至广州之间每 100 千米冬季气温仅相差 1.7℃。

（二）广东的降水

广东是我国降水最多的地区之一，年平均降水量为 1 789.3 毫米，雨量充沛。

广东的降水有很强的季节性，4～9 月是全省多雨时期，称雨季，集中了全年降水量的 80%以上，以 5、6 月份降水最多，而 12 月是广东全年降水量最少的月份。

地区之间降水量差异也较大，一般是东南沿海比西部内陆地区多雨，山地降水量多于平原和盆地，迎风坡降水量多于背风坡，尤其是向南面和东南面开口的喇叭形谷坡，往往形成多雨中心。恩平市年降水量 2 637 毫米，为全省最多。

补充阅读

广东省有 3 个多雨区：

(1) 天露山、云雾山东南侧的阳江、恩平一带，年降水量在 2 400 毫米以上，阳春市八甲乡仙家洞年降水量甚至高达 4 000 毫米；

(2) 滑石山东南坡的清远、佛冈一带，年降水量在 2 200 毫米以上；

(3) 莲花山东南侧的揭西、海陆丰一带，年降水量在 2 300 毫米以上。

这三个地方都处于山区南部的迎风坡。而处于山脉的背风面的平原、盆地、台地则往往成为少雨区，如云雾山北面的罗定市，九莲山北面的南雄市等都是省内的少雨区。

(三) 广东的季风

广东省处在南北不同季风风系的通道上，是我国季风环流比较发达的地区。广东主要受东北季风、东南季风和西南季风的交替影响。

每年 9 月底 10 月初至第二年 2 月底 3 月初是广东的东北季风期，全省受东北季风控制。此时广东易受寒潮影响，寒潮造成全省大风、降温及阴雨天气。一次寒潮过程可使全省 24 小时内降温 10℃以上，但一般持续 3～4 天便可回暖，天气转晴。

3 月中旬至 5 月中旬是广东的东南季风期，地面风向转偏南，气流来自东南部海洋，容易形成大范围的蒙雨天气。

5 月中旬至 9 月是广东的西南季风期，源自低纬海洋的西南气流，常给近地面带来大雨和暴雨。

补充阅读

因为广东高温多雨，夏长冬暖，在生产力十分落后的古代，广东一带蚊虫成群，毒蛇猛兽出没，流行疾病蔓延，被中原地区的人视为“瘴疠之地”而避之不及。

(四) 广东的主要气象灾害

广东的主要气象灾害有热带风暴和台风、低温冷害、干旱、暴雨和洪涝灾害等。

热带风暴和台风风力大，破坏性极强，容易带来暴雨和风暴潮。广东是全国受台风影响最多的省份，平均每年约有 10 次台风影响广东。5～11 月是最易受台风侵袭的时期。

广东省的低温冷害主要是冬半年冷空气活动异常造成的一种自然灾害，有秋冷、冬冷和春冷等几种情况。从 10 月底至次年的 2 月都可能有寒潮入侵广东，带来大风、低温、霜冻和冰雪，从而给热带作物带来危害。其中粤北受寒潮的影响最大。

补充阅读

台风是一种热带气旋。热带气旋按照其强度的不同，依次可分为六个等级：热带低压、热带风暴、强热带风暴、台风、强台风和超强台风。关于“台风”名称的来历有很多说法，有人认为是由广东话“大风”演变而来，也有人认为是由闽南话“风台”演变而来。也有人认为是根据台风的来源地命名的，即由于台湾位于太平洋和南海大部分台风北上的路径要冲，很多热带气旋穿过台湾海峡进入大陆，故而将这种热带气旋命名为台风。

台风和飓风意思类似，只是发生地点不同，叫法不同。比如，热带气旋发生在美国则称飓风，在菲律宾、中国、日本一带则叫台风。

三、广东的气象气候旅游资源

（一）宜人的气候条件

追求舒适宜人的气候是游客的天性。广东冬无严寒、夏无酷暑，有良好的气候条件，无论是避寒还是避暑，总能找到合适的地方。广东的宜人气候主要分布于粤北山地和海滨、海岛地区。夏季，全国普遍高温，但广东沿海大部分地区都无酷暑，适合消夏避暑，惠州南昆山更有“南国避暑天堂”的美誉。冬季，当北方冰天雪地的时候，广东位于北回归线以南的许多城市都适合避寒，著名的如深圳、珠海、广州等城市，以及南澳岛、海陵岛、上川岛和下川岛等海岛。

补充阅读

什么气候最宜人？

研究表明，气温为18℃～23℃，相对湿度为65%～85%，空气透明洁净，每立方厘米空气中负离子含量不少于1 000～1 500个，风速为每秒2米左右，人就感觉比较舒适。

（二）云、雾、雨奇景

云、雾、雨都是生活中的常见现象，但善于发现美、感受美的人却能把普通的云、雾、雨现象当成景观。广东的气候温暖潮湿、雨量丰沛，云、雾、雨所构成的气象奇观经常出现。尤其是广东拥有众多高山丘陵，这些山川秀丽的风光与云、雾、雨奇景相互衬托，提升了旅游资源的品位，使游客获得美的享受。如羊城“双桥烟雨”、清远飞霞山的“飞霞烟雨”等都是著名的气象奇观，广州白云山更是因为山间经常白云缭绕而成为旅游胜地。

（三）冰、雪、雨凇奇景

冰是水在0℃或0℃以下凝结成的固体。雪是从空中降落的白色结晶，多为六角形，是气温降到0℃以下，空气层中的水蒸气凝结而成的。雨凇是在低温的情况下冷雨滴落在0℃以下的物体上很快冻结起来的透明或半透明的冰层。冰雪和雨凇因其洁白晶莹，成为重要的自然景观和构景要素。广东冬季较短，冰雪风光在广东并不常见。但广东的冬季时有寒潮侵袭，此时，粤北、粤东、粤西山地也可见到冰、雪、雨凇奇观。尤其是粤北偏北山区降雪机会较多，一般10年中有7～8年会降雪，年平均雪日为2～3天，最多年可达10天。寒潮影响大时，有些地方积雪有1米深，满山白雪约1周才融化完。

（四）日出、日落景

日出、日落景是大自然赠予人类的最动人的自然景观的组成部分，观赏日出、日落景是人们旅游活动中极富魅力的一环。清远飞霞山的“松峰观日”是著名的日出景观，韶关丹霞山的长老峰观日亭是广东知名的观赏日出之地，台山市下川岛的海上落日、阳江海陵岛的“马尾夕照”则是落日奇观。

（五）佛光与蜃景

佛光与蜃景（海市蜃楼）一样，都是大气和光的杰作。

佛光又称宝光，是在阳光斜射的条件下，云海雾珠发生的衍射分光现象。四川峨眉山金顶是最有名的观赏佛光之地，主要是因为这里云雾天数多，湿度大，而且风速小，佛光容易产生。有“广东第一峰”之称的石坑崆常现佛光。

海市蜃楼是大气中由于光线的折射作用而形成的一种自然现象。当空气各层出现较大的密度差异时，远处的光线通过密度不同的空气层会发生折射或全反射，这时就有可能在空中看到远处的地面物体的影像。古人对这一自然现象不理解，误认为是蜃（大蛤蜊）吐气而成，所以叫蜃景或海市蜃楼。

海市蜃楼形成的前提是空气出现密度不同的分层，而空气上下温度的不同必然会造成密度的差异。温度高的空气密度小，温度低的空气密度大。而夏季晴天的海面、沙漠、山顶很容易形成上层与下层空气温度的较大差异，因此，海市蜃楼多出现在夏天的沿海、沙漠、江河湖泊的上空和山岳顶部。广东海岸线长，滨海地区适合观赏海市蜃楼。

第二节 广东的生物旅游资源

一、生物与旅游

生物是自然界中有生命的物质的总称，由动物、植物和微生物组成。地球的历史长达46亿年，地球生命的历史也达到40亿年。在这40亿年中，地球生命经历了由简单到复杂、由低级到高级、由海洋到陆地、由海陆到空中的发展进程，最终形成了今天这个多姿多彩的生物圈。

生物是人类的衣食之源，并对人类的社会、经济及文化生活产生着重大影响。对旅游业来说，生物也有着无可替代的重要意义。

生物的旅游功能主要表现在：

（1）构景功能。生物是自然界中最活跃的因子，自然景观因为有了生物才有了生机和活力。生物在生命过程中表现出的形、态、声、色、香等审美因素，美化环境，带给人强烈的美感。因此，生物是风景中重要的构景要素。

（2）康乐功能。生物能净化环境，具有保健和疗养功能。人们还可利用生物开展垂钓、狩猎、采集、骑马等活动。在生态旅游已成时尚的今天，生物旅游资源对游客产生了越来越大的吸引力。

（3）传播知识功能。生物能成为传播知识的载体，人们可通过了解奇花异草、珍禽异兽等来扩大视野，增长知识。

(4) 精神美学功能。人们往往根据生物的某些特征，赋予其特定的含义。如梅花喻高洁、顽强，牡丹喻尊贵荣华，莲花喻清雅圣洁，等等。不少地方还以本地区独特的生物资源为主题，开展大型旅游节庆活动，如广州迎春花市、深圳荔枝节、洛阳牡丹花会、海南椰子节等。

广东有优越的地理位置和自然环境，有得天独厚的水热条件，这使得广东四季常青，林木茂盛，动物种类繁多。丰富的生物资源自然给广东提供了丰富的生物旅游资源。

二、广东的植物景观

广东植被丰富，是全国第一个绿化达标省。森林覆盖率高达58.2%，高于全国平均水平（2016年，全国森林覆盖率为21.93%），在全国各省市自治区森林覆盖率排名中名列前茅。

补充阅读

有研究结果显示，春秋时代前期，广东的森林覆盖率约为91%。此后，随着广东的开发，森林覆盖率越来越低，至清康熙中期降为54.5%，至1937年降为10%。森林覆盖率的快速降低与古代流行“刀耕火种”的耕作方式有关。粤东山区有许多带“畬”字的地名，“畬”指的是焚烧田地里的草木，用草木灰做肥料的耕作方法，简单来说就是“刀耕火种”。刘禹锡的《竹枝词》中曾写道：“银钏金钗来负水，长刀短笠去烧畬。”刀耕火种的耕作方法带来了森林资源的破坏、土地的退化。现在广东很多荒山和仅长茅草及灌木丛的山地就是当年原始森林遭到反复砍伐、火烧造成的。

新中国成立后，广东的森林得到有效的保护，森林覆盖率得到提高，至1977年达到33.9%，至1999年达到56.8%，已经超过维持一个生态系统平衡所需要的40%森林覆盖率的标准。

广东的植被主要是亚热带常绿阔叶林、亚热带季雨林和热带季雨林，其中亚热带常绿阔叶林主要分布在粤北地区。广东还有广阔的竹林、灌丛和草坡以及茶林等植被。

(一) 常见植物

松树、杉木、桉树、木麻黄、油茶、橡胶、茶树、榕树、木棉、荔枝树、凤凰树等都是广东常见植物。这些植物的分布也有一定的地域特点：松树（主要是马尾松）林主要分布在海拔300～800米的低山和海拔300～500米的丘陵，杉木林主要分布在海拔300～1 000米的山地，桉树林主要分布在雷州半岛，木麻黄林主要分布在沿海一带，油茶林主要分布在粤北，橡胶林主要分布在粤西。茶树、果树（如荔枝树、龙眼树、杧果树等）、榕树、木棉树在广东分布也较为广泛。在广东沿海，还广泛分布有红树林植被，其分布面积占全国红树林分布面积的41%。广东湛江还建有红树林国家级自然保护区。

榕树　榕树是一种常绿乔木，树形奇特，枝叶繁茂，树冠巨大。其枝条上生长的气生根，向下伸入土壤后可不断增粗而成支柱根，支柱根不分枝不长叶，具有吸收水分和养料的作用，同时还支撑着不断往外扩展的树枝，使树冠不断扩大。由于支柱根和枝干交织在一起，形似稠密的丛林，因此被称为“独木成林”。榕树可分为大叶榕和小叶榕两种。榕树喜欢高温多雨、空气湿度大的环境，因此在广东有广泛的分布。由于四季常青，姿态优美，成为广东主要的绿化树之一。

江门市新会区“小鸟天堂”是独木成林的古老榕树所造就的天然奇观，1933年巴金的《鸟的天堂》即描写的是这里。

荔枝树　荔枝树原产于我国，是我国南部有悠久栽培历史的著名果树，也是广东最常见的果树之一。荔枝树是常绿乔木，高通常不超过10米，有时可达15米或更高。性喜温暖，抗寒力低。由于对气候和土壤的要求较苛刻，荔枝树在全球的生产分布范围有限。我国的荔枝树全球最多，主要分布于广东、福建、广西、四川、云南、贵州、台湾等地，以广东分布最多，几乎遍及全省各县市，茂密的荔枝林成为广东很多地方的旅游景观。荔枝有“水果之王”的美誉，有“一果上市，百果让路”之说。广东的荔枝产量也历来居全国之首，是广东最具有竞争力的农产品之一，主要栽培品种有桂味、糯米糍、挂绿、妃子笑、水晶球、圆枝等。

补充阅读

荔枝在我国有悠久的种植历史，至少在汉代就已种植。西汉司马相如的《上林赋》中就有关于荔枝的记载。古人最早把荔枝称为“离支”，割去枝丫之意。说明古人当时已认识到摘荔枝时应连枝割下，这样保鲜期会加长。大概从东汉以后，“离支”才写成“荔枝”。

当然，古代关于荔枝的诗句最有名的莫过于唐代诗人杜牧的《过华清宫》：“长安回望绣成堆，山顶千门次第开。一骑红尘妃子笑，无人知是荔枝来。”

木棉树　又名攀枝花、红棉树或英雄树，是一种生长在热带及亚热带地区的落叶大乔木。木棉树属于速生树种，树冠总是高出附近的树群，以争取更多阳光雨露，木棉这种奋发向上的精神及鲜艳似火的大红花，被人誉之为英雄树、英雄花。木棉树所结果实中有白色的棉絮，是很好的织物材料。木棉的花、皮、根均有药用价值。因为木棉树树身粗壮、挺拔，高可达40米，广东很多城市以木棉为行道树。木棉花也是广东省省花和广州市市花。

补充阅读

木棉树最早记载于《西京杂记》：西汉时，南越王赵佗向汉朝皇帝进贡了一种“烽火树”，这种树“高一丈二尺，一木三柯……至夜光景欲燃。”这种烽火树就是木棉树。最早称木棉树为英雄的是清代人陈恭尹，他曾写过《木棉花歌》，内有“浓须大面好英雄，壮气高冠何落落”的诗句。

红树林　红树林并不是一种植物，而是一系列植物的通称，如红海榄、木榄、海莲、秋茄、桐花、白骨壤、角果木等。这些植物生长于热带与亚热带地区的海岸滩涂，涨潮时被海水淹没或仅露出树冠，退潮时又完全显现出来，因此有“海上森林”或“海底森林”之称。外表看来，红树林并不呈现红色，而是绿色。红树林的得名源于红树科植物木榄，这种树的树干、枝条、花、木材都呈红色，马来人用这种植物的树皮制作红色染料。组成红树林植物大家庭的红树、海莲、角果木等的树皮中也都含有单宁，可提取红色染料。

红树林之所以能在高盐环境中生存，得益于它们的泌盐特性。红树植物在根系吸收水分的时候会把海水中的大部分盐分过滤掉，进入树体内的多余盐分还可通过叶面表面的盐腺排出去。有的红树植物会把盐分集中于老叶，落叶时一并排除。

红树林不仅有工业、药用等经济价值，还能起到防风消浪、固岸护堤、净化海水和空气的作用。同时，红树林区域内有丰富的鸟类食物资源，因此，红树林区往往成为候鸟的越冬场和迁徙中转站。

（二）珍稀植物和古树名木

广东全省有植物 5 000 多种，其中珍稀植物约有 54 种。桫椤、坡垒、子京、陈香等 10 多种植物被列为我国特有或世界著名的珍稀树种。银杉、水松、福建柏、白豆杉、观光木、囊瓣木、丹霞梧桐、广东松、长苞铁杉、野龙眼、见血封喉等都是国家级珍稀保护植物。

古树名木也是一种重要的旅游资源。被列为古树名木的树木一般至少符合下列条件之一：（1）有百年以上树龄；（2）属于稀有、珍贵树种；（3）具有历史价值、纪念意义及重要科研价值。广东有较高知名度的古树名木如江门市新会区的细叶榕（小鸟天堂）、化州市的高山榕（一树成林）、新兴县国恩寺禅宗六祖手植的荔枝树、中日甲午海战名将邓世昌在广州市邓氏宗祠手植的苹婆树，以及孙中山先生在翠亨村故居手植的酸子树、邓小平在深圳市仙湖植物园手植的高山榕等。

补充阅读

据 2006 年统计，广东有古树名木 38 649 株（群）。其中，一级古树有 780 株，二级古树有 3 294 株，三级古树有 34 334 株，名木有 217 株。其中，珍稀濒危植物有 24 种。在古树名木中，株数最多的树种是细叶榕、樟树、龙眼、荔枝、枫香、雅榕、马尾松、荷木、大叶榕、杧果等。

（三）森林公园

森林是生长在一起的大片树木组成的植物群体。我国的森林可分为天然林和人工林两类，天然林又可分为原始林和次生林。

森林公园是以森林为主体的自然类郊野公园。世界上首个森林公园是 1872 年由美国建立的黄石国家公园。1982 年建立的张家界国家森林公园是我国第一个国家森林公园，现在，我国是世界上拥有森林公园数量最多的国家。截至 2015 年底，我国共建立 3 234 处森林公园，其中国家级森林公园有 826 处。广东的森林公园数量全国第一，达到 615 处。

广东许多森林公园成为著名的旅游地，如圭峰山国家森林公园、南昆山国家森林公园（有“北回归线上的绿洲”之称）、流溪河国家森林公园（有“第二庐山”之称）、乳源县南岭森林公园、梧桐山国家森林公园、南澳海岛国家森林公园、东莞观音山国家森林公园、新丰江国家森林公园、西樵山国家森林公园等。

根据2012年统计，广东省上述国家森林公园中，广东圭峰山国家森林公园年接待游客400万人次，为全省森林公园接待人数第一；广东南昆山国家森林公园年旅游收入2.22亿元，列全省森林公园旅游收入第一。

补充阅读

截至2015年底，全国共建立森林公园3 234处，规划总面积1 801.71万公顷。其中，国家级森林公园826处（新设立39处）、国家级森林旅游区1处，面积1 251.06万公顷；省级森林公园1 402处，县（市）级森林公园1 005处。11个省的森林公园总数超100处，分别是广东（615处）、山东（244处）、浙江（199处）、福建（177处）、江西（177处）、河南（171处）、山西（127处）、四川（126处）、湖南（125处）、江苏（107处）和河北（100处）。

资料来源：中国森林公园网.2015年森林公园建设经营情况.（2016-04-14）[2018-04-13]. http://www.forestry.gov.cn/portal/slgy/s/2452/content-862765.html.

（四）植物园

植物园是调查、采集、鉴定、引种、驯化、保存和推广利用植物的科研单位。现在的植物园同时也是普及植物科学知识、供群众游览休息的公共园地，许多植物园成了现代林地旅游景观的重要组成部分。植物园可分为大型综合性植物园和独具特色的专科性植物园两种。广东著名植物园有中国科学院华南植物园（全国最大的南亚热带植物园）、深圳仙湖植物园、广州云台花园（被认为是我国最大的园林式花园）、南沙百万葵园、珠海农科奇观、高要广新农业生态园、湛江南亚热带植物园等。

（五）广东花卉旅游资源

花能美化环境，给人以美好的视觉感受。广东气候温暖湿润，光热充足，温差较小，夏季长，霜期短，这些气候条件非常适宜花卉生长。自古以来，广东就有种花、养花的传统。广州还被公认为是“花城”。

早在汉代，岭南的桂花、蜜香、指甲花等就被移植到长安；外来的素馨花和茉莉花也被移植到广州，广州人那时就表现出了对素馨花、茉莉花的喜爱，用它们做装饰。唐代，广州出现了以卖花为业的人。至少在宋代，广州就已出现花卉交易市场。宋真宗时，“广南”花木每年都被运到汴京。宋元时期，广东花卉达到90多种。到明代中期，广州已形成花市。到清代后期，花市逐步发展成除夕花市。

现在，广东也是全国的花卉大省。几乎各种花都可在广东生长、栽培，而且每个季节都有不同的花盛开。来广东观花、赏花、参观花市成了许多游客的选择。广东主要的花卉品种有素馨花、茉莉花、水仙花、簕杜鹃（三角梅）、金橘、杜鹃花、迎春花、菊花、荷花、月季、玫瑰、梅花以及各种兰花。广州、南海、顺德、中山、深圳、珠海都形成了花木生产基地。顺德陈村花卉世界、广州花卉科技园、广州花卉之都、广州市番禺区百万葵园、深圳市仙湖植物园、深圳市东部华侨城等都是广东花卉旅游资源的集中分布地。

广州芳村以花闻名，素有“岭南第一花乡”的美誉，今天仍是著名的花卉产区。番禺区百万葵园是全国规模最大的葵花园，葵花常年开放。

补充阅读　　广州迎春花会

从1959年开始，广州的越秀公园和文化公园都会举行迎春花会。花会从农历除夕开始，延续30天。迎春花会是广州除夕花市的延续，是花城广州的一大盛会。每年的11月中旬至12月上旬，广州还会举办大型菊展。

多年来，广东形成了一些颇具特色的赏花地。

梅花　位于粤赣交界处的梅关驿道是自古闻名的赏梅地。此外，广州萝岗香雪公园也素以梅花闻名，“萝岗香雪”曾被列为“羊城八景”之一，现在这里每年举办香雪文化节。位于广州从化的流溪河国家森林公园也以“流溪香雪”著称，每年吸引大量游客前来赏梅。

桃花　鹰嘴桃花是桃花中最具观赏性的品种，花色艳、花簇密、花期长。连州是鹰嘴桃种植示范地区，连州的龙坪镇和龙潭江岸等地有成片的鹰嘴桃花。清远市清新区桃源生态旅游区是一个以桃花为主题的生态旅游体验区，韶关乐昌市九峰花果山也有万亩桃花林。

樱花　韶关市新丰县黄磜镇有一个樱花峪，是广东第一个以樱花为主题的综合性农业旅游区，有樱花20多个品种，10万多株，是广东规模最大、樱花品种最多的观赏地。佛冈县石角镇田野绿世界景区有2万余棵樱花树，是广东最大的名贵樱花观赏地，也是全国最大的牡丹樱花观赏基地。英德通天岩景区也是著名的樱花观赏地。

紫荆　肇庆星湖景区中有中国最大片的宫粉紫荆，是观赏紫荆花的著名地点。

杜鹃花　深圳梧桐山、肇庆鼎湖山都有大片杜鹃林。深圳市梧桐山每年举办毛棉杜鹃花会。

油菜花　英德是广东省的油菜花之乡，也是国内6个著名赏油菜花基地之一。英德油菜花主要分布于横石塘镇、黄花镇、宝晶宫景区等地。广州花都梯面镇也以油菜花闻名，每年举办油菜花旅游文化节。

玫瑰花　广州云台花园有玫瑰园，四季常开。广州市番禺区宝墨园内也有玫瑰园，有玫瑰3万多株，近50个玫瑰品种。

三、广东的动物景观

广东野生动物种类繁多。据不完全统计，全省有陆地野生动物700多种，其中哺乳类100多种，鸟类500多种，两栖类80多种；属于国级一级保护动物17种，如熊猴、云豹、华南虎等，属国家二级保护动物46种，如猕猴、穿山甲、白鹇等。

广东省人民政府将白鹇定为广东省的“省鸟”，并规定每年3月20日为广东的“鸟节”，3月20—26日为“爱鸟周”。

野生动物不仅有经济、科学、文化教育等多方面的价值，而且，由于野生动物具有奇特性、珍稀性和表演性，历来都是人们喜爱的旅游景观。目前人们观赏野生动物的地方有两类：一类是动物园；一类是野生动物栖息地。

（一）动物园

动物园可分为综合性动物园和专门性动物园两大类。综合性动物园如广州动物园、上海动物园等，专门性动物园如水族馆、海洋公园、鸟园、蝴蝶园、蛇园、猴园等。

广东有许多著名的动物园。广州动物园与北京动物园、上海动物园并称为我国三大动物园。广州香江野生动物世界以大规模的野生动物种群放养而闻名世界，是全世界动物种群最多、最大的野生动物主题公园。深圳野生动物园是中国大陆第一家野生动物园。广州白云山鸣春谷有我国目前最大的天然鸟笼。

（二）野生动物栖息地

野生动物栖息地包括陆地动物栖息地、水生动物栖息地、鸟类栖息地和蝶类栖息地等。广东受保护的野生动物栖息地有惠州港口海龟国家自然保护区、广东珠江口中华白海豚自然保护区等。

思考与练习

一、单项选择

1. 关于广东的气温，下面哪句话是对的？（　　）

A. 山地气温高于平原　　B. 离海洋越近气温越低

C. 纬度越低，平均气温越高　　D. 粤东的气温高于粤西

2. 广东全年最热的一个月是（　　）。

A. 7 月　　B. 8 月　　C. 9 月　　D. 10 月

3. 下面哪个地方的平均温度最低？（　　）

A. 珠江三角洲　　B. 粤西　　C. 粤东　　D. 粤北

4. 广东降水最多的最有可能是下面的哪一个月？（　　）

A. 2 月　　B. 6 月　　C. 11 月　　D. 12 月

5. （　　）是广东年降水量最多的地方。

A. 白云山　　B. 罗浮山　　C. 恩平　　D. 开平

6. 全国受台风影响最多的省份是（　　）。

A. 浙江　　B. 福建　　C. 广东　　D. 海南

7. （　　）因为山间经常白云缭绕而成为旅游胜地。

A. 罗浮山　　B. 西樵山　　C. 南昆山　　D. 白云山

8. 有“海上森林”或“海底森林”之称的是（　　）。

A. 榕树　　B. 红树林　　C. 木棉树　　D. 桉树

9. 被称为“独木成林”的是（　　）。

A. 榕树　　B. 红树林　　C. 木棉　　D. 桉树

10. “小鸟天堂”景观位于（　　）。

A. 广州市　　B. 新兴县　　C. 新会区　　D. 化州市

11. （　　）有“北回归线上的绿洲”之称。

A. 圭峰山国家森林公园　　B. 梧桐山国家森林公园

C. 南澳海岛国家森林公园　　D. 南昆山国家森林公园

12. 全国最大的南亚热带植物园是（　　）。

A. 仙湖植物园　　B. 云台花园　　C. 华南植物园　　D. 珠海农科奇观

13. 中国大陆第一家野生动物园是（　　）。
A. 广州香江野生动物世界　　B. 广州动物园
C. 上海动物园　　D. 深圳野生动物园

14. 广东省的“省鸟”是（　　）。
A. 白鹇　　B. 黄腹角雉　　C. 天鹅　　D. 画眉

二、多项选择（至少有两项符合题意）

1. 下列哪些属于广东气候的特点？（　　）
A. 高温多雨　　B. 多台风　　C. 夏天较长　　D. 没有冬天

2. 广东既无严寒，也无酷暑，主要是因为（　　）。
A. 地处低纬度　　B. 始终刮南风　　C. 海岸线长　　D. 地势北高南低

3. 广东的季风有（　　）。
A. 东北季风　　B. 西北季风　　C. 西南季风　　D. 东南季风

4. 下列哪些属于广东的主要植被？（　　）
A. 温带落叶阔叶林　　B. 亚热带常绿阔叶林
C. 亚热带季雨林　　D. 热带季雨林

5. 木棉花是（　　）。
A. 广东省省花　　B. 广州市市花　　C. 深圳市市花　　D. 珠海市市花

三、简答题

1. 广东是什么气候？其主要特征是什么？
2. 为什么广东既无严寒，也无酷暑？
3. 深圳和韶关相比，哪个城市的年平均气温更高？为什么？
4. 广东有哪些著名植物园？
5. 广东有哪些著名动物园？
6. 广州为什么被公认为是“花城”？

四、分析题

1. 唐代柳宗元在《答韦中立论师道书》中写道：“前六七年，仆来南，二年冬，幸大雪逾岭，被南越中数州。数州之犬，皆苍黄吠噬（shì），狂走者累日，至无雪乃已，然后始信前所闻者。”这种现象，被形容为“粤犬吠雪”。请从广东的气候特点分析产生这一现象的原因。

2. 举例说明广东的气候给广东人的生产生活带来了哪些影响。

3. 你认为广东有一年四季吗？为什么？

第三篇　人文篇

第五章 广东简史及相关旅游资源

本章导读

广东有着悠久的历史，至少13万年前，广东就有人类活动。数千年来，广东成为岭南文化的中心地、海上丝绸之路的发祥地，并成为北方移民的庇护地。近代，广东是民主革命的策源地。到了现代，广东则成为我国改革开放的先行地。

第一节 史前及先秦时期的广东

一、广东远古历史

地球的历史已长达46亿年，地球生命的历史也有40亿年，但人类的历史只有三四百万年。现在普遍认为，人类是从非洲南方古猿中的一支发展进化而来。而我国境内已知的最早的居民是生活在重庆巫山县一带的巫山人，距今约200万年。此外，还有距今约170万年前的元谋人、距今约70万至20万年前的北京人，都是我国境内的早期居民。就考古发掘来看，广东的人类历史开始得较晚，其中韶关马坝遗址、西樵山遗址、曲江石峡遗址分别是广东旧石器时代、新石器时代和商周青铜时代的代表性遗存。

（一）原始群时期的“马坝人”和“垌中岩人”

广东有优越的地理环境，气候适宜，山环水绕，植物丰富，动物繁多，按理说，广东应是早期人类生存与活动的理想之地。但这些需要通过考古发掘来证实。

根据考古发掘，至少13万年前，广东就有人类活动。1958年6月，在广东韶关市曲江县（现曲江区）马坝镇西南的狮子岩石灰岩溶洞里，马坝肥料厂的职工挖“岩泥”（一种肥料）时发现了一头盖骨化石，经考古工作者鉴定，确定是人类早期智人阶段的头骨化石，根据发现地，将其命名为“马坝人”。

考古工作者经过研究，发现马坝人生活于约13万年前，介于“直立人”和早期智人之间，属于较为原始的早期智人，是亚洲地区原始类型早期智人的代表。马坝人头盖骨化石是新中国成立后首次发现的最重要的人类化石，为我们了解人类从直立人演变到早期智人的过程提供了重要证据。马坝人遗址的发现，扩大了中国远古人类的分布范围，填补了华南地区人类进化系统上的空白。2001年，马坝人遗址被评为“中国20世纪100项考古大发现”之一。2006年，马坝人遗址与石峡遗址并为一处，被评为全国重点文物保护单位。

与“马坝人”几乎同时期，广东封开县渔涝镇河儿口村垌（dòng）中岩生活着“垌中岩人”，他们已普遍使用火（有学者认为垌中岩人生活于约14.8万年前，是广东历史的揭幕人，但因缺乏足够的证据，这一看法尚待证实）。

此外，考古工作者还在广州、深圳、佛山、河源等地发现了数十处旧石器时代遗址，采集到的石器年代约在30万年前至数万年前。这些石器和人类印记，诉说着广东历史的久远与神秘。

（二）母系氏族社会时期的文化遗存

大约3万至2万年前，我国历史进入母系氏族公社时期。人们按母系血统确立亲戚关系，氏族成员“知母而不知父”，女性在社会生活中起主导作用。氏族成员共同劳动和消费，没有贫富贵贱之分。山顶洞遗址、河姆渡遗址和半坡遗址都是母系氏族公社的典型代表。大约在1万年前，母系氏族公社进入其最繁荣的时期。

广东地区母系氏族的形成和繁荣时期相对中原地区较晚。约10 000～16 000年前，广东的先民们已掌握人工取火，但还未发明陶器，使用的石器是打制石器，还停留在旧石器时代。此时主要遗存有阳春独石仔洞穴遗址、封开县罗沙岩、罗定市饭甑山等洞穴遗址。

约7 000～8 000年前，广东的先民们已开始制作和使用陶器，原始农业也开始出现。使用的石器是磨制石器，已进入新石器时代。此时的主要遗存有英德市青塘圩洞穴遗址、始兴玲珑岩、南雄梅岭镇中站、南澳象山遗址等。

约5 000～6 000年前，沿海地区已出现彩陶，以渔猎捕捞为主，粤北则以农业为主，并已形成稳定的定居生活。这时的遗址主要有珠江、韩江三角洲的贝丘遗址，沿海及岛屿的沙丘遗址及粤北山区遗址等类型。此时有代表性的遗址有佛山市南海区西樵山遗址、深圳咸头岭遗址等。

西樵山遗址 西樵山遗址是我国华南地区迄今唯一的一处石器时代大型开采石材制造石器的场所，是一处以双肩石器专业化制作为主的大工场，其凿洞采石的方式在我国是首次发现，被誉为“珠江文明灯塔”。

咸头岭遗址 咸头岭遗址位于深圳市大鹏镇咸头岭村（现更名为叠福村）的海边沙堤上，为一典型的沙丘遗址。1981年，广东省博物馆考古队发现了这一文化遗址，经过数次发掘，出土了大量石器和陶器，经“碳14测年法”测定，这些器物是6 000～7 000年前岭南先民的杰作。尤其是在这里发现的6 000年前的彩陶，反映了制陶技术从简单到复杂的演变过程，展现了新石器时代的变迁。咸头岭遗址是珠江新石器时代中期文化内涵最为丰富、文化特征明显的典型遗址，是珠江古文明最早的发祥地之一，被称为“咸头岭文化”。这里出土的石器和陶器是目前珠江三角洲地区发现的、有准确测年的人类最早的遗物。这一遗址说明，珠江文明和黄河文明、长江文明一样历史悠久。2007 年，深圳咸头岭新石器时代遗址的发现被列为“2006 年度十大考古新发现”。

（三）父系氏族社会时期的文化遗存

随着社会生产力的发展，男子在社会生产中占据越来越重要的地位，父系氏族公社逐渐取代了母系氏族公社。在距今 5 000 年前左右，我国中原地区及长江中下游的众多氏族部落都先后转为父系氏族公社。这一时期，社会经济有很大发展，生产工具更加进步。随着财富的增加，出现了贫富和贵贱的分化，阶级和国家也在酝酿之中。

广东地区的氏族和部落在距今 4 500 年左右进入父系氏族社会。考古工作者已在广东发现了三四百处父系社会时期的遗址，如韶关市曲江区马坝镇石峡文化遗址等。

从这些遗址可以看出，此时广东已有较成熟的锄耕农业和家畜饲养业，已种植水稻；石器制作工艺更加精致，制陶业相当发达，已在使用陶车制作轮制陶器；已广泛地使用植物纤维编织衣物；居住形式已由母系氏族社会时期适宜大家族居住的“长屋”演变为适合一夫一妻制小家庭居住的小房屋。

补充阅读

1972 年，人们在韶关市曲江区马坝镇西南的狮子岩又发现了一处遗址，因其位于狮子岩的狮头和狮尾之间的“石峡”中，人们将其命名为“石峡文化”，年代从五六千年前的新石器时代晚期至春秋早期。这里清理出了房基、墓葬、灰坑等大量遗迹，出土了大量石器、玉器、陶器和碳化稻谷等。石峡文化遗址处于中国文明社会形成的重要时期，为研究广东新石器时代晚期至青铜时代的文化特征、人群迁徙及与其他地区的文化交流等提供了极其重要的实物证据。

二、原始社会后期的广东简史

从传说和史料分析可知，在距今四五千年的时候，中华大地有许多氏族和部落。史学家将其划分为三大集团：华夏集团、东夷集团和苗蛮集团。华夏集团主要生活在黄河中游地区，尊炎、黄为始祖。苗蛮集团原本居住在河南南部和湖北北部，受到华夏集团、东夷集团的挤压，被迫迁到南方一带。

历史上关于这一段时期的记载少之又少，即使是传说也不多。但是仍有一些传说跟广东有关。传说当中，黄帝曾来到肇庆的鼎湖山，在山上铸鼎。舜帝也曾南巡到韶关，登高奏韶乐。舜帝还带领宫廷乐队到过英德，在南山奏曲唱词。

夏朝建立以前，在包括广东在内的广大江南地区生活着被称为“三苗”的民族，据《尚书》《山海经》《竹书纪年》《史记》等书的记载，三苗先后与黄帝、尧、舜、禹竞雄于世。大禹继位后，联合诸侯讨伐三苗，三苗遂进一步向岭南迁徙。

三、夏、商、西周时期广东简史

从公元前 2070 年夏朝的建立到公元前 771 年西周的结束，夏、商、西周的历史跨越了 1 300 年。这一时期我国完全处于奴隶制时代，因为青铜器的大量使用，这一时期也被称为我国的“青铜时代”。

这一时期广东的发展相对于中原地区要慢一步。大约在商王朝末年到秦王朝统一岭南的这一段时间，广东地区的原始社会才开始解体，并逐渐过渡到阶级社会时期。

夏朝统治的中心地区在今河南西部和山西南部一带，广东不在其疆域范围之内。商周时期，岭南与中原王朝已建立朝贡关系。商代末年，青铜冶铸业开始出现于岭南，青铜工具和铁器开始应用于农业生产。陶器出现了轮制的几何印纹硬陶，并出现了釉陶和原始瓷。此时商周文化对岭南地区产生了深刻影响，广东出产的夔纹陶器和青铜器的形制花纹等明显受到商周青铜文化的凝重神秘风格的影响。而在对河南地区的商代墓葬的考古发掘中，也发现了产自东南海域的龟甲、海贝和海蚌等，这说明岭南地区与中原地区有了经济上的联系。

这一时期生活在广东一带的居民是“百越”的一部分。按地缘关系不同，可分为南越、骆越和西瓯三个部分。骆越生活在今雷州半岛一带，西瓯主要生活在广东西部地区，广东其他地方居民多数属南越。南越、骆越和西瓯的基本成分是当地土著居民，也包含岭北南迁的扬越、于越等族。

公元前 9 世纪，广东的“百越”与长江中游的楚国人已有往来。相传，楚国国君熊渠曾派人在今广州市附近修筑了城堡，名“楚庭”，这也是传说中广州最早的名称。

补充阅读

此时的另一个传说是五位仙人骑羊衔谷穗降临楚庭。《史记》记载，“芈（mǐ）姓，楚其后也”，而芈的含义是“羊的叫声”，五羊传说很有可能表达的是这样一个事实：来到广州的楚人的 5 个支系，把稻作文化带入广东。

岭南诸越多住在水边，以种植水稻和渔猎捕捞为主要的生活来源。他们的文化特征与中原各族有较大的差异，但与整个南方的百越族基本相似，如干栏式建筑、断（短、披）发文身、图腾崇拜、善于用舟、喜食鱼蛇蚌蛤等，这是广东原有的文化与吴、越、楚文化互相交流、互相影响的结果。

补充阅读

干栏式建筑是以竹木茅草为材料，把房子建成二层，上层住人，下层养牲畜。这种建筑形式能适应广东地区潮湿多雨的环境，并有效地避免毒蛇猛兽对人的侵袭。“断发”指的是把头发剪短，“文身”指的是在皮肤上刺或画上各种纹饰，古越人相信人文身后入水不会受到伤害，同时，文身还有古越人龙蛇崇拜的含义。岭南诸越有浓郁的图腾文化，各部族的崇拜对象可能不同，主要有蛇、鸟、鸡、牛、狗、龙、鳄、雷等。

四、春秋战国时期广东简史

公元前 770 年，周平王迁都洛邑（今洛阳），一个新的时代开始了，史学家把这个时代称为“东周”。东周时期，王室衰微，再没有控制诸侯的能力。诸侯国之间、诸侯国与周边“蛮夷”之间或联合或兼并，上演了一出出历史大剧。因此人们也习惯称这一时期为春秋战国时期（截止于公元前221年秦朝的建立）。这一时期是我国从奴隶社会过渡到封建社会的大变革时期，这是一个动乱的年代，但同时也是我国文明史上的辉煌年代。

这一时期，广东与中原地区和吴、越、楚国关系密切，交往频繁。据史书记载，春秋战国时期广东曾出现过3个小国，即位于广州一带的“欢朱”、位于博罗一带的“缚娄”和位于清远一带的“阳禺”。周惠王六年（公元前671年），楚子熊恽受命镇越，开石城，建楚豁楼，史称“楚子镇越”，这里的“石城”被认为是雷州最早的城池，而“楚豁楼”则是楚国疆界的标志性建筑。《国语·楚语》也有“抚征南海”的记载，可见当时岭南与楚国有军事、政治关系。公元前382年，楚悼王任用吴起为令尹，“于是南平百越”。据《百越先贤志》记载，南海人勇获曾任吴王夫差的大夫，梓藏为齐国宰相，南海人高固曾为楚威王将相。楚灭吴、越后，势力南伸，进一步密切了岭南与岭北的联系。

第二节　秦汉至魏晋南北朝时期的广东

一、秦统一岭南

（一）秦军进军岭南

公元前219年，秦王嬴政“因南征百越之君”，派大将屠睢（suī）率领50万秦军攻打岭南。因交通不便，粮草运输困难，加上越族各部顽强抵抗，秦军伤亡惨重，屠睢被杀。

不久，秦始皇派任嚣、赵佗（tuó）增兵岭南。公元前214年，秦军基本上占领岭南。

补充阅读

关于这一段历史，清朝屈大均在《广东新语·坟语·任嚣墓》中有详细记载：“当始皇时，南海尉屠睢以苛法钳制粤人，粤人不服，乘秦人疲惰，潜出奇兵攻之，遂破五军。嚣至，抚绥有道，不敢以秦虎狼之威，复加荒裔，于是民夷稍稍安辑。当是时，秦北有蒙恬，威詟漠庭，南有任嚣，恩洽扬越，而始皇乃得以自安。”从这一段可以看出，秦朝将领任嚣可谓有勇有谋，顺利统一岭南。不仅如此，任嚣还是第一任南海郡尉，并建立了有确切记载的最早的广州城。

史籍对任嚣墓多有记载，如南宋番禺尉方信孺就曾作《任嚣墓》诗一首：“枯坟曾阅几兴亡，行客徘徊古道傍。茅屋一间无处觅，可怜不似楚昭王。”但因年代久远，任嚣墓到底在哪一直未有定论，有人认为在今广东迎宾馆内，有的说是在今光孝寺内。

（二）岭南设郡

秦始皇占领岭南后，设“桂林、象、南海”3个郡。今广东省的大部分地区属南海郡，包括今粤东、粤北、粤中和粤西的一部分，辖番禺、龙川、博罗、四会4个县（据《汉书》记载），郡治在番禺（今广州），这是广东历史上第一次划分行政区。任嚣为首任南海郡尉，统领三郡，被称为“岭南第一尉”，赵佗则为龙川县令。此外，湛江等地属象郡，粤西有一部分属桂林郡，粤北部分地区属长沙郡。

秦始皇进军岭南及在岭南设郡，将岭南地区纳入秦王朝的直接统治之下，结束了越人长期以来各自为政的局面，加快了岭南与中原文化的交流，促进了岭南地区的经济、社会发展。

（三）广州建城

广州是一座有悠久历史的文化古城。传说周夷王时（约公元前 9 世纪），广州连年灾荒，南海有 5 位仙人着 5 色衣服、骑 5 色仙羊翩然而至楚庭（即广州），将稻穗赠予当地百姓，从此广州风调雨顺，成为富庶之地。此为广州别名“羊城”“穗城”的来历。但有确切文字记载的最早的广州城叫任嚣城。公元前 214 年，任嚣平定岭南后，在今广州建城。因城池筑在“番山”和“禺山”上，故又名“番禺”。公元前 214 年由此被公认为广州建城之始。

最早的任嚣城面积只有四五平方千米，它东至旧仓巷，西至吉祥路，南到中山三、四路之南，北到越华路。到赵佗统治南越国期间，番禺城被称为“赵佗城”，面积也扩大了一倍。1995 年 7 月，人们在广州市中山四路忠佑大街发现了尘封已久的南越国宫署遗址，其石构的建筑及“万岁”瓦当、越王井等，再现了 2 200 年前岭南权力中枢的原貌。

番禺城在建立之初就与中原的一些城市有一个很大的不同，它一开始就是全国著名的商业活动中心，既是中原、荆楚、黔蜀、闽浙等地货物的集散地，也是南海诸国多种货物的集散地。香料、琥珀、玛瑙、水晶等从海外运到番禺，再从番禺输入全国各地；而来自国内各地的银、铜、铁、丝绸之类，则源源不断地从番禺输出至海外。至汉武帝时，番禺城市人口约达 10 万人，成为南方经济、政治和文化中心。

（四）开凿灵渠和扩筑“新道”

秦进军岭南时，为解决粮草运输问题，秦始皇派史禄在今广西兴安开凿灵渠。渠上设若干级水陡（船闸），往来船只需逐陡上下，水陡是世界上最早的通航设施。灵渠的修通，沟通了湘江和珠江水系，解决了秦军的粮草运输问题。此后，灵渠成为江南以至中原地区进入岭南的重要水上动脉，大大方便了广东与外界的沟通。

“新道”是秦朝扩筑的进入岭南的通道。因南岭阻隔，广东与外界联系困难。秦朝在南岭山脉的隘口处修了四条通道，分别是：大庾岭（梅岭）道、连阳道、萌渚岭道、越城岭道。这些通道虽为陆上通道，但南北均有江河相接，形成水陆联运大通道。从此，来自关中的船只可顺汉水至长江，沿长江转湘江和赣江，然后上岸经四大“新道”，进入溱水（北江）和郁水（西江），最后可到达番禺。“新道”使岭南交通闭塞的局面大为改观，不仅加强了秦王朝对岭南的控制，也在客观上促进了岭南与江南及中原地区的经济文化交流。

二、赵佗与南越国

（一）赵佗立国

赵佗（？—公元前 137 年），河北真定（今河北正定）人，南越国创始人。曾作为秦将，参加过北击匈奴、统一岭南的战争。担任广东最早的古县——龙川县县令后，整治龙川古城，使其初具规模。龙川城后名循州城，人们为纪念赵佗，将当时的龙川县城改名为佗城。佗城长期为粤东北地区的政治、经济、文化中心，是岭南文化的发源地、客家人始祖地之一，是广东省首批历史文化名城，至今仍保留有秦代古城基、越王井、赵佗故居、唐代的正相塔、宋代循州治所、城隍庙、考棚等古迹。

秦朝末年，先是爆发了陈胜、吴广领导的农民起义，后有项羽、刘邦等人的呼应。南海郡尉任嚣决定就地反秦自立，保境安民。任嚣病危时，委任龙川县令赵佗代其职。任嚣死后，赵佗即派兵据守岭南通岭北的交通孔道，隔绝了南北交通，并发兵占领了岭南另外两个郡（桂林郡和象郡）。公元前 204 年，赵佗自立为南越武王，建立了南越国，以番禺为王都。此时，广东除今连州及乐昌北部属长沙郡管辖外，都属南越国管辖。

立国之后，赵佗扩建番禺城，努力协调岭南各民族的关系，注意吸取先进的中原文化，促进了广东经济文化的稳步发展。公元前 196 年，汉高祖刘邦派陆贾出使南越，封赵佗为南越王，赵佗对汉称臣。吕后当朝的时候，吕后采纳他人主张，断绝与南越国的贸易，不向南越国输出“金铁田器”，马牛羊等也只给母的，不给公的。赵佗曾三次遣使者入汉朝谢过，请求照常互市，但均遭吕后拒绝，甚至扣押了赵佗的使者。赵佗于是于公元前 183 年与汉朝断交，自立为南越武帝，向朝廷举兵发难。汉文帝即位后，再次派陆贾出使南越，在朝廷怀柔政策感召下，赵佗撤销帝号，与汉通好如初。

（二）赵佗对南越的治理

南越国于公元前 204 年立国，至公元前 111 年灭亡，历时 93 年，是中国历史上第一个封建割据的岭南独立王国。其中赵佗执政的年代长达 67 年（前 204—前 137 年），为岭南的经济文化发展提供了一个较为安定的社会环境，为岭南地区的开发与发展做出了重要贡献，被称为“开发南粤第一人”。

补充阅读

相传，赵佗在任龙川县令的六年间，从关中迁来一批犯人与土著杂居，其中有的是六国贵族的后代，他们带来了先进的中原文化。后来，赵佗又上表，请求从中原迁了 1.5 万名少女到龙川，为士卒洗补衣服，实际上是让她们与士卒结婚，让将士在龙川安家定居。据相关统计，佗城镇目前人口不到 5 万，但姓氏竟多达 179 个，仅赵佗设县治驻地的佗城村至少也有 130 多个姓氏，是真正的“中华姓氏第一村”。

赵佗治理南越国的主要措施：

（1）政治制度上继承秦制，模仿汉制。

（2）促进汉越文化融合。赵佗坚持“与越杂处”，采取“和辑百越”的政策，尊重越人的风俗习惯，甚至他自己也着越装，弃冠带，梳越人的椎形发髻，自称“蛮夷大长”。他任用越人为官，鼓励汉越通婚，不搞种族歧视。这些措施消除了民族隔阂，扩大了南越的统治基础，保持了岭南社会的相对安定。

（3）提倡进步文化。赵佗在尊重越族文化的前提下，提倡汉人的先进文化，改变越人的“好相攻击”旧俗，加速了越人社会的封建化。他积极在岭南推行汉字，并规定汉字为官方文字。

（4）长期维持与汉朝的友好关系。南越国初创时，赵佗拥兵自守，不介入北方的战事。汉高祖时，刘邦曾派陆贾为使前往番禺，赵佗接受南越王封号，臣服汉朝，避免了与汉朝的冲突。汉景帝时，赵佗拒不参加吴楚七国叛乱，使南越免于陷入战乱。

（三）南越回归汉朝

公元前 137 年赵佗去世时已有百余岁，其儿子都已死去，其王位遂由孙子赵胡（前 137 年至前 122 年在位，又名赵眛）继承。公元前 122 年，赵胡去世，其儿子赵婴齐（前 122 年至前 113 年在位）继承王位，为南越国第三代王。南越国第四代王为赵婴齐之子赵兴（前 113 年在位），他向汉朝要求“内属”，完全隶属于汉朝。后以吕嘉丞相为首的贵族势力叛乱，于公元前 112 年杀害了赵兴母子和汉使，并另立术阳侯赵建德（前 112 年至前 111 年在位）为南越王，起兵反叛。

汉武帝派后伏波将军路博德和楼船将军杨仆率十万楼船水师进军番禺，于公元前 111 年平定岭南，岭南回归汉朝统治。

汉武帝平定南越后，将南越地划分为南海、苍梧、郁林、和浦、交趾、九真、日南、儋耳、珠崖 9 个郡，后又设交趾刺史部（西汉末改为交州），负责监察岭南九郡，以苍梧郡广信县（今广东封开县与广西梧州市的交界地带）为治所。其中，南海郡基本在广东省境内（汉朝时又增设了揭阳、中宿和增城 3 个县），苍梧、和浦有部分在广东境内。

三、两汉时期广东的社会经济

（一）农业

在农业的耕作方式上，南越国时期广东一带普遍采取“火耕水耨（nòu）”的粗放耕作方式。西汉后期起，番禺一带逐步实行精耕细作，采用牛耕，讲究施肥和排灌，采取秧苗移植的方法。但广东大部分地方仍然以粗放耕作方式为主。

在生产工具上，以铜器、石器、木器为主，铁器很少，这可能与南海诸郡不产铁有关。汉初吕后还曾下令禁止铁器输入岭南，影响了岭南经济的发展。汉武帝收复岭南后，在岭南设立铁和盐的专卖机构，使铁器在岭南得到普及。

农作物以水稻为主，一些水果品种已闻名全国，如荔枝、龙眼、香蕉、柑橘、橄榄、番木瓜等。许多水果以贡品的形式运往中原地区，如荔枝、龙眼等。南海郡设立的“圃羞官”即是专门负责岁贡果品的官员。原产于东南亚的槟榔和原产于马来西亚的椰子开始在广东栽培。陆贾提到过的“耶悉茗”花（素馨花）和末利花（茉莉花）亦是从海外移植而来的。

补充阅读

西晋稽含曾作《南方草木状》，上面有这样的记载：“耶悉茗花、末利花，皆胡人自西国移植于南海。南人怜其芳香，竞植之。”汉时陆贾在出使南越时，即发现岭南人“喜以花为饰”，他在其所著的《南越行纪》中，也对这二种花有过这样的记载：“此二花特芳香者，缘自胡国移至，不随水土而变。”

（二）制陶业

广东在两汉时期的手工业成就主要体现在制陶业上。

陶质最初以泥质陶为主，到西汉中期以后，细泥硬陶的比重则越来越大，且施釉陶器占了大多数。而且，到了西汉中期，越式陶器呈逐渐淘汰之势，反映了越族文化正在加速与汉族的融合。

陶器纹饰繁复多变，有印模、拍印、旋压、刻画、镂孔等方式，但到了西汉中期，纹饰日渐简朴，种类也减少了。从陶器的用途上来看，已从过去的生活用具为主扩大到葬具、生产工具、美术雕塑、建筑材料等。

（三）造船业

广东先民至少在新石器时代就在使用舟楫。古籍中也早有“越王造大舟”的记载。在汉代，广东造船业有了很大发展，可造载重五六十吨的大船。船的形制主要有四种：(1) 小艇和独木舟，主要用于交通、捕捞、运载粮食等；(2) 游览船，是达官贵人出行的交通工具；(3) 客货船；(4) 楼船，较大的船，既可在河中行驶，也可在海上作战。

补充阅读

1974 年，一处秦汉时期的造船厂遗址在广州中山四路被发现。这一遗址位于南越国宫署遗址一带，被称为“秦代造船遗址”，是一处颇具规模的造船工场。该工场始建于秦始皇统一岭南时期，至西汉文帝、景帝时废弃。据史书记载，秦始皇平定岭南时，有一支秦军在番禺（即今广州）建造了大量的船只，用以满足战争所需。这一遗址是不是史书上所记载的造船地暂时无从知道，但这一遗址表明，2 000 多年前的广东就已有相当高的造船水平，可以造出宽 8 米、长 30 米、载重五六十吨的木船。

（四）商业和海外贸易

南越国时代，南越国通过与汉朝的频繁的贸易往来，获取北方先进的生产工具和技术，加快了岭南经济文化的发展。汉武帝实行抑商政策，但并不在岭南施行，岭南仍然“以其故俗治，毋赋税”。

早在先秦时期，岭南就开始了海上贸易。在南越国时期，海上贸易进一步发展。南越王墓（南越国第二代王、赵佗次孙赵眛的陵墓）出土了大量的象牙、银器、玻璃器及玛瑙、水晶饰品，这些器具极有可能来自中亚或南亚。墓中出土的一个银盒与公元前 5 世纪波斯萨西斯时的相似，显然是舶来品，这是广州发现的年代最早的海外物品。

汉武帝在番禺、徐闻设立管理贸易的专官，并派官船进行远洋贸易和航行，输出黄金、丝绸，输入明珠、璧琉璃、犀角、象牙、玳瑁、珊瑚等，逐渐形成了一条东西海上交通线：从徐闻、合浦出发，沿着北部湾、中南半岛、马来半岛西行，经孟加拉湾抵达印度和斯里兰卡。这条航线是海上丝绸之路的开拓阶段，史称“汉武航线”。同时，民间海外贸易也在发展。公元 1 世纪时，汉朝商人在南亚和斯里兰卡已有了自己的货栈。西汉后期，徐闻、合浦成为当时重要的海上交通口岸。

四、三国两晋南北朝时期广东的发展

三国两晋南北朝也称魏晋南北朝（从220年魏国的建立至589年隋朝灭陈朝），这一时期除了西晋有短暂的统一之外，全国基本上处于分裂状态。

（一）东吴首置广州

东汉末年，战乱使得朝廷对岭南失去控制。赤壁之战后，魏、蜀、吴三国鼎立的局面形成，东吴将势力扩张到岭南。

公元210年（汉献帝建安十五年），孙权任命步骘（zhì）为交州刺史，率兵由湘桂水道南进，袭杀了苍梧郡太守吴巨，夺得苍梧郡。据有交趾、九真、合浦、南海四郡的以士燮（xiè）为首的士氏家族宣布归附东吴，步骘顺利进抵番禺。

步骘认为番禺"宜为都邑"，于是平整番山之北，扩建受毁坏的"佗城"，并于217年把交州州治从广信东迁至番禺。

由于交州地域广大，东吴为便于管理，于264年（吴景帝永安七年）把南海、苍梧、郁林、高凉4个郡（今两广大部）从交州划出，另设广州，州治番禺，广州由此得名。但此时的广州并非城市名，而是一个行政管辖区，管辖了今天广东和广西的大部分地区，但当时粤北属荆州，雷州半岛属交州。

（二）北人入粤

相对于中原地区，广东地处僻远，交通不便，加上广东气候湿热，人口稀少，因而长期成为朝廷惩罚命官、贬谪罪臣的"理想去处"，也成为北方人士避难流亡的重要目的地。

自东汉后期起，由于中原和江南地区长期处于战乱之中，两地人口大量流入广东，这些人包括避难流亡的百姓、士人和被吴、晋政权流放的官僚士族。东汉末年和西晋末年是北人入粤的两次高潮，一般有海路和陆路两条通道：海路是经闽浙沿海进入广东，陆路或经鄱阳湖沿赣江进入粤北，或经洞庭湖沿湘江、漓江进入粤西。他们不仅扩充了广东的人口，还带来了先进的生产技术。广东许多人烟稀少的地区经过移民的开垦，逐渐聚成村落，甚至进而成县。比如义安郡的义昭县（今大埔县）就是因此而设置的。

三国时期被贬广东的虞翻和隐居广东罗浮山的东晋医药学家葛洪是此时南迁广东的代表人物。

1. 虞翻

虞翻（164—233年），字仲翔，会稽郡余姚（今浙江余姚）人，著名经学家，兼通医术，著有《易注》。三国时曾任东吴骑都尉，因得罪孙权，被贬番禺。他把南越王赵佗后代赵建德住过的家宅辟为讲学之所，收学生数百人，多种诃子树，故此处被称为"虞苑"（今光孝寺内）、诃林。他是最早在岭南办私学的教育家之一，被后人赞为"树木树人，功不可没"。

2. 葛洪

葛洪（283—363年或343年），字稚川，自号抱朴子，晋丹阳郡句容（今江苏句容县）人。东晋道教学者、著名炼丹家、医药学家。他是三国方士葛玄的侄孙，世称小仙翁。出身于江南士族，16岁开始读《论语》《诗》《易》等儒家经典，尤喜方术，曾从郑隐等学炼丹秘术。西晋末年曾带兵打仗，官至伏波将军。后无心从政，隐居在广东罗浮山炼丹36年。

葛洪被认为是晋代道教一派宗师，在罗浮山隐居时著有《抱朴子》内外篇、《肘后备急方》等书。《抱朴子》一书兼具宗教哲学和一定的科学技术价值，对研究道教史和古代化学史有重要参考意义。《肘后备急方》是葛洪主要的医学著作，书中有天花、恙虫病的世界最早记载。

葛洪曾在罗浮山的东南西北建了四个庵，现在的冲虚观即是当年建在山南的都虚观，其一旁的“稚川丹灶”“洗药池”等即是葛洪当年炼丹遗址。

（三）海上交通的发展

三国两晋南北朝时期，广东的海上交通继续发展。

1. 广东沿海交通

广东沿海交通可分为东、西两线。东线由番禺至东南沿海。许多来自北方和江东地方的移民就是通过这条线乘船到番禺，然后从番禺散居广东各地。西线由番禺至合浦。

2. 广东海外交通

两汉时期，广东的海外贸易主要通过徐闻和合浦两港进行。从公元3世纪30年代起（此时广东为东吴统治），番禺（今广州）逐渐取代徐闻和合浦，成为海上丝绸之路的主港。此后，广州作为海上丝绸之路重要港口的地位从未动摇过，因此，广州被认为是海上丝绸之路“唯一长盛不衰”的港口。

补充阅读

番禺能取代徐闻和合浦，成为海上丝绸之路的主港，其原因主要有以下几点。(1) 番禺处北江、东江、西江三江汇合处，与海相通，交通方便。内地物资可通过三江直达番禺，然后输出海外。(2) 东吴时将交州治所从广信迁移至番禺，使番禺成了岭南的政治中心，提高了番禺作为港口的地位。(3) 三国时期以后，造船技术大为提高，船舶性能更为精良，坚固性增强，船舶的运载量也增大，不必依靠沿岸补给生活用品而可直接进入深海，因此，出海船舶不必再走传统的北部湾航线，而是直接从番禺经海南岛东部海面和西沙群岛，抵达东南亚各国，并可继续穿过马六甲海峡抵达波斯湾和红海地区。这一航线使广州到东南亚各国的行程大大缩短，从而奠定了番禺（广州）作为南海交通枢纽的地位。史料记载，东晋时期广州对外贸易涉及15个国家和地区，范围不仅涉及东南亚诸国，还西到印度和欧洲的大秦。

海上交通的发展，推动了番禺本地的造船业、采银业等的发展，更推进了番禺商业的繁荣，番禺与江南各地间的商业日趋活跃，促进了岭南社会的进步。

（四）汉越的进一步融合

三国两晋南北朝时期，是秦汉以后岭南地区民族融合的又一个重要时期。当时岭南百越遗裔族名众多，一般统称为“俚”，主要分布岭南西部，处于半农半猎状况，相互间经常发生争斗。南朝时期，宋、齐、梁、陈各朝加强了对俚人的统治，一方面加大挞伐力度，另一方面实行“羁縻”政策，任用俚人为官，轻赋役，终于将苍梧、高凉、合浦等地大多数俚人纳入了郡县控制之下。为此，南朝统治者在广东增设许多郡、县，大量封官，导致郡县数猛增。

在这一过程中，以陈霸先、冯宝为代表的汉族官吏和以冼夫人为代表的俚人渠帅（首领）的一些活动，促进了汉越的民族融合，使“越”“蛮”“俚”等古代岭南土著人的泛称逐渐从史籍中减少、消失。但也有一部分俚人仍然保留了自身的一些文化特点，而以“瑶”“壮”“畲”“黎”等专称载入史册。

1. 冼夫人的贡献

冼夫人（？—602 年），高凉郡（今广东茂名高州）人，历经梁、陈、隋三朝，世代为部落首领，为岭南地区百越领袖，深受俚汉百姓拥戴，被称为“岭南圣母”、巾帼英雄。

冼夫人自幼聪颖，武艺超群，善于用兵，年轻时即受到远近部落的拥护。后与汉族人高凉太守冯宝结婚，协助冯宝处理政务，推行汉人礼制，改革旧俗，促进民族融合，推动了岭南社会经济的发展。冯宝死后，冼夫人利用自己的威望劝服各部落维持安定和平。陈朝时冼夫人协助陈军打败广州刺史欧阳纥叛军。隋灭陈后，隋文帝对岭南采取怀柔政策，劝冼夫人归顺隋朝，并让陈朝皇帝陈叔宝写信给冼夫人。冼夫人在确认陈朝已亡的情况下，顾全大局，迎接隋军进入岭南，维护了岭南的统一和安定。后来，她的孙子冯盎拒绝割据称王，归附了唐朝，对唐朝统一岭南地区做出了贡献。

冼夫人一生致力于国家统一、汉越民族的团结和岭南地区的经济发展，是古代一位杰出的政治领袖、军事指挥家和社会活动家。1 400 多年来，冼夫人一直受到民间的敬仰和崇拜，冼太庙就是历代为奉祀冼而修建的，遍及茂名、雷州半岛、海南岛甚至东南亚。

2. 陈霸先崛起于岭南

陈霸先（503—559 年），字兴国，小字法生，吴兴（今浙江长兴）人。陈霸先即陈武帝，是南朝陈的创建者，是中国历代王朝中唯一崛起于岭南的封建帝王。

陈霸先幼时家境贫寒，但好读兵书，喜欢练武，得到吴兴太守萧映的赏识。后来萧映任广州刺史，陈霸先亦随同前往，因立下战功，担任了西江督护、高要太守，梁武帝萧衍曾授予其直阁将军一职。

548 年，侯景叛梁，攻陷梁国都城建康（今南京），“侯景之乱”爆发。陈霸先在南海起兵进行讨伐，打败了与侯景共同叛乱的广州刺史元仲景，攻克番禺（今广州），然后从番禺北上，在俚族著名首领冼夫人支持下，率军北进到达长江，光复建康，侯景败亡。陈霸先渐渐控制了梁朝的政权，557 年废梁敬帝，自立为帝，建立大陈，史称南朝陈。

五、汉文化在岭南诸郡的推广

秦汉至魏晋南北朝时期，汉文化逐渐影响岭南。

秦汉时期，汉字已成为南越国唯一的官方文字，并传入民间，成为通用文字。官府还在岭南倡读《五经》之书，促进汉文化在岭南的推广。三国两晋南北朝时期，许多士人来到岭南，讲学授徒，推动了广东私学和官学的发展。

这一时期，广东出现了一批学者，尤其以“三陈”“四士”最为出色。“三陈”是广信人陈钦祖孙三人，陈钦曾为王莽讲授《左传》，其子陈元也以研究《左传》出名，被誉为“岭海儒宗”，陈元之子陈坚卿也长于文章。此三人被学者屈大均称为“粤人文之大宗”。“四士”是士燮及其3个弟弟，尤其以士燮最为出名。士燮曾游学京师，后任交趾太守，精于《左氏春秋》，著有《春秋经注》和《士燮集》。

六、达摩与西来初地

佛教早在汉代就从印度传入我国。在两晋和南朝时期，作为南海交通枢纽的广东成为佛教传入中国的重要门户。

南朝梁时期的527年，天竺国王第三子、印度禅宗第二十八代祖师菩提达摩（通称达摩）远渡重洋，历经艰辛来到广州南海县（今广州市），登岸后在今华林寺所在地“结草为庵”，传播禅宗，开中国佛教禅宗之源。后人将此庵命名为“西来庵”，将此地命名为“西来初地”（今广州下九路附近）。清代顺治年间，“西来庵”改名“华林寺”，成为广州佛教四大丛林之一。

达摩在广州期间曾在广州历史最悠久的法性寺（今光孝寺）传经，今光孝寺内尚留有达摩井、达摩洗钵泉等胜迹。后来，达摩到河南嵩山少林寺面壁九年，之后将衣钵传给二祖慧可，慧可传给三祖僧璨，僧璨传给四祖道信，道信传给五祖弘忍，弘忍又传给六祖惠能。

补充阅读

“西来初地”不仅是中国禅宗文化的发祥地，也是外来文化通过海上丝绸之路传入中国的一个象征。今天广州市西关下九路的西来正街、西来后街、西来东街等地名皆由此而得名。

第三节　隋唐五代时期的广东

隋唐五代时期是我国封建社会的繁荣时期，制度上有许多建树，经济空前发展，文化辉煌灿烂，对外交往频繁，影响了亚洲，尤其是东亚许多国家。这一时期从581年隋朝建立开始，直到960年宋朝的建立，跨越了380年的历史。

一、行政区划的演变

隋朝统一全国后，在岭南设立广州、循州（今惠州）两个总管府统领岭南诸州。隋炀帝时期，废州为郡，推行郡、县两级政制，广东省境分属10郡、74县。

唐朝建立后，地方设州、县二级。岭南地区共设45州，分别属于广州、桂州（桂林）、容州（广西北流）、邕（yōng）州（南宁）、安南（越南）5个都督府（又称岭南五管）。公元655年以后，岭南5府统归广州管辖，长官称为五府（管）经略使，由广州刺史兼任。

为加强对岭南的控制，唐朝实行官员的“南选”制度，即中央直接派员到岭南选拔官吏，把官吏的任命权收从都督府收归中央。唐朝还在广东西部地区大设州县，以分散汉俚豪族势力。这些措施从根本上改变了南朝以来豪族势力世袭为官的格局。

756年，唐肃宗升五府经略使为岭南节度使。862年，唐懿宗将岭南道划分为东、西道，其中岭南东道治广州。广东即属岭南东道，这是广东省名中“东”字的由来，也是两广分为东西的开始。

五代十国时期，南汉国在岭南建立政权，行政区划基本上继承唐朝的建制，但是把广州升格为兴王府，并在州县稀疏的粤东和粤北地区增设1府4州。

二、张九龄与大庾岭驿道

（一）“岭南第一相”张九龄

张九龄（678—740年），唐朝宰相，政治家、著名诗人，韶州曲江（今属广东韶关）人。出生于官宦世家，707年考中进士，进入仕途。因与主政者不合，一度辞官返回家乡，在此期间，向唐玄宗奏请开凿大庾岭驿道，并主持修筑此道，极大地便利了广东与外界的交通。

张九龄在唐玄宗时担任宰相，是岭南地区第一位当上朝廷宰相的人物，有“岭南第一相”之称。他任宰相期间，正是唐朝的全盛时期，他忠心尽职，选贤任能，直言敢谏，为维护唐朝“开元盛世”的局面起了重要的作用。736年，唐玄宗被李林甫等人的谗言所惑，张九龄被贬为荆州长史。740年，张九龄因病在韶州曲江逝世。

补充阅读

张九龄敢于直言，任宰相时，多次规劝玄宗居安思危，整顿朝纲。他对安禄山、李林甫等人的行为多次加以痛斥，甚至写了一篇《请诛安禄山疏》，指出此人“狼子野心，兽面逆毛……稍纵不诛，终生大乱”。在他写这篇文章10多年后，安禄山掀起了“安史之乱”，导致唐朝迅速从“全盛”走向没落。如果当时唐玄宗接纳了张九龄的进谏，唐朝的历史估计要改写了。

（二）大庾岭驿道的修建

大庾岭即梅岭，横亘于粤赣交界处，北连赣江上源章水，南接北江东源浈水。秦始皇时期，穿过大庾岭通往岭南的路就已开通，但崎岖险峻。到唐代，随着全国经济重心的南移，科举考试的举办使得往来的人员增多，大庾岭的险峻山路已适应不了南北交往的需要了。据说，身居广东的张九龄当年去长安赶考时，就要翻越梅岭，当地行路之艰难给他留下了深刻的印象。后来他便向唐玄宗奏请开凿大庾岭驿道，得到批准。

开元四年（716年），唐玄宗派大臣张九龄征调农民服役，开出了一条比以前更为宽阔、平坦的山岭驿路，使得岭南通往岭北的陆上交通更为顺畅。从此，北方的人员或货物可通过大运河进入长江，从长江进入赣江，然后在江西大庾县（1958年后称为大余县）下船，走大庾岭驿道，穿过大庾岭，进入北江上船，直达广州然后出海。而在这条驿道修通之前，北方人要来广州，先要乘船从湖南的湘江通过灵渠到广西的漓江，再从漓江转到广东的西江，从西江沿江而下到广州。显然，这条水路不仅路途遥远，而且耗时太长。大庾岭驿道打破了广东北面交通的瓶颈。

驿道开通后，历代都对它进行过维修：宋代砌石铺蹬，明代重修并拓展从关门至大庾县城的驿道。重修后驿道宽一丈有余，可五马并行，成为南北商旅主要通道。

大庾岭驿道的开通，很快形成了“南来车马北来船”的局面，成为一条繁忙的南北运输通道，在中国历史上起了重要作用，也极大地促进了岭南的开发和发展。中原和江南地区的移民进入广东更加便捷了，这条驿道也由此成为北人南下入粤的主要通道。明代著名学者丘浚评价此道：“兹路既开，然后五岭以南人才出矣，财货通矣，中朝之声教日逮矣，遐陬之风俗日变矣。”明末来到中国的意大利传教士利玛窦经过这条驿道时，十分惊叹这条商路的热闹。

到了近代，“五口通商”，粤汉铁路建成通车，这条古驿道才逐渐被冷落。1933 年韶赣公路修通后，梅关古驿道逐渐失去了交通运输线的功能。

这条驿道现在称为“梅关古驿道”，北起江西大余县城，南至广东南雄，总长 40 千米。如今这条古驿道的旅游价值日益显著，成为粤赣两省的著名旅游资源。

三、隋唐时期广东经济的发展

隋唐时期，全国经济重心南移，给广东带来了难得的发展机遇。唐代“安史之乱”时期以及唐末五代时期，北方动荡，而广东地区社会环境比较安定，很多北方人来到广东，不仅带来了大量的人才和劳动力，而且带来了北方先进的生产力，推动了广东经济的发展。

（一）农业

隋唐时期是广东农业全面开发的时期，广东农业在全国的农业布局中占有了一席之地。此时，适合种植的平原、河谷、盆地已得到充分开发，并向山地和沿海地区拓展，原始农耕正被精耕细作所取代，水利设施的兴建使得旱涝灾害减少，粮食产量大为增加。广东的淡水养鱼和水果生产在全国处于领先地位，广东人甚至掌握了用养鱼来除草肥田的方法。

补充阅读

唐代刘恂在其《岭表录异》中记载，岭南人在种植水稻时，“即先买鲩鱼子散于田内，一二年后，鱼儿长大，食草根并尽，既为熟田，又收鱼利，及种稻且无稗草”。

资料来源：周峰．岭南文化集萃地．广州：广东人民出版社，2016：15.

（二）手工业和造船业

隋唐时期广东的手工业制品分布广，种类多，主要有陶瓷品、纺织品、纸张、砚、藤器、竹器、木器等。广东陶瓷器以青瓷系为代表，普遍采用轮制法，制作精美，大量出口海外，广东成为唐代重要的外销瓷生产基地。纸张生产水平较高，韶州的竹纸和广州的谷纸都是全国的名纸。端州生产的端砚在全国享有盛名，极受世人喜爱。织布业大发展，端州、潮州等地的蕉布，韶州的竹布，桂州的桂布，雷州等地的葛布等，都曾被作为贡品向朝廷进贡。此时广东人已掌握蔗糖的提炼技术，这为广东人喝糖水的习俗的形成准备了条件。

广东的造船业随着海外贸易的空前繁荣和珠江水运的繁忙而兴盛起来，广州、潮州、雷州、封开等地都是造船中心，广州更是全国闻名的造船基地，其海船制造技术和能力全国领先。

（三）商业和对外贸易

广州是唐代重要的商业中心城市之一，海内外货物齐聚广州。商人遍布广州城，成为一种重要的社会职业。当时的广州商人有官商、海商（经营外贸的商人）、番商（外国商人）、牙商（收取佣金的经纪人）等之分。

梅岭驿道的修建，使岭南与中原地区的商品交流迅速增加，粮食和荔枝、龙眼等水果大量流入内地。一些城镇定期或不定期进行商品贸易的“圩集”已经形成。

唐代，朝廷倡导“江海求利，以资国用”，积极发展海上交通贸易，广东成为中国海外贸易的重要起点，广州也成为唐朝重要的海上贸易港口，并成为全国外贸中心和国际海洋贸易的东方中心。

唐代前期，中西交通和货物往来主要通过陆上丝绸之路进行。安史之乱以后，河西走廊被吐蕃控制，中西交通的陆上通道中断，以广州为起点的远洋航线成为当时最重要的海上通道，这条通道的主要线路是：从广州出发，向南穿越西沙群岛，过马六甲海峡，向西航行至印度南部，再沿海岸线西行至波斯湾，从波斯湾沿阿拉伯半岛西南航行可到达非洲东海岸。这条连接南海、印度洋、波斯湾、非洲东海岸的航线，历经 90 多个国家和地区，航期约 89 天（不计中途停留时间），航程约 14 000 千米，是当时世界上最长的远洋航线，是东西方经济文化交流的重要纽带。由于中国通过这条航线输出的主要货物是丝绸和陶瓷，因此这条通道也被称为是“海上丝绸之路”或“海上陶瓷之路”。

由于广州在海上贸易上的重要地位，唐朝政府在广州设立“市舶使”，专门负责东南沿海的海上贸易，这是中国对外贸易史上的创举。

补充阅读

海上贸易的发展，也使得广东出现了祭拜海神的神庙。今天仍位于广州黄埔的南海神庙修建于隋文帝时期，是我国古代海神庙中唯一留存下来的最完整、规模最大的建筑群。南海神庙也成为隋唐时代广东对外贸易的见证。现在神庙内仍然保存有大批珍贵的碑刻，如唐代韩愈撰写的《南海神广利王庙碑》、北宋苏轼的《南海浴日亭诗碑》等。

随着广州外贸的发展，许多外国人长居广州，其中以阿拉伯人和波斯人最多。唐朝政府为此专门在广州设置“蕃坊”，供各国商人和侨民居住。“蕃坊”以今广州市光塔路及其附近为中心，大体上包括今中山路以南、人民路以东、大德路以北、解放路以西的地方。“蕃坊”设有“蕃长”，由外侨推举，政府任命，还设有“蕃学”，供外国侨民子弟读书。阿拉伯人李彦升，还因研习中国文化有成而考中进士。

四、隋唐时期广东文化的发展

（一）教育的发展

隋唐以前，岭南的文化教育发展相对缓慢。隋唐以来，在科举考试制度的刺激下，广东民众的读书之风浓郁，地方政府兴办的学校和私家书院众多，教育事业逐步发展起来。在科举考试中，广东人也开始崭露头角。据资料记载，唐代广东中进士的有 38 人。许多派往广东各地的官员有不少重视地方文化教育，如唐代诗人刘禹锡曾被贬为连州刺史，他在连州重学兴教，使地处偏远的连州在文化教育上走在岭南前列。这些官员中最有名的是贬谪到潮州的大文豪韩愈，他在当地办学和教化民众。潮州人重视子女教育的优良传统的形成与韩愈的贡献有很大的关系。

补充阅读

韩愈（768—824 年），字退之，唐代文学家、思想家、古文运动倡导者，河阳（今河南省焦作孟州市）人，祖籍河北昌黎，世称韩昌黎；谥号“文”，又被称为韩文公。

韩愈是一个语言巨匠。“落井下石”“动辄得咎”“杂乱无章”等成语皆出自他的笔下，“业精于勤，荒于嬉；行成于思，毁于随”也出自韩愈之手。他反对魏晋以来的骈文，主张学习先秦两汉的散文语言，主张文以载道，被后人推为“唐宋八大家”之首。

韩愈两次被贬广东。803 年任唐朝监察御史时，因上书请宽民徭，被贬为连州阳山县令。韩愈在阳山任官 3 年，廉洁爱民，为百姓所尊敬。今阳山城北的贤令山，即为纪念韩愈而命名。

819 年，回京担任了国子博士、史馆修撰、中书舍人等职的韩愈又因为上《论佛骨表》谏阻宪宗奉迎佛骨而再次被贬为潮州刺史。韩愈在潮州的时间前后仅 8 个月，却为潮州人民做了许多益事，如正乡音、放免奴婢、兴学昌教、重振州学、兴修水利等，对潮州的经济文化发展做出了突出的贡献，可以说是真正改变了潮州的社会风气，使儒家文化开始成为当地社会思想的主流。到北宋时期，潮州通判陈尧佐这样称赞潮州：“潮虽小民，亦知礼仪”，“休嗟城邑住天荒，已得仙枝耀故乡。从此方舆载人物，海滨邹鲁是潮阳”。

为纪念韩愈，潮州人把流经潮州的恶（鳄）溪改名为韩江，东山（笔架山）改为韩山，并在城里修建了韩文公祠。韩愈曾与潮阳灵山寺大颠和尚结为挚友，离开潮州时留衣纪念，故而潮州建有“留衣亭”。

补充阅读

和许多被贬广东的官员一样，韩愈知道被贬潮州后起先也充满担心。他在《潮州刺史谢上表》中写道：“州南近界，涨海连天，毒雾瘴氛，日夕发作。”当他动身前往潮州时，侄孙远道赶来从韩愈南迁，韩愈遂写下《左迁至蓝关示侄孙湘》：

一封朝奏九重天，夕贬潮州路八千。
欲为圣朝除弊事，肯将衰朽惜残年！

云横秦岭家何在？雪拥蓝关马不前。
知汝远来应有意，好收吾骨瘴江边。

（二）文学成就

隋唐以来，岭南文人开始在全国占据一席之地，张九龄、邵谒、陈陶等是其中的突出代表。张九龄有很高的诗歌成就，他的诗清新自然，具有“雅正冲淡”的神韵。“海上生明月，天涯共此时”即是他写的著名诗句。张九龄与陈子昂一起开创了盛唐诗风，对李白、王维、孟浩然等都产生过影响。张九龄也是岭南诗派的开山鼻祖，其“雄直”的诗风对余靖、南园五子、“岭南三大家”（屈大均、陈恭尹、梁佩兰）等也有重要影响。

补充阅读

望月怀远

〔唐〕 张九龄

海上生明月，天涯共此时。
情人怨遥夜，竟夕起相思。
灭烛怜光满，披衣觉露滋。
不堪盈手赠，还寝梦佳期。

（三）中外文化交流

唐代，许多外国商人和他们的家属来到广州，在进行外贸的同时，也把他们的生活习俗、歌舞艺术、宗教信仰带到了广州，使广州成为东西方文化交流的前沿。外国医术医方和药用植物传入广东，刘禹锡在连州为官时就曾请印度人治疗眼病。而中医、中药等也经由广东传播到海外。中国文化的海外传播，往往是通过移居到世界各地的岭南人进行的，其中有相当部分是广东人。

伊斯兰教、摩尼教、景教等先后传入广东。广州是伊斯兰教传入我国最早的地方。怀圣寺即建立于唐代，是伊斯兰教传入我国后最早兴建的清真寺，目前是我国现存最古老的伊斯兰教建筑。

唐代岭南最盛行的宗教是佛教，广东也是中外佛教交流和传播的重地。一些外国僧人从海路来到广东传播佛教，然后进入内地。大批中国僧人亦从广州出发，前往天竺、室利佛逝等国取经求法。

（四）南禅宗的创立与发展

隋唐以来，统治者弘扬佛道，加之高僧玄奘、义净等译经传法，佛教逐步与中国传统文化融合，形成了禅宗、三论宗（又名法性宗）、天台宗、华严宗（又名贤首宗）、法相宗（又名瑜伽宗）、律宗、净土宗、密宗（又名真言宗）等八大宗派。

禅宗以专修禅定为主，禅定是佛教的修行方法之一，即“安静而止息杂虑”。佛教修行者认为静坐敛心，专注一境，久而久之即可达到身心“轻安”、观照“明净”的状态，即成禅定。禅宗是由菩提达摩来华传授禅法而创立，后来发展为中国佛教史上流传最广、对中国文化影响最深、最能代表中国佛教特色的宗派。

禅宗后来分化为南禅和北禅。南禅由惠能开创，北禅由惠能的师兄神秀开创，人称“南能北秀”。而南禅宗流传最广，几乎成为中国佛教的代名词。

唐代的广东成为全国佛教中心地区之一，这离不开惠能的贡献。

惠能（638年—713年），又称慧能，俗姓卢，唐代岭南新州（今云浮市新兴县）人，中国佛教禅宗六祖，南禅宗创始人，是中国历史上有重大影响的佛教高僧之一。

惠能的父亲原是小官吏，后因过失而谪居岭南新州。唐代贞观十二年（公元638年）二月初八惠能出生，此时恰有僧人来访，于是得名“惠能”，为“惠众生，能佛事”之意。惠能3岁时，父亲病逝。他青年时代靠打柴养母持家。24岁时，惠能送柴到新兴县的金台寺，偶然听人诵《金刚经》，自感与佛法有缘，便立志到湖北黄梅县东山寺拜禅宗五祖弘忍为师，学习佛法。在拜见弘忍时，以“人虽有南北，佛性本无南北”而深得五祖认可。后来弘忍为选嗣法弟子，命寺僧各作一偈，不识文字的他请人代书作偈“菩提本无树，明镜亦非台。本来无一物，何处惹尘埃”受到弘忍首肯，连夜向惠能传授《金刚经》和法衣，惠能成为传法继承人。回到岭南后，惠能辗转于四会（今肇庆四会）、怀集（今肇庆怀集）等地，隐姓埋名，潜心修行。

676年，惠能临广州法性寺（今光孝寺），向当时的住持印宗法师出示弘忍所传法衣，印宗为之削发受戒，惠能始以六祖身份传法。

补充阅读

光孝寺最初为南越王赵佗第五世孙赵建德故宅，三国时期为吴国名士虞翻谪居之所，虞翻死后这里建为寺院。根据《坛经》记载，惠能来到法性寺时，正遇到住持印宗法师讲《涅槃经》，寺院内挂的旌幡随风飘动，一僧曰风动，一僧曰幡动，而惠能则说不是风动，不是幡动，仁者心动。这就是著名的“风幡论辩”。今光孝寺内有六祖发塔，名瘗发塔，呈八角形，高7.8米。相传印宗法师为惠能剃发后，把惠能的头发埋在这里，后建塔以资纪念。

唐高宗仪凤二年（677年），惠能前往曲江曹溪宝林寺（今南华禅寺），在宝林寺说法30余年，创立了南禅宗。认为人人自有佛性，人们只要“识心见性”，即可修道成佛。在修行方法上，强调“顿悟”。由此，惠能把佛教从宗教信仰转变为心性修养与境界追求。

惠能创立南禅宗后，各地僧侣纷纷南下，向惠能求法，曲江一时成为全国佛教学术文化中心。惠能则悉心传道，使得徒众如云，高僧迭出，著名的有神会、行思、怀让、玄觉等四十余人，南禅宗由此流布各地，在中唐以后逐渐兴盛，成为中国禅学的正宗。而以神秀为代表的北派禅宗主张渐悟，不久即衰落。

惠能及所创立的南禅宗使佛教义理简单化、通俗化，不仅更容易为社会各界所接受，而且成功完成了中国佛教从诠释佛法到创造理论、改变修行方法的转变。惠能的南禅宗把外来文化与本土文化结合，体现了开放、变革、创新的精神，为中国传统文化的发展注入了生机与活力，不仅影响了中国人的日常生活，也影响了之后整个中国的文化发展进程。因此，南禅宗被认为是中国化最彻底的佛教宗派，在中国佛教以至中国思想文化史上都有着重要的意义。惠能因此成为广东人中最早对全国文化产生过重大影响的代表人物之一，与孔子、老子一起被西方学者称为“东方三圣人”。

惠能的弟子集录其讲经的要义，编纂成《六祖法宝坛经》一册，这是中国唯一的非佛说，而称为《经》的典籍。该书反映出惠能对传统佛教教义做重大改革的思路，是禅宗进一步“中国化”的重要标志。

五、五代十国时期南汉国的割据

唐朝末年爆发了王仙芝、黄巢领导的农民起义。878 年，黄巢率领 10 万农民军南下，攻占广州。由于不适应当地气候，在广州停留数月后，黄巢起义军挥师北上，于 880 年攻占长安，唐政权处于风雨飘摇之中，907 年终被梁所灭。从 907 年开始，黄河流域先后建立梁、唐、晋、汉、周 5 个王朝，史称后梁、后唐、后晋、后汉、后周，即“五代”；同时，南方各地和北方的山西先后出现了 10 个割据政权，史称十国，这就是历史上的“五代十国”时期。此时定都广州的即“十国”之一的南汉国。

南汉国（917—971 年）是继南越国之后在岭南建立的第二个割据政权。其鼎盛时期拥有 60 个州，地域范围包括现广东、广西两省以及越南北部和湖南南部部分地区。

南汉国的建立者是刘龑（yǎn），他祖籍河南上蔡，其祖父迁居岭南。905 年，刘龑的哥哥刘隐被任命为南海节度使，刘龑任副节度使。907 年，刘隐受后梁册命，任封州刺史并受封为南海王，统辖岭南地区。刘隐死后，刘龑接受后梁袭封为南海王。

917 年，刘龑改广州为兴王府，并以广州（时称番禺）为国都称帝建国，建国号为“大越”。第二年，刘龑自称是汉朝皇室的后裔，改国号为“大汉”，史称南汉。

刘龑建国后，在赵光裔、杨洞潜等贤臣辅佐下，采取了一些巩固政权、发展经济和文化的措施：重用滞留岭南的唐名臣和因战乱来岭南避难的中原士人，使南汉地方吏治较为清廉；重视商业、鼓励发展易贸；举办学校，实行科举取士，促进文化教育的发展。这些措施，使得岭南经济在南汉政权前期获得了较大发展，粮食产量有所增加，手工业的规模和水平也有提高，尤其是冶铸业和采珠业的水平较高。现存于光孝寺（时名法性寺）的东西铁塔，即南汉国所铸，是我国现存最古最重的铁塔，体现了南汉国高超的铸造水平。

刘龑虽然为发展岭南经济文化做了一些有益的事情，但他执政后期纵容宦官专权，疏远士人，实行残暴统治。随后继位的刘玢（bīn）、刘晟（shèng）、刘鋹（chǎng）均为暴君，政刑残酷，荒淫无度，生活奢靡，把大量财力人力用于修建宫室，使国势日衰。971 年，南汉国被宋朝所灭。

补充阅读

刘龑骄奢淫逸，专制残暴，“悉聚南海珍宝，以为玉堂珠殿”，“滥用刀锯、支解、刳剔之刑”。他把国之安危寄托于取得一个吉祥的名字而多次改名。他原名刘陟（zhì），称帝后改为刘岩，在术士的建议下改为刘龚，后又根据《周易》中“飞龙在天”之句而自造“龑”字作自己的名字。

刘龑死后，其子刘玢继位，他荒淫无度，只知道寻欢作乐，不问朝政，继位第二年就被其弟刘晟所杀。刘晟因是弑兄篡位，担心自己以后遭同样下场，竟先后把 14 个弟弟和他们的儿子全部杀害。南汉后主刘𬬮继位时年仅十六岁，不理政事，只知玩乐，国政由宦官龚澄枢等人掌管，在刘𬬮统治时期宦官数量剧增，据说达两万余人。刘𬬮制定了烧、煮、剥、剔、剑树、刀山等各种残酷的刑罚，臣民稍有过错，就用毒刑处治。他还经常让人与猛兽搏斗，并以观此残酷的场面为乐。他生活奢靡，新建的万政殿仅装饰一根柱子就花费了白金三千锭，还使用白银及云母铺设地面。

第四节　宋元时期的广东

宋元时期从 960 年宋朝的建立开始，直到 1368 年元朝的灭亡，跨越了 400 余年的历史。

一、行政区划的演变

北宋将唐朝的“道”改为“路”，地方行政区分为路、州、县三级。其中州又有府、州、军、监之分，重于州者为府，轻于州者为军，管理官营工矿业兼理民事者为监。北宋把岭南仍作为一个地方行政区域，统称“广南”、广南路或岭南路。

997 年（宋太宗至道三年），广南路分为广南东路和广南西路，东路治所在广州，西路治所在桂州，广东、广西之分即始于此。广东大部分属广南东路，“广东”即广南东路的简称，这就是“广东”名称的由来。

元朝实行行省制度，全国设一个中书省和若干个行中书省。中书省简称都省，行中书省简称行省或省。省以下的行政区划为路、府、州、县。另有道，是省以下、路府之上的承转机构。今广东省境内分为广东道和海北海南道。广东道道治在广州，辖区与宋代的广南东路相当，属于江西行省（治龙兴路，今南昌市）。海北海南道道治在今雷州市，辖区大致相当于宋代的广南西路，属湖广行省（治武昌路，今武汉市）。

在元代，行省是地方上最高一级的行政机构，行省治所是地方的政治、经济、文化中心，而元代的广东省内没有设立行省治所，只有道的治所，广州这个传统的南方重镇的地位在元代被降低，这大大限制了广东的发展。

二、两宋时期的移民高潮

两宋时期，居住在我国北方地区的少数民族不断南下侵扰，中原地区烽火连天，北方难民就一直没有停止过南迁，移民人数最集中的是北宋末年和南宋末年，被称为广东历史上的第三次移民高潮。

北宋末年，大批中原难民和康王赵构一起，南渡长江，一部分人沿梅岭驿道继续南迁，进入社会相对安定的岭南。南宋末年，元军进逼，大批移民进入岭南，这是古代历史上移民广东人数最多、最集中的一次，最高峰时每天有一万人进入广东。这次移民的一个显著特征是江南移民的增多，给岭南文化输送了新的养分。

大量移民进入广东，一方面是因为广东相对安宁，另一方面是因为广东人口少，又有大量尚未开垦的土地。还有一个重要原因是交通方便多了。唐以前的移民须走湘桂和骑田岭进入岭南，路远而崎岖。两宋时期，大量移民（约占广东移民的七八成）经大庾岭驿道进入广东，路不仅好走，还可充分利用天然河道，省时省力。

两宋移民高潮的出现对广东经济文化的发展起了重要作用：

(1) 两宋移民中有大量来自长江以南，他们有丰富的水田耕作经验，推动了岭南农业的发展，很多江南移民是手工业的能工巧匠，为广东带来了先进的陶瓷、冶炼工艺。

(2) 两宋移民加强了南北商业联系，为商贾们提供了更多的商业机会。

(3) 两宋移民中有很多官绅宿儒，他们在岭南创办书院和学校，促进了广东文化教育的发展。这些书院中比较出名的有南雄的孔林书院、潮州的韩山书院和新界的力瀛书院等。教育的发展也促进了广东科举考试的兴盛，两宋时期，广东有 573 人考上进士，数量是唐代的 15 倍。

(4) 两宋移民大量涌入广东，不仅使广东的汉族人口大量增加，还加速了汉族人与当地南越族的融合，此后南越族基本汉化，除了壮、黎、瑶、畲等几个少数民族外，大部分都融入汉民族中，广东居民开始以汉民族为主体。

补充阅读　**两宋移民与南雄珠玑巷**

在广东的移民史中，南雄珠玑巷有重要地位。

珠玑巷位于距离韶关南雄市区 10 千米远的珠玑镇，已有 1 100 多年历史，原名敬宗巷，得名于唐敬宗年间。珠玑巷是中原移民向岭南迁徙的重要中转站，被认为是珠江三角洲一带主要族姓的祖居，因此常被作为民族南迁的具有重要象征意义的地方。

珠玑巷地处大庾岭驿道之上，是中原移民进入岭南首先选择的定居地。这些移民随后继续南下，进入岭南腹地，落籍珠江三角洲一带。据统计，有家谱族谱可查，先后在南雄珠玑巷南迁珠江三角洲一带的有 103 姓、197 族。康有为、梁启超也是珠玑巷南迁族人的后裔。

珠玑巷的得名有多种说法，一种说法是避唐敬宗讳，改所居敬宗巷为珠玑巷。另一种说法是珠玑巷原是宋代京城开封的一个里巷名，两宋中原人南迁时，因思念故乡，把这一地名也带入了岭南。

珠玑巷在宋代就已相当繁华，当时的商贩和居民就多达 1 000 多户。现在的珠玑古巷是广东省仅存的宋代古巷古道，全长 1 500 多米，路面宽 4 米多，巷内现存有古楼、古塔、古榕、古桥等古迹。

三、两宋时期广东经济文化的发展

两宋时期广东经济发展很快，又由于北方战乱，南宋统治者偏安江南，造成大批北人入粤，广东人口空前增加。人口的增加和经济的空前繁荣，使得广东在全国的重要性日益突出。

（一）农业

宋代，广东得到更加深入的开发，耕地面积大为增加，珠江三角洲、韩江三角洲一带的沿海沙地基本被开辟为良田。很多地方推广了占城稻这种优质稻种，并开始种植双季稻，增加了粮食产量，开始有了一些稻米输出，广州、潮州、惠州是当时的三大米市，大量“广米”销售到周边地区。荔枝、柑橘、蚕桑等经济作物的产量也大为提高。

（二）手工业

宋代，端州成为全国两大产砚区之一。宋徽宗时将端州升格为肇庆府，砚石由皇室垄断，禁止私采。

制瓷业兴盛。在宋朝有“瓷都”之称的潮州成为重要的制瓷基地。潮州笔架山窑生产的陶瓷居广南之冠，有“白瓷窑”“百窑村”之称。目前发掘出的笔架山窑遗址长约 4 千米，足见当时的规模。广州西村窑集各家所长，以仿制各地名瓷出名。

矿冶、制盐、造船业也都比唐代更加先进。铸铜业发达，韶州永通监和惠州阜民监是当时全国规模最大的铸铜场，一年的铸钱额达到 150 万贯，产量占全国总产量的 30%。制盐业以制海盐为主，一般采取煮海水取盐的方法，称“煮海”。潮州有多个产盐超万石的大型盐场。因产量大，广东甚至出现了盐产量过剩的情况，不得不主动减产。

（三）对外贸易

由于陆上丝绸之路受阻，宋代更加重视海外贸易。因此，宋代比以往任何一个朝代都更加重视海防，以保护商船和对付海寇。北宋时，广东就设有巡海水军。南宋时，广东水军数量超过北宋。整个宋代，广东从东部的潮州到西部的雷州半岛都设有海防设施，以珠江口一带最为完备，广东成为全国的海防重地。

北宋初期，广州设立了市舶司，专管海外贸易。每年 10 月，市舶司长官都要在珠江边的“海山楼”举行宴会招待外商和外国船员。“海山楼”因此被认为是广州最早的用于官方接待外宾的酒楼。与唐代一样，广州城内仍有“蕃坊”供外商侨居。

在两宋的大部分时间里，广州继续保持全国第一大港的地位。但由于南宋政权偏安杭州，以东南沿海为统治重心，广州的第一大港地位在南宋后期被泉州港所取代。

补充阅读

南海一号

1987 年，在广东阳江海域发现了一艘已在海底沉睡了 800 多年的宋代沉船，船为木质，长 30.4 米，宽 9.8 米，载重约 400 吨，内装大量陶瓷器、金银铜器、钱币等，文物总数达到 6 万～8 万件，以陶瓷器为主。这是我国发现年代最早、船体最大、保存最完整的远洋贸易商船，被誉为是“唯一能见证古代海上丝绸之路的古沉船”。船于 2007 年 12 月打捞出水，现存放于阳江市海陵岛上的“海上丝绸之路博物馆”。

（四）文化

两宋时代，广东文化开始以汉文化为主体。宋仁宗时广州建州学，到南宋时广东全部的州和一半的县都设有学校。方志增多，每个州都有州志，有的县有县志。北宋政治家、文学家余靖是此时广东文人的代表，被称为“宋代岭南文坛第一人”。

余靖（1000—1064 年），字安道，号武溪，广东韶州曲江人（今广东韶关）。出身于仕宦之家，1024 年考取进士。1036 年，他因上疏为范仲淹辩护而遭贬，后回到韶州隐居 6 年。1043 年重新被起用，专司向皇帝进谏奏事。余靖素以敢于直谏而闻名，与欧阳修等同被誉为朝廷敢于进谏的“四谏”之一。他多次向宋仁宗建言“轻徭薄赋”，整顿户政，大多数建议被皇帝接受。他三次出使契丹（辽国），使用高超的外交手段使辽国折服，维护了宋朝的利益。余靖曾任广州知府、广南东路经略安抚使兼市舶使，曾奏请朝廷免征番舶装发税。

余靖知识渊博，在文学、史学、哲学等方面都有建树，其著述被编入《武溪集》。余靖甚至在科学方面也有很高成就。其千字文《海潮图序》是广东省第一篇海洋科学论著。

（五）苏轼与包拯对广东经济文化的贡献

宋代，有不少官员或被贬广东，或任职于广东，为广东的社会经济文化发展做出了贡献，苏轼、包拯就是其中的代表。

1. 苏轼

苏轼（1037—1101年），字子瞻，号“东坡居士”，世称“苏东坡”，眉州眉山（今四川眉山）人。“唐宋八大家”之一，北宋著名诗人和词人，是豪放派词人的主要代表之一。其父苏洵、其弟苏辙都是文学大家，与其并称为“三苏”。苏轼更是学识渊博，极富天资，诗文书画皆精，与黄庭坚并称“苏黄”，与辛弃疾并称“苏辛”。

补充阅读

苏轼天资聪慧。宋嘉祐元年（1056年），苏轼首次赴京参加朝廷的科举考试。1057年，他参加了礼部的考试，当时的主考官是“唐宋八大家”之一欧阳修。苏轼写就《刑赏忠厚之至论》，欧阳修相当赏识，但认为此文只有自己的弟子曾巩才可能写出，为了避嫌，他没有给出最高分，故而苏轼只得第二。1079年，苏轼因作诗讽刺新法，卷入“乌台诗案”入狱，差点被砍头，幸亏宋太祖赵匡胤曾定下不杀士大夫的国策，苏轼才免过一劫。

苏轼在朝廷历任知州、翰林学士、侍读、礼部尚书等职。早年因反对王安石变法，被贬黄州（今属湖北省）。1094年，苏轼被贬至惠州任官。他在惠州为官2年7个月，为惠州人民做了许多实事，得到当地人民的爱戴。他带领大家整治了惠州西湖，捐出自己的钦赐犀带、黄金钱等，疏浚西湖，兴修水利，修建西新桥和东新桥。他看见罗浮山溪流水量大、水流急，建议造水碓和水磨；他看见农民在烈日下插秧很辛苦，就大力推广秧马（一种在江南地区使用的插秧工具），提高了当地的生产效率。

苏轼虽被贬惠州，但乐观豁达，甚至想建屋永居。著名诗句“日啖荔枝三百颗，不辞长作岭南人”，就写在惠州任上。1097年，苏轼又以“讥斥先朝”罪名被流放至更远的海南岛儋（dān）州，他在儋州关心人民疾苦，与黎族人亲如一家，还开办讲学，对儋州学风的兴起产生了深远的影响。1100年，苏轼获赦，北归途中停留广州，在游净慧寺时，题写“六榕”二字。

1101年，苏轼病逝。他生前曾自我评价：“问汝平生功业，黄州惠州儋州。”可见苏轼对岭南生活的珍视。现惠州有“东坡故居”“六如亭”等与苏轼有关的遗迹。

2. 包拯

包拯（999—1062 年），字希仁，俗称包公，北宋庐州（今合肥）人。因为官清正廉洁，不畏权贵，被百姓称为“包青天”，其故事被改编为小说、戏剧，他也成为中国历史上家喻户晓的人物，被称为“知名度最高的古代官员”。

1040 年，包拯调任端州（今肇庆）知州。他到任后，治理了西江水患，改造了沥湖（今肇庆景点星湖），开创了珠三角桑基鱼塘农业的雏形。他按北斗七星的形状排列开凿了 7 口井（目前尚余 2 口）。为了储粮备荒，他设立了丰济仓（地址在今米仓巷）。他还创立了端州第一个交通和邮政总站、创立了端州第一所公立学校——星岩书院。

宋代，端州特产端砚是朝廷贡品，也是许多文人喜爱的雅器。过去的端州官员多在“贡砚”规定的数量外增加产量以贿赂朝廷权贵，加重了百姓负担。包拯则明令按规定数量生产端砚，一律不准私自增加产量，他自己“岁满不持一砚归”，即坚决不要一块端砚。正是包拯在端州的作为得到了皇帝的常识，他被调入京城，担任多个要职，最高职位是枢密副使（相当于副宰相）。1062 年，包拯病逝，宋仁宗亲率百官吊唁。

位于肇庆城西的包公祠最早建于北宋熙宁年间，即包拯去世后的第六年，后屡有重修。在肇庆城东还有一个以包公的传说而闻名的砚洲岛。

补充阅读

据说，包拯奉诏回京时，坐船途经羚羊峡口，忽被风浪所阻。经查问得知，有一随从收了当地人临别赠送的一方端砚。包公把砚抛下江中，很快就风平浪静。这就是“包公掷砚”的故事。后来那方端砚化成沙洲，称为“砚洲”。包裹端砚的黄布化为了沙滩，叫“黄布沙”。

四、南宋的败亡

南宋末年，广东成为抗元斗争的中心和南宋王朝最后的庇护地。

1276 年 2 月，元军攻陷临安，恭帝投降。5 月，陈宜中、张世杰、陆秀夫、文天祥等人在福州拥立益王赵昰（shì）为帝（端宗），继续抗元。11 月，赵昰等人进入广东路潮州、惠州，于 1277 年 4 月进驻香港九龙、荃湾，在那里建立行宫。1278 年，赵昰在湛江硇（náo）洲岛病死，其 9 岁的弟弟赵昺（bǐng）继位，改年号为祥兴，进驻广东新会崖山，并以陆秀夫为左丞相，张世杰为太傅，继续抗击元军。

在此期间，张世杰、陆秀夫、文天祥等人在广东顽强地抗击元军，他们因此被称为宋末“三忠”。1278 年 11 月，文天祥收拾残军，加以扩充，移兵广东潮阳。12 月，不幸兵败五坡岭（今广东海丰北）被俘，押到船上，次年过广东珠江口外零丁洋时，文天祥写下《过零丁洋》诗以明志：“辛苦遭逢起一经，干戈寥落四周星。山河破碎风飘絮，身世浮沉雨打萍。惶恐滩头说惶恐，零丁洋里叹零丁。人生自古谁无死，留取丹心照汗青。”随后文天祥又被押解至崖山，元将让他写信招降张世杰，文天祥则抄写了自己的《过零丁洋》以斥之。

补充阅读

被俘后文天祥被押送到大都，囚于柴市兵马司囚室（今北京东城府学胡同文丞相祠即其旧址）。在被囚的三年中，文天祥拒绝了元人的诱降，写下名传千古的《正气歌》。最后，忽必烈决定亲自劝降文天祥，文天祥却回答“但愿一死足矣”。1283 年 1 月，文天祥被押赴刑场，英勇就义。

1279 年 2 月，元军基本控制了广东，并攻破崖山。陆秀夫背着少帝赵昺投海自尽，少帝之母也投水自尽，与他们一起自尽的民众达数万人。张世杰继续领导抗元，后遇飓风，舟覆身亡。

宋少帝赵昺的陵墓位于深圳市南山区赤湾，是广东省境内唯一的一座皇帝陵寝，宋少帝陵被列为深圳市第一批重点文物保护单位。

五、元朝时期的广东经济

元朝较为重视农业，大兴水利，减轻田赋，在广东的海北海南道组织屯田，广东的农业继续发展。元朝由于远征交趾、占城需要大量战船，广东的造船业继续发展，能造出更大更先进的战船。制盐方面，开始采用晒盐（生盐）工艺，这是制盐上的一大进步。

元代鼓励对外贸易，广州仍设立了市舶司，作为对外贸易的管理机构。当时广州在海外贸易上的地位虽然低于泉州，但仍然是一个相当繁荣的港口，不仅来广州进行贸易的国家和地区增加，进出口货物的种类也在增加，主要进口货物有宝物、香料等，主要出口货物有陶瓷、铜器等，其中陶瓷的出口最多。

第五节 明清时期（鸦片战争以前）的广东

这一时期从 1368 年明朝的建立开始，直到 1840 年鸦片战争爆发，跨越了 472 年的历史。

一、广东地域范围基本奠定

（一）明代广东单独设省

1368 年，朱元璋在南京称帝，建立明朝。当年，朱元璋派遣廖永忠、朱亮祖从福建海道进军广东。1369 年（明洪武二年），明政府改广东道为广东等处行中书省（后改行中书省为布政使司，但习惯上仍然称省），并将海北海南道改隶广东，广东成为明朝的十三行省之一。至此，广东不仅成为地方最高一级的行政机构所在地，而且曾长期隶属于广西的雷州半岛、海南岛也划归了广东统辖，结束了广东以往隶属不同政区的状况，广东省区域轮廓自此基本形成，一直延续到清代也没有改变。明代广东的单独设省，对广东的经济文化发展起了重要作用。

明代，广东共设 10 府和 1 个直隶州（广州府、肇庆府、韶州府、南雄府、惠州府、潮州府、高州府、雷州府、廉州府、琼州府、罗定州），统辖 7 州 75 县。其中有 22 个县是明代新设的，包括顺德、从化、高明、饶平、惠来、普宁、澄海等县，基本形成了广东当今县制的格局。

（二）明代三司分治

元代的行中书省统管一省的军政、民政、财政大权，明代为避免行中书省权力过大，将行中书省（布政使司）的权力进行了分割，形成了承宣布政使司（掌民政）、提刑按察使司（掌刑狱）、都指挥使司（掌军政）三司分治的地方建制，三司分别由中央直接节制，分权而治，互不统属。永乐年间，明政府派遣官员巡抚广东，景泰年间，又设立两广总督，以加强广东、广西在军事上的协调。两广总督原驻广西梧州，明嘉靖年间移驻广东肇庆。

（三）清代“广东省”名的出现

清朝建立后，地方行政机关分省、道、府、县 4 级，但将明时的布政使司正式改称为省，由此开始，“广东省”名称正式出现，所辖范围与明广东布政使司相同。

清朝设广东省巡抚，又设“两广总督”统辖广东、广西两省，总督开始驻肇庆，1746 年（乾隆十一年）移驻广州。一般来说是巡抚管民政，总督管军政。

省下设道。道有按地域设的，如广南韶道等，也有按专职设的，如粮驿道等。道下为府，清代广东仍为 10 府，与明代一样。但直隶州变为 3 个，增加了连州、嘉应州。府的长官为知府，州的长官为知州。府下为县（包括州），清代广东全省有 87 州县。

二、广东对外贸易的发展演变

明清以前，广东的海外贸易一直处在快速发展阶段，从没有实行闭关禁海，但在明清时期，这种状况有了改变。

（一）明朝的贡舶贸易和商舶贸易

明朝自明太祖朱元璋开始，一改历朝鼓励海外贸易的政策，多次下令禁止民间入海“通番”（商舶贸易），这是中国历史上第一次实行“海禁”。但明朝的“海禁”是相对的，只禁止船舶私自出海，官方控制的“朝贡”贸易（贡舶贸易）还是允许存在的。明朝的“朝贡”条件有严格限定：只有那些有外交文书的入贡使团才能进行“朝贡”贸易。尽管明朝政府严禁私自出海贸易，但在巨大利益面前，违禁出海的人仍然不少，甚至包括一些官员。明朝中叶以后，私人海上贸易越演越烈，隆庆元年（1567 年），明政府取消海禁，私人海上贸易合法化，这极大地促进了广东沿海海外贸易的发展。明嘉靖年间广州已发展为拥有 80 万人口的国际贸易大都会，明代戏剧家汤显祖曾在诗中描绘他所见到的广州：临江喧万井，立地涌千艘。气脉雄如此，由来是广州。（汤显祖《广城》二首之一）

明朝在广州设立市舶提举司（市舶司），管理与占城、暹罗和西洋诸国通商的事务。外国贡船进入广州，只能停泊在规定的“澳”（泊口）中，每个“澳”皆设有守澳官，以验货物。外国贡使进京时，由市舶提举司派员随同贡使进京，贡使回国时，广东布政司要负责接待。1406 年在广州西关十八甫设立的“怀远驿”即是广东设立的专门招待各国贡使及随行人员的地方，有 120 间房，统一由市舶司管理。

补充阅读

南澳一号

南澳一号是一艘明代沉船，2007年发现于汕头南澳岛附近。船长27米，宽7.8米，共有25个舱位，是迄今为止发现的明代沉船里舱位最多的。该古船主要装载的是瓷器，还有陶器、铁器、铜器、锡器及4门火炮，共出水文物近3万件。这些瓷器主要是明朝嘉靖至万历年间景德镇的民窑产品，以及福建漳州和粤东地区的民窑产品。

（二）清初的禁海令

清朝初年，郑成功以台湾为抗清基地，势力扩大到闽南沿海和广东潮惠一带。为切断郑成功的供应来源，顺治十三年（1656年），清政府颁布“禁海令”，严禁船只出海贸易，并“不许片帆入口”，禁止外国商船来华贸易。因此，清朝的海禁比明朝要严厉得多，不仅私人海上贸易被禁止，连封建官府直接控制的市舶贸易也完全停顿，我国大陆的海上对外贸易完全中断。

（三）粤海关的设立

1685年，清政府有限度地开放海禁，先后设立广东广州、江苏松江、浙江宁波、福建厦门四海关，分别管理对外贸易事务，这是我国历史上正式设立海关的开始。粤海关1685年设立，总部在广州，管理关务的最高长官是粤海关监督，有时由两广总督或广东巡抚兼任。粤海关下设总口七处：广州大关总口、澳门总口、庵埠总口、梅菉总口、海安总口、乌坎总口和海口总口。各总口设总口委员一人，管理本总口事宜。

（四）广州一口通商

康熙五十六年（1717年），清政府再次发布“南洋禁海令”，下令海禁。雍正五年（1727年），清政府废除南洋禁海令，开放了粤、闽、江、浙四口通商口岸。乾隆二十二年（1757年），清政府下令撤销江、浙、闽海关，只留广东的粤海关，外国商船只能在粤海关一地通商。清政府还规定外商在广州必须住在指定的会馆中，不许在广州过冬，不得外出游玩，中国商人不得向外商借款或受雇于外商。对中国商人的海外贸易，清政府也规定了许多禁令，如：对丝绸、茶叶等传统商品的出口量严加限制，并干脆在1817年禁止茶叶出口；禁止出口粮食、铁器、硝磺、金银等；不许打造超过规定尺寸的大船用于贸易；严格限制中国出海商船携带武器；等等。这就是人们通常所说的清朝的“闭关政策”。

从广州一口通商至鸦片战争前，广州成为全国唯一的对外通商特区，全国各地的货物汇聚广州，世界各地的货物也通过广州转运全国，广州的商业繁荣臻于极盛。

（五）广州十三行

广州一口通商以后，外商齐聚广州。为防止外商与中国人接触，清政府在广州指定了一些商人专门同外商进行交易，这些人称为行商（又被称为“官商”或“洋商”）。行商经营的对外贸易的商行被称为公行、洋行、洋货行、外洋行等，俗称“十三行”（其实并非只有固定的13家）。十三行建有商馆，租给外国商人住宿、经商和堆放货物，称“十三夷馆”。

十三行享有对外贸易特权，所有进出口货物都要经它买卖。各国商船到达中国后，首先在澳门和黄埔停泊，交纳关税后，领取牌照，进入广州内河与十三行的行商交易。由于独享特权，行商成为当时中国乃至世界范围内让人瞩目的一群特殊商人，并与两淮盐商、山陕商人一道被认为是中国近代以前最富有的商人群体。

补充阅读

明末清初文学家屈大均（广东番禺人）曾在《广东新语》中这样描写广州十三行：“洋船争出是官商，十字门开向二洋。五丝八丝广缎好，银钱堆满十三行。”（屈大均《广东新语·广州竹枝词》）

十三行还在清政府与外商交涉中起中间人作用，承担着对官府承保和交纳外洋税饷、规礼，传达政令及管理外商等义务。外商若有申诉，也要通过行商转呈，商务方面的申诉转给粤海关监督，民事方面的申诉则转香山县衙。行商还是中西文化的居间传播者。行商郑崇谦曾经把英国商人带来的接种牛痘预防天花的发明写成《种痘奇书》予以刊行，这是我国最早译出的西方种痘术医学著作。1834 年，美国人伯驾在十三行开办“眼科医局”，这是西方传教士在中国开设的第一家西医医院，也是广州最早的医科医院，是广州人学习西方医术之始。

1842 年《南京条约》订立后，十三行专营对外贸易的特权被取消，开始走向没落。

三、葡萄牙人租居澳门和基督教在广东的活动

（一）葡萄牙人租居澳门

15 世纪以来，随着美洲新大陆的发现和世界新航路的开辟，一些西方殖民者开始向东方扩张。最早来到广东的是葡萄牙人，后来还有西班牙人、荷兰人和英国人。

明正德八年（1513 年），一批葡萄牙人到达广东屯门岛，此后，他们在屯门建立要塞。1521 年，明政府驱逐了葡萄牙人。1553 年，葡萄牙人借口晾晒被水打湿的贡物，进入广东香山县澳门。又通过行贿的手段，获许在澳门居住。万历初年，葡萄牙人通过向香山县交纳地租银，得以长期居住澳门，但明政府始终掌握着澳门的领土主权。

（二）耶稣会士在广东的活动

明清之际，西方传教士开始进入中国，而广东往往是西方传教士进入中国的登岸之地。1540 年，从天主教分离出来的耶稣教正式创立。耶稣会士、西班牙人方济各·沙勿略曾在日本传教，他认识到日本文化深受中国文化的影响，于是决定来中国传教，并于 1552 年到达广东台山的上川岛。但是，当时中国实行的海禁政策使他很难进入中国内地传教，不久，方济各·沙勿略客死于上川岛。

葡萄牙人租居澳门后，1565 年，耶稣会在澳门建立了第一座教堂。1575 年，澳门成为远东地区第一个天主教主教区。此后，许多西方传教士以澳门为基地，在澳门做了语言、物品等的准备后来到中国内地传教。他们把来自欧洲的物品带到中国，传播西方文化，并把中国的文化介绍给西方，成为西文治学的先驱者。其中，罗明坚和利玛窦是其中的典型代表。

1579 年，意大利耶稣会士罗明坚来到澳门。1582 年，罗明坚去肇庆见到两广总督陈瑞，获准在内地传教，他是第一个进入肇庆的传教士。1583 年，罗明坚和利玛窦在肇庆

建立起我国第一座天主教堂——仙花寺。在肇庆期间，罗明坚还在汉语教师的帮助下写了一部《天主实录》，这是耶稣会士到中国后写的第一部中文书，是我国出版的第一本天主教教理书。

罗明坚于1588年回欧洲，利玛窦则于1589年8月被勒令离开肇庆，之后去了韶州南华寺。他在韶州住了6年后去了南昌，在南昌住了3年，后又在南京住了1年，于1601年在北京面见明神宗。1610年，利玛窦去世，明神宗赐葬北京阜成门外。

补充阅读

罗明坚和利玛窦借传播西方科技知识的途径来开展传教活动。他们在教堂里展出自制的或从西方带来的自鸣钟、地球仪、象限仪等，使广东民众首次接触了西方科技；他们带来了西方的书籍和世界地图，使广东民众大开眼界。1592年，被贬广东徐闻的明代著名剧作家汤显祖曾拜会过利玛窦。原沉迷炼丹术的礼部尚书之子瞿太素结识利玛窦后，向他学习天文、数学，后来瞿太素接受洗礼入教，成为利玛窦的得力助手。

（三）清代基督教新教在广东的活动

与天主教相比，基督教新教在广东的活动要晚很多。1807年9月，英国人罗伯特·马礼逊受伦敦布道会的派遣，来到广州，一面学习汉语，一面从事翻译工作。他出版了《华英字典》《广东土话字汇》等，方便了中西文化交流。马礼逊是把基督教新教传到中国的第一人，他翻译出版了《新约全书》和《旧约全书》，使基督教经典得以完整地介绍到中国来。

补充阅读

马礼逊在广东时，清政府严禁中国人教外国人学中文，否则处以极刑。马礼逊费好大劲才请到一个中文老师，他随身带着毒药，准备一旦被官府发现就自尽。这样，马礼逊不得不在晚上学习中文，并将房间的灯光遮蔽。

马礼逊曾在广州开设印刷厂，在印刷厂工作的中国工人蔡高是马礼逊在广州传教所收的第一个基督教徒。马礼逊的印刷厂后来迁至马六甲，在这里，马礼逊和他的助手米怜出版了第一份由外国人办的中文杂志《察世俗每月统记传》，广东高明人梁发参加了这一工作。梁发1823年成为新教的第一个中国牧师，洪秀全从他编写的《劝世良言》受到启迪，创立了“拜上帝会”，并发动了太平天国农民起义。

四、清军对岭南的破坏

明朝灭亡以后，明宗室成员及遗臣在广东建立了两个反清复明政权。

南明绍武政权　1646年11月2日，明朝大学士苏观生等拥立唐王朱聿（yù）鐭（yù）在广州称帝，年号绍武。这是继南越、南汉之后，在广州出现的第三个地方割据政权。12月15日，清军李成栋部攻入广州，朱聿鐭、苏观生自缢而死，南明诸王16人被清军所杀，绍武政权仅存40多天。

南明永历政权 1646年11月18日，明两广总督丁魁楚、广西巡抚瞿式耜等拥戴桂王朱由榔（láng）于肇庆称帝，年号永历。绍武政权与永历政权为争正统不能团结，甚至大动干戈，互相攻伐。绍武政权灭亡后，广东各地的抗清义军纷纷起兵，坚持抗战，挽救了永历政权。与此同时，全国各地抗清力量越来越大，清朝广东提督李成栋、广东巡抚也都倒戈投降了南明，永历政权由此恢复了对广东全境的统治。永历政权在全盛时期，拥有两广、湖南、江西等几省地方。但永历政权内部不团结，影响了抗清大局。1649年11月，清朝令平南王尚可喜、靖南王耿仲明率兵2万征讨广东，1650年11月，广州陷落。

清军进军广东时，一路上大肆屠杀，使岭南的社会经济遭受极大的破坏。据《南雄府志》记载，顺治六年（1649年），清军攻陷南雄府，大开杀戒，城内居民“十存二三”。清军攻陷广州后，城内居民被杀数万人。有“广东三忠”之称的陈邦彦（顺德人，屈大均老师）、张家玉（东莞人，崇祯时进士）、陈子壮（南海人，24岁中探花）在广州陷落后起兵反清，后失败被清兵杀害，他们又被称为“岭南三忠”“粤东三烈”。

在秦代和汉代，朝廷都曾发兵岭南，虽然对岭南带来了一定的动乱，但动乱是短暂的，且动乱之后岭南很快迎来了巨大的发展机遇。清朝的这次进军岭南却是灾难性和破坏性的，经过汉唐和宋明几代发展起来的岭南经济，受到空前的打击。

五、清初的迁界和复界

为了对郑成功等反清势力实行“坚壁清野”，1661年，清政府发布“迁界令”，命令由山东至广东沿海的居民内迁25千米。康熙元年（1662年）3月，清政府再次命令广东沿海从饶平、澄海、揭阳、潮阳、惠来至廉江、合浦、钦州等的24个州县居民再次内迁25千米。1664年5月，清政府又一次在广东实行迁界，要求广东沿海居民内迁15千米，顺德、番禺、南海等地此次也被列为迁界范围。

三次迁界，涉及广东沿海28个州县，被迁士民数百万，抛荒田地共531万亩有余，给广东沿海居民带来了巨大灾难。界外地区房屋全部被拆毁，田地不准耕种，渔民不准出海捕鱼，居民稍有迟疑违抗则立斩不赦。迁界造成沿海居民流离失所，大批居民死在搬迁途中，南粤大地顷刻间一片凄风苦雨，渔业和海盐生产几乎陷于停顿，广东经济遭受前所未有的沉重打击。据估算，迁界时广东沿海产生数百万难民，仅粤东八郡死亡人数便达数十万，所以屈大均说“自有粤东以来，生灵之祸，莫惨于此”（屈大均《广东新语》）。

清政府的野蛮迁界政策招致了广东沿海人民的强烈反抗，先后爆发了番禺周玉、李荣起义和惠州碣石镇总兵苏利的起义等。加上沿海田地荒芜，赋税大量减少，1668年，广东巡抚王来任上疏请求复界。1669年，清政府下令允许迁界地区部分复界，但第一次迁界令涉及地区不能复界，直到1683年清政府平定台湾后才最终废止了迁界令，允许被迁居民迁复原籍，并可出海捕鱼，但仍然不能进行海外贸易。

六、广东社会经济和文化发展状况

（一）农业

明朝初年，奖励开荒和屯田，兴修水利，减轻赋役，广东农业得到较快发展，已赶上中原、江淮等先进地区。明末，由于北方战乱，大批难民南迁，形成历史上岭南第四次移民高潮。这一批移民大多在地旷人稀的荒山野岭开垦田地，促进了农业的发展。水翻车得到推广，耕作制度上出现了二季水稻加一季其他作物的三熟制。引种了番薯和玉米，提高了粮食产量，明末时番薯已发展到“闽广人以当米谷”的程度。

明代，农业种植的区域分工已很明显。如番禺、东莞、增城、阳春等以甘蔗种植闻名，潮州水果以柑、橘、柚、橙等柑橘类为特色，并“以柑为第一品”。广东的甜橙于15世纪初传到欧洲，后传到美洲。广州城珠江南岸的庄头村素来以种植素馨花闻名。一些地方还形成了专业化的市场，如合浦珠市、罗浮山药市、东莞香市、顺德陈村花果秧苗市、增城沙贝荔枝市等。

以“果基鱼塘”“桑基鱼塘”为代表的塘鱼养殖业开始出现。人们将低洼地区的土地深挖为塘，将挖出的泥土堆在泥塘四周成基围，塘里养鱼，基围上则种果树或桑树。

清初的迁界使广东的农业大受影响。复界后，清政府实行休养生息、奖励垦荒政策，使广东农业有所恢复。三熟轮作制得到推广，两熟间作制盛行，农村经济日趋繁荣。稻谷品种的选择开始考虑不同的自然条件，保证了单产的提高。由于广州、佛山等工商业发展迅速和城市人口大量增加，郊县的果品、花卉种植日益专业化和商品化，但这也导致了清代的广东严重缺粮的局面。

（二）手工业

明代陶瓷生产遍及全省，以石湾、潮州、雷州的陶瓷最为出名。冶铁业以佛山、广州最为出名，佛山是全国著名的铁锅、铁线和铁钉生产基地。广州、佛山的丝织业发达，有“广纱甲于天下”的美誉。明代广东造船业发达，广州、高州、阳江、潮州、东莞、新会都是广东的造船中心，所造的船称“广船”，与福建造的“福船”齐名。广东所造的海船多用铁力木制造，更为坚固，载重量也大。

清初的迁界也使广东的手工业受到破坏。到乾隆年间，广东的手工业恢复并超过了明代水平。石湾成为综合性的陶瓷生产基地，冶铁仍然以佛山为铁器冶铸中心，分工更细。采矿业规模比明朝更大，矿区更多。广州的丝织业、佛山的纺织业专业化水平更高，生产规模更大。一些商人开办了如采矿、铁器冶铸、丝织、棉织等的加工场，资本主义性质的工场生产开始出现。

（三）商业

广州一口通商后，广州商业极为繁荣，并带动其他城市商业的繁荣，佛山、潮州、江门、樟林埠（今汕头市澄海区）都成为广东著名的商业城市和港口。一些农村墟市因为扩张快速，已发展为城镇，如顺德陈村、番禺市桥、香山小榄、四会隆庆、高明三洲、会同嘉积等。

在西方商品汇聚广州之时，广东的特色产品也开始走向世界，如“广彩”“粤缎”及广东产银器等。

清代，广东商人开始活跃在世界各地，被称为“广东帮”商人，主要由广州帮和潮州帮商人组成。

（四）文化

明清时期，以广东文化为代表的岭南文化已经深入中华文化的核心，并开始对中华文化产生重要影响。这一时期的广东文化名人有丘浚（著有《大学衍义补》），理学家陈献章、湛若水，学者屈大均，诗人陈恭尹、梁佩兰，明末杰出军事家、文学家袁崇焕，画家张穆、黎简、苏六朋等。被贬广东徐闻的明代大戏剧家汤显祖在徐闻创办贵生书院，培养人才，并积累了生活素材，为后来的戏剧作品打下了基础。

1. 陈献章

陈献章（1428—1500年），字公甫，号石斋，明代杰出的哲学家、教育家、诗人和书法家。广东新会都会乡人，少年时随祖父迁居江门的白沙村，故后人尊称为“白沙先生”。陈献章是开启明代心学的第一人，其学派被称为“白沙学派”或“江门学派”。其学术思想对中国文化尤其是岭南文化产生了深远的影响，确立了岭南文化在中国文化上的重要地位。他是岭南唯一入祀孔庙的一代大儒，有“广东第一大儒”盛誉。

陈献章从小勤奋好学，19岁参加广东乡试，为第九名举人。21岁参加礼部会试，考中副榜进士，随后进入国子监（中国古代设立的国家最高学府）读书。但后来两次进京参加会试均落榜，陈献章转而专心研究学问。家人为了减少对他的干扰，在墙壁凿了个洞，饮食衣服，均由此洞递进。

在陈献章生活的明代中期，宋以来的程朱理学占据了意识形态的统治地位。陈献章打破了程朱理学的垄断局面，提倡“学贵乎自得”，开创了明儒“心学”之先河。他说：“学贵知疑，小疑则小进，大疑则大进。”学习风气上主张自由开放，并能独立思考问题。陈献章在当时影响极大，被称为“名震京师”的“活孟子”。曾任明朝礼、吏、兵三部尚书的增城人湛若水也是他的门徒。他还曾在广州办学，今广州人民中路的白沙巷即为其当年讲学处。

陈献章在书法也颇有造诣，他用新会圭峰山上的茅草制成了“茅龙笔”，用此笔写出的字如神龙飞动，被称为“茅龙字体”。

今江门还留有白沙祠、钓台故址、碧玉楼、贞节牌坊等与陈献章有关的遗迹。

2. 屈大均

屈大均（1630—1696年），字翁山，号菜圃，广东番禺人，清初著名诗人和学者。

曾受业于陈邦彦，后追随陈邦彦参与抗清斗争。陈等人遇害后，他冒死收敛他们的遗骸。其后，他入寺庙削发为僧，并常以化缘为名奔走各地，继续参与反清活动。他曾派人为郑成功送情报，事情泄露后被清廷追捕，他逃回家乡隐居并蓄发还俗。后来他还参加了吴三桂的反清行动，但终究是失望而归。

回到广东后，屈大均隐居著述，写下很多诗作和著作，与陈恭尹、梁佩兰一起被称为“岭南三大家”。其最有名的著作是《广东新语》，记述了广东的自然环境、经济物产、文物古迹、风土人情、名人佚事、诗画艺术、学术著作等，是研究广东历史文化及地理的重要文献。在清朝大兴文字狱的背景下，他冒着生命危险撰写了《皇明四朝成仁录》，记载明末及南明四朝时期（崇祯、弘光、隆武、永历）全国各地抗清殉难人物，为明末清初的抗清志士歌功颂德。屈大均去世后，他的所有著作和诗作被列入“全毁书目”，因此有不少著作遗失。1996年，人民文学出版社出版了《屈大均全集》共8卷。

3. 袁崇焕

袁崇焕（1584—1630年），字元素，一说字自如，广东东莞（东莞石碣镇水南乡）人，祖籍广西梧州，明末杰出军事家、文学家、抗清（后金）名将。作为文人出身的将领，先后取得了宁远之战、宁锦之战、广渠门之战等胜利，被认为是明末最有才能的将领。

袁崇焕1619年中进士，1620年被朝廷任命为福建邵武知县。1622年，袁崇焕被朝廷派至辽东，负责镇守山海关。他整肃军队，号令严明，大大提高了军队的战斗力。他还在辽东筑宁远城，恢复锦旗、右屯等军事重镇，使明朝的防线向前推进了100千米。1626年，后金国主努尔哈赤带兵13万攻打宁远城，被袁崇焕击败，努尔哈赤也受重伤而死，这是努尔哈赤自25岁征战以来唯一的一次败绩。袁崇焕由此威名远扬，升任辽东巡抚。1627年，皇太极进攻锦州，袁崇焕一面加强宁远的防务，一面派军队绕到清军后方攻击，使清军两面受敌，清军遂集中军队攻打宁远，再次大败。取得了“宁、锦大捷”后的袁崇焕却被谗革职。崇祯登基后，任命袁崇焕为兵部尚书，督师蓟、辽。1629年，皇太极率军避开袁崇焕防区，绕道蒙古直逼北京，袁崇焕急忙率军赴京师解围。后金实施反间计，崇祯帝误信袁崇焕与皇太极有密约，将他逮捕入狱，于1630年9月22日将袁崇焕凌迟处死，年仅46岁。

东莞市石碣镇水南村建有袁崇焕纪念园，园内有袁崇焕故居、袁督师祠、雕像、衣冠冢、三界庙等。

4. 汤显祖

汤显祖（1550—1616年），字义仍，号若士，又号海若、清运道人，江西临川人。明代杰出的剧作家、文学家，被誉为“东方的莎士比亚”。其剧作不但为我国人民所喜爱，而且已传播到英、日、德、俄等很多国家，被视为世界戏剧艺术的珍品。

汤显祖从小聪明好学，颇有文名，21岁中举，34岁中进士并步入仕途，历任太常博士、詹事房主簿、礼部祠祭司主事。明朝万历十九年（1591年），他目睹当时官僚腐败愤而上《论辅臣科臣疏》，弹劾当朝首辅申时行并抨击朝政，触怒了皇帝，因此被贬官到广东徐闻县做典史。1593年，申时行终于东窗事发下台，汤显祖得以调任浙江遂昌县知县，一任五年，政绩斐然。万历二十六年（1598年），他弃官回到临川，潜心于戏剧及诗词创作。

在他辞官的当年，他就完成了他的代表著作——《牡丹亭》。后来又相继写出了《紫钗记》《南柯记》《邯郸记》，这四部作品合称《临川四梦》，又称《玉茗堂四梦》。这些作品中尤以《牡丹亭》最为突出。汤显祖还是一位杰出的诗人，为后世留下不少诗作。

汤显祖的成就，与他在广东的任职有关。他被贬徐闻时，曾游历广东，目睹了当年海上丝绸之路的繁荣。他还在广东肇庆与两位西洋传教士会晤。这些经历开阔了汤显祖的视野，丰富了其写作内容，有的见闻被写进了剧本。正因为他被贬徐闻，所以时常要走梅关古道往返于广东与江西大余之间。在大余逗留期间的所见所闻，促使他写就了其最有名的作品——《牡丹亭》。

汤显祖在广东任职期间，捐薪俸建立了“贵生书院”，传播中原文化。他在《与汪云阳》的信中说：“其地人轻生，不知礼义，故以贵生名之。”

第六节 近现代时期的广东

1840年，英国发动了侵略中国的鸦片战争。1842年，英国侵略者强迫清政府签订了中国近代史上第一个不平等条约——《南京条约》，中国开始沦为半殖民地半封建社会。鸦片战争是中国历史的转折点，是中国近代史的开端。

一、林则徐禁烟和第一次鸦片战争

（一）林则徐禁烟

清政府规定广州一口通商以来，中国的瓷器、茶叶、生丝、纺织品等就通过广州源源不断地输往国外。由于当时的中国是个自给自足的农业社会，对外国运来的棉毛织品和工业品鲜有需求。因此，在正常的贸易往来中，中国一直处于出超地位。为扭转这一情况，以英国为主的外国商人开始向中国大量走私鸦片。

鸦片输入中国，早在唐代就已开始，但仅仅用于医药且数量很少。从 18 世纪以来，输入中国的鸦片越来越多，到 19 世纪 30 年代后期，每年达到 4 万余箱。鸦片的泛滥，给中国带来了巨大的社会灾难。越来越多的中国人受到鸦片毒害，人们的生活受到影响。中国的白银大量外流，19 世纪 30 年代，中国每年白银外流七八百万两，造成银贵钱贱，政府的财政收入日益枯竭。鸦片贸易也使得吏治更加腐败，士兵吸食鸦片，也削弱了清军的战斗力。因此，清政府决定查禁鸦片。1838 年 12 月 12 日，两广总督邓廷桢在十三行商馆前的广场上处绞烟贩，有上万群众包围商馆，进行大示威。清政府还任命主张禁烟的林则徐为钦差大臣，节制广东水师，到广东查禁鸦片。

林则徐（1785—1850 年），汉族，福建侯官人（今福建福州），字元抚，又字少穆、石麟，清朝后期政治家、思想家和诗人，被称为近代中国“开眼看世界的第一人”。他出身贫寒，27 岁中进士，曾与龚自珍、魏源、黄爵滋等提倡经世致用之学。主张严禁鸦片、抵抗西方的侵略、坚持维护中国主权和民族利益。

1839 年 3 月，林则徐到达广州，与两广总督邓廷桢、广东水师提督关天培合作禁烟。对内严禁吸食鸦片，缉拿烟贩，惩办渎职官员；对外则要求外国烟贩交出鸦片，并保证永不贩运鸦片。英国驻华商务监督义律蓄意破坏禁烟，林则徐下令停止中英贸易，并派兵封锁商馆，英美等国商人被迫交出鸦片 230 多万斤。6 月 3 日至 23 日，林则徐率众在虎门海滩当众销毁收缴的鸦片，这就是历史上的“虎门销烟”。

这一过程中，英国进行过多次武装挑衅，中英之间发生过一些小规模战斗，如九龙山海战、穿鼻海战等，可视为鸦片战争的前哨战。

林则徐在广东期间还组织人力翻译西方书报，先后辑有《四洲志》《华事夷言》《滑达尔各国律例》等。由于清政府的腐败无能，林则徐被革职。1850 年，林则徐病逝于潮州普宁县行馆。

现东莞虎门建有林则徐纪念馆（鸦片战争纪念馆），虎门销烟旧址、虎门炮台遗址等也保存完好。

（二）第一次鸦片战争

中国禁烟的消息传到英国，英国决定发动对华战争。1840 年 2 月，英国政府任命懿律和义律为正副全权代表，并任命懿律为侵华英军总司令。

1840 年 6 月，懿律率领英国船舰 40 余艘及士兵 4 000 多人到达中国海面，宣布封锁广东珠江口，中英战争爆发，史称“第一次鸦片战争”。

英军到达广东海面后，随即北上，于 1840 年 7 月攻占定海，8 月抵达天津大沽口，清政府大为震动，派直隶总督琦善负责交涉。在琦善要求下，英军同意退回珠江口外，在广东进行谈判。

道光帝于是派琦善为钦差大臣、署两广总督，到广东与英军继续谈判，而把林则徐、邓廷桢撤职查办。在广东谈判中，英方提出了割让香港的要求，琦善没有贸然答应。1841年1月，英军发动进攻，占领珠江口的大角、沙角炮台，清军守将陈连升和数百士兵以身殉国。此时琦善又向英方表示讲和，义律草拟了包括割让香港、赔偿烟价六百万元、恢复广州通商等条款的《穿鼻草约》，欲迫使琦善签字。

补充阅读

有记载，陈连升战死后，其坐骑——一匹黄骠马被英军掠到香港，英国侵略者喂之不食，近之则踢，骑之则摔。此马后来被放置于香港的山中，它不吃地上的草，终日徘徊谷中，哀鸣不已。有砍柴樵夫怜惜此马，找来食料喂它，它仍然不吃。樵夫将食料捧在手上喂之，黄骠马才肯开口嚼食。时人大悟：香港当时已沦为夷地，因此，义马不吃地上的食物和草料。这匹刚烈战马终因绝食而死。当地士人有感于这匹战马的忠烈，修碑纪其事，名之为“节马图碑”，现存于广州越秀山五层楼（镇海楼）上。

此时，道光帝已决定对英宣战，他任命奕山为靖逆将军前往广东，而将琦善革职锁拿。1841年2月，英军发动对虎门炮台的进攻，水师提督关天培与守军数百人牺牲，虎门炮台陷落。3月，英军攻陷乌涌、定功、绥定、凤凰冈等炮台；5月，英军摧毁了沙面炮台、海珠炮台，占领了城西的泥城和越秀山上的四方炮台，炮轰广州。奕山在城墙上高悬白旗，并派广州知府余宝纯出城投降，于27日与英军签订了《广州和约》，规定清军退驻离广州60英里（约等于96.56千米）以外的地方，交赎城费600万元，赔偿英国商馆损失30万元，英军退出虎门。

但英国政府也对义律的《穿鼻草约》不满，认为英国所获权益太少，改派璞鼎查为全权公使，撤换了义律。1841年8月，英军攻陷厦门；10月，攻陷定海、镇海、宁波；1842年5月，英军攻陷海防重镇乍浦；6月，英军攻入长江，占领宝山、上海；7月，攻陷镇江。8月，英军来到南京江面。这时，道光皇帝已无心再战，赶忙派耆英、伊里布到南京议和。第一次鸦片战争至此结束。

（三）《南京条约》等不平等条约的签订

1842年8月29日，清政府的谈判代表全部接受了英国提出的议和条件，订立了不平等的《南京条约》。

这一条约签订后，香港（时属新安县）开始遭受英国的殖民统治。广州成为对外国开放的五处通商口岸之一（另四处是福州、厦门、宁波、上海），英国人可以派驻领事等官。广州的“公行”制度被废除，英国商人在通商口岸“无论与何商贸易，均听其便”。

《南京条约》签订后，1843年7月，中英《五口通商章程》在香港公布，10月，中英代表在广东虎门签订了《虎门条约》(《五口通商附粘善后条款》)，英国进而取得了领事裁判权、片面最惠国待遇等特权，英国人还可在通商口岸租赁土地和房屋。

1844年7月，清政府与美国政府代表在澳门附近的望厦村签订了中美《望厦条约》，10月，中法在广州黄埔签订了《黄埔条约》。美国、法国通过这两个条约取得了除割地、赔款之外的同英国一样的特权以及兵舰可以进入通商口岸和传教的权益。这些不平等条约，使中国一步步地变为半殖民地半封建社会。

二、广东人民的反侵略斗争

（一）三元里抗英

1841年5月29日，盘踞广州北部炮台的英军闯入三元里一带肆虐，当地群众奋起反击，打死英军数名。预料到敌人将来报复，群众在三元古庙中集会，决心共同抗敌。29日下午，三元里附近103乡群众代表在牛栏岗（旧白云机场）聚集，商定以三元庙的三星旗为令旗誓死抵抗。

30日清晨，数千群众前往英军占领的四方炮台，然后撤退，把英军引入牛栏岗。已埋伏好的群众利用有利的丘陵地形向英军发起猛攻，使用大刀、长矛、锄头等原始武器与英军搏斗，打死打伤英军数十人。31日，三元里一带群众将四方炮台包围，番禺、南海、花县、从化、增城等地群众也纷纷赶来增援。英军向奕山求救，奕山派广州知府余宝纯强行解散群众队伍。6月初，英军撤出了虎门。

（二）反租地斗争

《虎门条约》中有英国人可在通商口岸租赁土地和房屋的条款。1843年，英国要求租广州黄埔设立圩市，建造衙署，得到了两广总督的同意。但在广州人民的强烈反对之下，英国人被迫放弃了此要求。1847年5月，英国人又想在广州河南洲头咀强租土地，广州3 000多民众到十三行商馆示威，使英国人不得不放弃了强租洲头咀的念头。后来，英国多次提出租借黄埔的长洲，都由于群众激烈反对而未能得逞。

（三）反对英人进入广州城

外国人来广州贸易一向居住于广州城外的洋馆，《南京条约》签订后，英国人要求进入广州城，但都遭到广州人民的反对和驱逐。1846年1月，两广总督耆英、广东巡抚黄恩彤发出告示禁止绅民阻挠英人入城，数千群众冲进广州知府衙门，烧毁知府刘浔的朝珠公服，吓得刘浔跳墙逃走。1849年，英国大批兵船驶入省河再次要求进城，广东社学调集了十万义勇严阵以待，最终使英国人放弃了入城要求。

（四）反抗英法联军的侵略

1856年，英国和法国在美国和沙俄的支持下，再次发动侵华战争，史称“第二次鸦片战争”。“亚罗号事件”是英法发动战争的借口之一。

“亚罗号”是一艘走私鸦片的中国船，曾在香港注册过，但已过期。1856年10月8日，广东水师在黄埔逮捕了船上的2名海盗和10名涉嫌船员，英国借此派军舰于10月23日开进内河，点燃战火。25日，英国军队占领了省河沿江各炮台，27日开始炮轰广州城，延烧铺户数千间，造成许多百姓死伤。29日，英军一度攻入广州城，后因兵力不足撤往城外。广州军民采用游击式战法困扰敌军，对侵略者进行了有效打击，迫使英军于1857年1月撤离广州。

1857年12月，英法两国组建了5 000多人的联军准备向广州进军。12月28日，联军炮击广州并登陆攻城，广州于29日失守。两广总督叶名琛被俘，被解往印度加尔各答，1859年病死于囚所。从1857年12月起，英法联军占领广州达3年10个月。

广州城陷后，番禺、南海两县民团和佛山、东莞等县镇的民间武装互相联络，经常武力攻城，锐意收复广州，使敌人胆战心惊。

三、广东的洋务运动和民族工业的发展

（一）洋务运动在广东

19世纪60年代至90年代，中国大地兴起了一次由上到下的大规模模仿、实施西式工业化的运动，被称为“洋务运动”。在这期间担任两广总督的瑞麟、刘坤一、张之洞等都是洋务运动的支持者，广东的洋务运动也开展起来。

1864年，广州同文馆建成，教学生学习英、法、日、德等国文字，拉开了广东洋务运动的序幕。1873年，瑞麟创办广州机器局，在光绪末年将其发展为中国南方著名的军工厂。1889年，张之洞建立广东钱局，这是我国第一家机器造币厂，它在1990年铸造的铜圆是我国最早铸造和使用的铜圆。

1876年，刘坤一以黄埔船坞为馆址创办“广东西学馆”，后改名“实学馆”“博学馆”，1887年改名为“广东水陆师学堂”，聘请许多外国教习，詹天佑也担任了该馆教习。1888年，张之洞创办广雅书院和广雅书局，广雅书院是当时两广地区最高学府，开设经史理文等科目，学生在这里还可接触外国科技。

（二）广东民族工业的发展

近代中国民族工业和民族资产阶级都最早出现于广东，广东开创了民族资本主义企业的许多第一。

1872年，南海县简村人陈启沅在家乡建立了继昌隆缫丝厂，这是我国第一家民族资本主义企业。此后，南海、顺德等地又有多家机械缫丝厂建立，厂丝出口大增，成为全省出口价值最大的商品。

1879年，卫省轩在佛山创办巧明火柴厂，这是我国第一家民族资本火柴厂。

1882年，南海人钟星溪创办一家造纸厂，这是我国第一家近代化造纸厂。

1890年，台山籍华侨黄秉常创办广州电灯公司，这是我国民族资本创办的第一家电灯公司。

1903年，梅县籍华侨张榕轩、张耀轩兄弟创立潮汕铁路股份公司，聘请詹天佑负责施工，并于1906年建成我国第一条民族资本铁路——潮汕铁路。詹天佑（1861—1919年）是广东南海人，中国铁路工程专家，被誉为“中国铁路工程之父”。

补充阅读

上海开埠之初，有5万广东人移居上海，到新中国成立初期，旅沪广东人已达30万～40万人。近代还有大量广东人出国做工，在侨居地形成华人社区，已有很多社区被称为“唐人街”，仍然保持着广东人的生活习惯。

四、维新运动在广东的发展

广东不仅是中国民族工业的最早诞生地，也是近代维新思想产生的摇篮。

早在鸦片战争前，广东就出现了我国第一部介绍世界概况的著作——《海录》。这本书由有多年海外漂泊经历的嘉应州人谢清高口述，杨炳南编撰。魏源的《海国图志》就曾引述《海录》的观点。鸦片战争期间，顺德人梁廷枏主持编纂了我国第一部地方专志《粤海关志》，还写了《夷氛闻记》《海国四说》等著作，有助于人们对西方国家的了解。梅州人黄遵宪的《日本国志》极大地推动了维新思潮的兴起。被称为"岭南两大儒"的朱次琦和陈澧则在广东讲学，传播救国思想。康有为即朱次琦弟子，其维新思想深受朱次琦影响。

香港受到殖民统治以后，西式文化教育在香港兴办，受此影响，香港产生了一批具有新思想的爱国知识分子，如容闳、王韬、何启、胡礼垣等，他们通过著书立说，提倡西学，反对封建专制，主张实行君主立宪，对广东的知识分子产生了重大影响，广东出现了一批以康有为、梁启超为代表的资产阶级维新派代表人物。1891 年，康有为在广州设立"万木草堂"，招收学生讲学，宣传他的维新变法主张。从 1891 年到 1898 年，他的学生共约千人，其中包括陈千秋、梁启超、麦孟华、徐勤等后来的变法维新运动骨干。

补充阅读

晚清的第一次公派留学也主要是由广东来推动的。容闳是广东香山人，毕业于美国耶鲁大学，他首先向清政府提出派遣留学生去美国留学。在曾国藩、李鸿章的支持下，从 1872 年至 1875 年，清政府先后派遣了 4 批共 120 名幼童去美国留学，其中广东学生有 84 人，占总数的 70%，主要来自香山、番禺、南海、顺德等地。这些学生中包括唐绍仪、詹天佑等，他们中的很多人成了各行各业的骨干。

维新运动的发展，黄遵宪、康有为、梁启超在其中起了重要作用。

1. 黄遵宪

黄遵宪（1848—1905 年），字公度，别号人境庐主人，广东省梅州人。晚清诗人，外交家、政治家、教育家、维新思想家。

曾任清朝的日本使馆参赞、美国旧金山总领事、驻英使馆参赞、新加坡总领事。撰写 50 余万字著作《日本国志》，主张仿效日本明治维新进行改革，对维新思潮的兴起有深刻影响。戊戌变法期间任湖南按察使，协助巡抚陈宝箴在湖南推行新政，被誉为"近代中国走向世界第一人"。

在诗歌创作上，提倡写"新派诗"，主张"我手写我口"。他吸收客家山歌特点，把俗语新词用于诗歌当中，有"诗界革新导师"之称。

1905 年 3 月 28 日，黄遵宪病逝于家乡梅州。

2. 康有为

康有为（1858—1927 年），广东南海县人，近代资产阶级维新运动领袖、思想家、文学家。

康有为少年时受过严格的儒家传统教育。1879 年，他先后到香港、上海等地游历，看到了西方的先进的事物，接触了维新思想，产生了学习西方，改变国家现状，致力于国家富强的维新思想。1891 年，他在广州设立"万木草堂"，招收学生讲学，宣传他的维新变法主张。康有为还写了《新学伪经考》《孔子改制考》等著作，成为变法维新的重要理论根据，奠定了维新变法的理论基础。

中日甲午战争以后，1895年4月，在北京参加会试的康有为组织了1 000多名举人联名上书清政府，提出“拒和、迁都、变法”的主张，这就是著名的“公车上书”，康有为从此成为维新运动的领袖。为争取更多支持，康有为在广东、北京、上海等地创办报刊，组织学会，开办学堂，大力宣传维新思想。戊戌变法期间，拟奏折数十件，成为光绪帝颁布诸多新政的依据。戊戌变法失败后，康有为逃亡国外，其后思想日趋保守，反对孙中山领导的民主革命。

康有为在文学上，尤其是诗歌上也颇有建树，其诗歌辞采瑰丽，政论文汪洋恣肆，开梁启超“新文体”的先路。

3. *梁启超*

梁启超（1873—1929年），字卓如，号任公，又号饮冰室主人、饮冰子等，广东新会人。他是中国近代史上杰出的爱国主义者、著名的政治活动家、启蒙思想家、维新变法运动的主将，同时也是著名的史学家、教育家和文学家。

梁启超自幼在家中接受传统教育，“八岁学为文，九岁能缀千言”，1889年中举。1890年回粤路经上海，接触到介绍世界地理的《瀛环志略》和一些西文书籍，眼界大开。同年师从于康有为，成为资产阶级改良运动的宣传家。1895年春，与康有为一起联合各省举人发动“公车上书”运动。1898年，与康有为一起领导了著名的“戊戌变法”。戊戌变法失败后，与康有为一起流亡日本。先后创办《清议报》《新民丛报》《新小说》等刊物，成为著名新闻报刊活动家。辛亥革命后返回北京，曾出任司法总长、财政总长等职。1920年后，先后在清华、南开任教，是民国初期清华大学国学院四大教授之一。

梁启超被公认为是中国历史上一位百科全书式的人物，在史学、文学、哲学、经学、法学、伦理学、宗教学等领域均有建树。他是近代文学革命运动的理论倡导者，提出“诗界革命”和“小说界革命”的口号，开创了近代小说理论研究的先河。在散文领域，他完成了新文体的确立（亦称“新民体”），介于古文和白话文之间，使得士子们和普通百姓都乐于接受，为中国古典散文向现代散文尤其是“五四”时期的白话文转化做了必要的准备。他提出了“批判、创新、进化”的史学理论，撰写的《中国史叙论》和《新史学》成为中国近代资产阶级史学理论的里程碑。同时，梁启超还是中国第一个在文章中用到“中华民族”一词的人，他还从日文汉字中吸收了很多新词，如“科技”“组织”“干部”等。他一生完成的作品达1 200万字以上，几乎涉及社会科学的所有领域，其著作主要有《中国近三百年学术史》《中国历史研究法》《少年中国说》等。

五、孙中山与护法运动

（一）孙中山简介

孙中山（1866—1925年），本名孙文，号日新，又号逸仙，广东香山（今中山）翠亨村人。孙中山是中国近代民主主义革命先驱，中华民国和中国国民党创始人，三民主义的倡导者，为改造中国耗尽毕生的精力，在历史上建立了不可磨灭的功勋。

孙中山出生在农民家庭，少时在家乡接受私塾教育，1878年到美国檀香山投靠长兄孙眉，开始接触西方自然科学和民主革命思想。他于1894年建立兴中会，提出了“驱逐鞑虏，恢复中国，创立合众政府”的主张。1905 年 8 月，“中国同盟会”在日本东京成立，孙中山被一致推举为总理。在同盟会机关报《民报》的发刊词里，孙中山首次提出了“民族、民权、民生”三大主义，即“三民主义”的政治纲领。孙中山先后发动多次武装起义，唤醒了中国人民，敲响了清王朝的丧钟。

1912 年 1 月 1 日，孙中山在南京就任中华民国临时大总统，发布《告全国同胞书》，宣布中华民国成立。后来，孙中山领导了讨伐袁世凯的“二次革命”和反对北洋军阀独裁统治的护法运动，先后三次在广州建立革命政权。孙中山接受了中国共产党和苏俄的帮助，提出联俄、联共、扶助农工的三大政策。1924 年 1 月在广州召开了中国国民党第一次全国代表大会，重新解释了三民主义，同时创办黄埔陆军军官学校。1925 年 3 月 12 日，因患肝癌医治无效，孙中山在北京逝世。

（二）孙中山领导的广东反清武装起义

1895 年春，孙中山在香港建立兴中会总部，与陆皓东一起策划于 1895 年重阳节（10 月 26 日）在广州发动武装起义，夺取广州为根据地。但起义前夕，消息泄露，清兵包围了起义总部，参加起义的 70 多人被捕，陆皓东牺牲，孙中山被迫流亡国外。因 1895 年为乙未年，故这次起义被称为“乙未广州起义”，这是兴中会策划的第一次武装起义。

此后，孙中山等人先后在广东发动了惠州起义、潮州黄冈起义、惠州七女湖起义、庚戌广州新军起义等。

1910 年底，孙中山等人决定再次在广州发动起义，孙中山负责在海外筹款。黄兴、赵声等人积极进行起义的准备工作。许多革命党人潜入广州，设立秘密机关数十处，在广州新军、防营、民军、警察中进行发动工作。

起义原定于 1911 年 4 月 13 日（农历三月十五日）进行，因饷械未及时运到，起义被迫延期。但因部分新军将于 5 月初退伍，起义不宜再延，黄兴于 4 月 25 日到达广州，着手准备起义。起义指挥部设在越华街小东营 5 号（现辟为“三二九广州起义指挥部旧址纪念馆”）。

因清军搜捕，部分秘密机关已被破坏，黄兴在准备尚未就绪、联系未能周密的情况下，临时决定于 4 月 27 日（农历三月二十九日）晚起义。进攻计划由 10 路改为 4 路，黄兴亲率一路约 200 名革命志士攻打总督衙门，其余三路未能按时策应。黄兴原打算活捉两广总督张鸣岐，然后用总督的名义号召两广清军反正，但张鸣岐逃脱，原计划落空。起义队伍焚烧了总督署，与前来截击的清军发生激战，寡不敌众，起义惨遭失败，黄兴、朱执信等负伤退回香港。

事后，革命党人潘达微收敛的烈士遗骸 72 具，合葬于广州黄花岗，因此这次起义被称为“黄花岗起义”。这次起义使同盟会丧失了许多优秀干部，但沉重打击了清朝统治，振奋了全国人民的斗志。

（三）护法运动

1911 年 10 月 10 日，武昌起义爆发，各地革命党人纷纷发动起义响应，清政府的统治土崩瓦解。1911 年 11 月 9 日，广东宣告独立。两广总督张鸣岐逃入租界，同盟会会员胡汉民被选为都督。10 日，胡汉民就任都督，广东军政府正式成立。

1912年元旦，孙中山在南京宣誓就任中华民国临时大总统，宣告中华民国临时政府成立，以1912年为民国元年。1912年3月10日，袁世凯攫取了中华民国临时大总统职位，从此中国进入北洋军阀统治时期。

1913年6月9日，袁世凯下令解除国民党人李烈钧、胡汉民、柏文蔚所任的江西、广东、安徽三都督职，并派兵南下发动内战。革命党人发动“二次革命”，誓师讨袁。广东也宣布独立，加入讨袁队伍。袁世凯复辟帝制后，广东再次宣布独立，成为反对袁世凯的重要力量。

1917年，段祺瑞拒绝恢复国会和《临时约法》，孙中山以“拥护约法，恢复国会”相号召，以民主革命的策源地广州为基地，发动了护法运动。

1917年8月，孙中山在广州召开非常国会，议决成立中华民国军政府，孙中山被选为海陆军大元帅，大元帅府设于广州士敏土厂（今海珠区东沙路）。这是孙中山第一次在广州建立革命政权。1918年5月21日，因受军阀势力的排挤，孙中山愤而辞职，离开广州前往上海，护法运动随之失败。

1920年11月，孙中山回到广州。1921年4月，国会非常会议召开，成立了中华民国政府，取消了军政府地，孙中山就任非常大总统。这是孙中山第二次在广州建立革命政权。中华民国政府成立后，两广地区得到统一，并开始北伐。但此时陈炯明突然于1922年6月16日发动武装政变，炮轰总统府。孙中山避难于永丰舰，在珠江上与叛军对峙50多天，于8月9日离粤，经香港返回上海，第二次护法运动失败。

六、第一次国共合作时期的广东

（一）第一次国共合作

在孙中山面临极端困难的情况下，中国共产党和苏联政府向他伸出了援助之手，并提出与国民党建立联合战线的主张。在共产国际和中国共产党的大力支持和帮助下，1922年9月起，孙中山开始进行改组国民党的工作。1923年1月，陈炯明被滇军杨希闵、桂军刘震寰打败，在杨、刘的拥护下，2月，孙中山由上海回到广州，重建大元帅府，就任大元帅职，第三次在广州建立革命政权，并继续推进国民党的改组工作。

1924年1月20日至30日，中国国民党第一次全国代表大会在广州高等师范礼堂举行。大会通过了有共产党人参加起草的以反帝、反封建为主要内容的宣言，确定了“联俄、联共、扶助农工”三大政策，重新解释了三民主义，从而把旧三民主义发展为新三民主义。

国民党第一次全国代表大会的召开，标志着第一次国共合作的正式形成。此后，全国反帝反封建的国民革命运动迅速开展，而广东则成为国民革命的根据地。

（二）黄埔军校的建立

1924年5月，孙中山在苏联和中国共产党的帮助下，在黄埔长洲岛创办了国民党“陆军军官学校”，孙中山任军校总理，蒋介石任校长，廖仲恺任党代表，共产党人周恩来担任军校政治部主任，聂荣臻任政治部秘书。1924年5月5日，学生正式入学，6月16日举行开学典礼。军校在黄埔先后办了7期，其中1924年至1927年大革命时期毕业的有4期，近5 000名学生。黄埔军校的建立，为革命军队的建立打下了重要基础。军校培养的大批军事干部，对后来的革命进程产生了深远的影响。中国人民解放军十大元帅中，就有4人出自黄埔军校。

1926年，黄埔军校改称中央军事政治学校。大革命失败后，军校的性质发生了变化。

（三）省港大罢工

国共合作后，反帝反封建的工农运动蓬勃发展。在全国反帝斗争高潮中，影响最深、规模最大、时间最长的是香港和广州20万工人参加的“省港大罢工”。

1925年6月，广州、香港的工人举行了著名的省港大罢工，声援上海的工人斗争。23日，罢工工人和广州各界群众举行游行示威。当游行队伍经过广州沙基时，驻沙面租界的英军向游行队伍开枪，珠江上的英法军舰也向游行队伍开炮，造成游行群众死50多人、重伤170多人，制造了“沙基惨案”。广东革命政府立即宣布同英国断绝经济往来，并封锁出海口，支持罢工。广州成立了省港罢工委员会，并组织了2 000多人的工人纠察队。在省港罢工委员会领导下，罢工持续了16个月，是当时世界上持续时间最长的一次罢工。

（四）农民运动的开展

随着广东共产党小组和社会主义青年团的成立，广东农民运动逐步展开。1922年10月，彭湃在海丰县建立了广东第一个农会组织——海丰赤山约农会，后又成立海丰县总农会，这是全国第一个县级农会组织。在海丰农民运动的影响和推动下，惠阳、紫金、惠来、普宁等地也成立了农会，会员达20余万人。1924年，广州创办了“农民运动讲习所”。从1924年7月至1926年9月，共产党人彭湃、阮啸仙、毛泽东等先后主持了六届农讲所的工作，培训了农民运动骨干近1 000名。1925年5月，在广州召开了广东省第一次全省农民代表大会，成立了广东省农会，广东农民运动进入高潮。

（五）东征和北伐

1925年初，为消灭盘踞在广东东江一带的陈炯明叛军，广东革命政府以黄埔学生军为主力，进行了第一次东征。1925年6月，东征军回师广州，在工农群众的支持下，消灭了在广州发动叛乱的杨希闵部和刘震寰部。1925年7月，国民政府在广州成立，所属军队统一编为国民革命军。1925年8月20日，国民党左派领袖廖仲恺在广州被暗杀。原已被打败的陈炯明残部认为有机可乘，重新占领了东江地区。国民政府决定进行第二次东征，全歼叛军。同时，国民革命军另一部南征，消灭了盘踞在广东南部的军阀邓本殷部，实现了广东全省的统一，为北伐战争创造了有利条件。

为打倒帝国主义，推翻北洋军阀统治，统一全国，国民政府决定出师北伐。1926年7月9日，国民革命军誓师北伐，8个军共10万人分三路出征。其中，西路北伐军以第四军为主力，以叶挺独立团为先锋，进军湖南、湖北，在湖北的汀泗桥、贺胜桥战役中，击溃军阀吴佩孚主力，占领武昌。叶挺独立团以顽强的战斗精神和辉煌的战绩，为第四军赢得了“铁军”的称号，叶挺也获得了“北伐名将”的声誉。

1927年初，国民政府从广州迁到武汉，武汉一时成为全国革命的中心。

七、海陆丰革命根据地的创建和广州起义

1927年，第一次国共合作破裂，轰轰烈烈的国民革命运动失败，革命暂时转入低潮。在中共中央指导下，广东党组织开始组建自己的革命武装，并开始发动反蒋武装暴动。

1927年5月至10月，广东海陆丰人民在中国共产党的领导下，先后举行三次武装起义，夺取了政权。1927年11月18日至21日，海丰县工农兵代表大会召开，创建了中国第一个苏维埃政权，建立了海陆丰革命根据地，在全国最早实行了土地革命。1928年3月，海陆丰苏维埃遭受国民党重兵镇压，被迫转移到山区，一直坚持战斗到1933年。

1927年12月11日，张太雷、叶挺、恽代英、叶剑英等领导发动了广州起义。起义军很快占领广州，并建立了苏维埃政权。由于敌人的猖狂进攻和起义部队没有及时转移到农村，起义失败，张太雷等英勇牺牲。起义的一部分武装力量转移到海陆丰，与彭湃率领的农民自卫军会合；另一部分人员退到广西，参加左、右江起义；还有一小部分人员在韶关附近与朱德、陈毅率领的南昌起义部队会合。

广州起义是对国民党反动派屠杀政策的又一次英勇反击，是工农武装夺取政权的一次伟大尝试。

八、抗日战争时期的广东

（一）日军对广东的进攻

抗日战争期间，国内许多战略物资需要从香港转运广州再运至全国，广东成为当时全国唯一的海外交通门户，同时也成为日军的主要进攻目标之一。但日军顾忌到英国、葡萄牙等国的利益，没有率先开辟华南战场，而是首先封锁广东沿海交通，并对广东主要城市进行轰炸。广州遭受的轰炸最为严重，甚至一天被炸死的民众就达到1 000余人。

1938年10月，日军从大亚湾、大鹏湾登陆，开始了对广东的全面进攻。国民党政府认为日本不会进攻广东，造成广东的防守薄弱，惠阳、广州先后失陷，广东政府机关不得不迁到粤北，韶关成了广东战时省会。日军在广东各地长驱直入。到日本投降前，整个广东地区基本都遭受了日军的侵略。

（二）国民党军队在广东的抗战

随着中日战争进入相持阶段，广东战区国民党军开始组织对日军的反攻战。1939年12月，第一次粤北战役打响。守卫粤北的第12集团军集中了10万兵力迎战日军，击退了日军的进攻。1940年5月，第二次粤北会战打响，国民党军对日军展开三面围攻，再次击退日军。

（三）华南敌后抗日根据地的扩大

面对日军入侵，中国共产党在广东陆续组建了东江纵队、琼崖纵队、珠江纵队、南路人民抗日解放军、韩江纵队等，在敌后与日伪军做殊死斗争。到1945年春，广东人民抗日武装已发展到2万多人，建立了拥有450万人口的敌后抗日根据地，该根据地成为敌后三大战场之一。

补充阅读

东江纵队是广东人民武装抗日斗争的一面旗帜。

东江纵队的前身是惠宝人民抗日游击队，成立于1938年11月，以东江地区的红军游击队员、省港工人、学生为主要成分。游击队建立了东江抗日根据地，活动范围遍及珠江三角洲。1941 年，东江人民游击纵队成立，曾生任司令员。1943 年 12 月，原在东江前线活动的广东人民抗日游击队，根据中共中央指示正式成立广东人民抗日游击队东江纵队，以曾生为司令员，林平为政治委员。东江纵队不断粉碎敌人的多次进攻，巩固和扩大了根据地。解放战争期间，东江纵队北撤山东的部队扩建为中国人民解放军两广纵队，成为华东野战军一支英勇善战的劲旅。

1941 年，日军占领香港，一大批中国文化界名人、爱国民主人士和部分国民党军政人员及其家属被困。在广东中共党组织和东江纵队的艰苦努力下，于 1942 年 1 月成功转移了包括何香凝、邹韬奋、茅盾、柳亚子、胡风、夏衍等在内的文化名人和爱国人士共计 800 多人。

1944 年，盟军加强了对港九线敌占区的空袭，东江纵队配合盟军在港九线打击敌军，营救盟军空军人员。1944 年 2 月，东江纵队在九龙与敌激战四昼夜，救出一美国空军人员。4 月上旬，东江纵队突袭香港，救出印籍官兵 16 名。5 月 16 日，在大亚湾救出 5 位美国空军人员，并护送至大后方。1944 年夏，日军进攻湘桂，粤北告急。东江纵队抽调部队渡江北上，沿途给予敌军重大打击，克复清远、始兴两县城。

（四）抗战的胜利

1945 年 8 月 15 日，日本正式宣告无条件投降。9 月 16 日，侵粤日军签字投降仪式在中山纪念堂举行，中国第二方面军司令官张发奎受降。广东的抗战取得了胜利。

九、广东的解放

全面内战爆发后，国民党军开始对广东的中共武装力量进行围剿，大肆抓捕和杀害华南抗日纵队的复员人员，迫害民主爱国人士和青年学生。随着解放战争的推进，解放区面积逐步扩大，国民党将广东的军事力量北调，华南区党组织决定开展全面的武装斗争，组建武工队，恢复原来的游击纵队规模，建立游击据点，发动游击战争。在华南各纵队的支持下，广东掀起一场空前规模的抗捐抗征斗争，破坏了国民党政府的粮仓。

1949 年初，广东的国民党军为挽救败局，开展对全省游击区和根据地的全面进攻。广东解放军各部队和地方武装进行了坚决反击，到 1949 年 8 月，全省多数乡村已获得解放，有 1/3 的地方建立了人民政权，为南下解放军解放广东创造了有利条件。

1949 年 9 月底，南下解放军分左、中、右三路，由湘赣进入广东。10 月 13 日，右路解放军解放清远县城，逼近广州城郊，守卫广州的国民党军弃城而逃，14 日下午，解放军攻入市中心，于当晚彻底解放广州。

10 月 19 日，广东省人民政府宣告成立，叶剑英被任命为广东省首任省长及广州市市长。12 月 21 日，解放军解放了湛江，至此，广东大陆全部获得解放。1950 年 8 月，广东沿海岛屿全部获得解放。

补充阅读

叶剑英（1897—1986 年），广东梅县人，无产阶级革命家、政治家、军事家，中华人民共和国元帅，中国人民解放军的缔造者之一，中华人民共和国的开国元勋，长期担任党、国家和军队重要领导职务的卓越领导人。他青年时代即投身于孙中山先生领导的民主主义革命，征讨桂系军阀，抗击陈炯明叛军，护卫孙中山脱险，参与创办黄埔军校，驰骋东征和北伐战场，成为国民革命军的名将。1927 年加入中国共产党，参加领导广州起义。在中央苏区，他参与了第二、第三、第四次反“围剿”的作战指挥。长征途中，他机智勇敢地同张国焘分裂红军、危害党中央的阴谋做斗争，为党中央和红军胜利北上立了大功。

抗日战争时期，协助毛泽东、朱德同志指挥对日作战。解放战争时期，他在晋西北领导中央后方委员会的工作，指挥解放广东和海南岛的战役。新中国成立后，叶剑英同志为社会主义革命和建设事业做出了重要贡献。1976 年粉碎江青集团的斗争中，叶剑英起了决定性的作用。他坚决主张请邓小平、陈云同志等老一辈革命家出来担任党和国家的领导工作，坚决主张平反一切冤假错案，支持关于真理标准问题的讨论，为党的十一届三中全会确立正确的路线方针政策，实现党和国家工作的伟大历史性转折，做出了重要贡献。他主持全国人大工作期间，有力地推动了新时期的民主法制建设。

思考与练习

一、单项选择

1. “马坝人”生活在距今（　　）年前。
A. 130 万　　B. 13 万　　C. 3 万　　D. 3 000

2. 被誉为“珠江文明灯塔”的是（　　）。
A. 咸头岭遗址　　B. 石峡文化遗址　　C. 西樵山遗址　　D. 饭甑山洞穴遗址

3. 夏、商、西周时期居住在广东的居民被称为（　　）。
A. 三苗　　B. 苗　　C. 百粤　　D. 百越

4. 广东历史上第一次划分行政区是在（　　）。
A. 西周　　B. 秦朝　　C. 唐朝　　D. 宋朝

5. 广东历史上第一次划分行政区时，大部分地区属于（　　）。
A. 桂林郡　　B. 番禺　　C. 南海郡　　D. 交州

6. 被称为“开发南粤第一人”的是（　　）。
A. 屠睢　　B. 赵佗　　C. 任嚣　　D. 张九龄

7. 有确切文字记载的最早的广州城叫（　　）。
A. 番禺城　　B. 赵佗城　　C. 任嚣城　　D. 楚庭

8. 主持修建大庾岭驿道的是（　　）。
A. 赵佗　　B. 任嚣　　C. 张九龄　　D. 刘禹锡

9. 北宋初期，广州设立了（　　），专管海外贸易。
A. 市舶使　　B. 蕃坊　　C. 市舶司　　D. 公使库

10. 古代历史上移民广东人数最多、最集中的一次是在（　　）。
A. 秦朝末年　　B. 唐朝末年　　C. 南宋末年　　D. 明朝末年

11. “广东”这一名称来源于（　　）设立的广南东路。
A. 唐朝　　B. 北宋　　C. 南宋　　D. 元朝

12. 广东省区域轮廓基本形成是在（　　）。
A. 秦朝　B. 汉朝　C. 明朝　D. 清朝
13. 广州一口通商发生在（　　）。
A. 秦朝　B. 汉朝　C. 明朝　D. 清朝
14. 历史上第一次实行“海禁”是在（　　）。
A. 明朝前期　B. 明朝后期　C. 清朝前期　D. 清朝后期
15. 第一个进入肇庆的传教士是（　　）。
A. 利玛窦　B. 罗明坚
C. 罗伯特·马礼逊　D. 梁发
16. 我国第一家民族资本主义企业是（　　）。
A. 广州机器局　B. 巧明火柴厂　C. 广州电灯公司　D. 继昌隆缫丝厂
17. 黄埔军校建立于（　　）。
A. 1921 年　B. 1924 年　C. 1926 年　D. 1928 年
18. 广东人编写的我国第一部介绍世界概况的著作是（　　）。
A.《粤海关志》　B.《海国图志》　C.《海录》　D.《海国四说》
19. （　　）出土了珠江三角洲地区最早的、有准确测年的石器和陶器。
A. 咸头岭遗址　B. 石峡文化遗址　C. 西樵山遗址　D. 垌中岩遗址
20. 在（　　），番禺逐渐取代徐闻和合浦，成为主要的对外贸易口岸。
A. 西汉　B. 东汉　C. 三国时期　D. 宋代
21. （　　）时期广东人已掌握蔗糖的提炼技术，这为广东人喝糖水的习俗的形成准备了条件。
A. 秦汉　B. 隋唐　C. 唐宋　D. 明清
22. 唐代的广东即属（　　），这是广东省名中“东”字的由来，也是两广分为东西的开始。
A. 广东东道　B. 江西东道　C. 岭南东路　D. 岭南东道
23. （　　）广东单独设省。
A. 秦朝　B. 汉朝　C. 明朝　D. 清朝
24. （　　）的发现，扩大了中国远古人类的分布范围，填补了华南地区人类进化系统上的空白。
A. 马坝人遗址　B. 垌中岩遗址　C. 西樵山遗址　D. 咸头岭遗址
25. （　　）被认为是海上丝绸之路“唯一长盛不衰”的港口。
A. 宁波　B. 广州　C. 徐闻　D. 合浦
26. （　　）时代，广东文化开始以汉文化为主体。
A. 春秋战国　B. 秦汉　C. 隋唐　D. 两宋
27. （　　）使禅宗成为中国化最彻底的佛教宗派。
A. 神秀　B. 惠能　C. 达摩　D. 弘忍
28. 下列广东人中，（　　）最早对全国文化产生过重大影响。
A. 冼夫人　B. 张九龄　C. 惠能　D. 余靖

29. 有“岭南第一相”之称的是（　　）。
A. 张九龄　B. 赵佗　C. 任嚣　D. 韩愈
30. 下列人物当中，有军事家之称的是（　　）。
A. 陈献章　B. 屈大均　C. 丘逢甲　D. 袁崇焕
31. 下列人物当中，有“广东第一大儒”盛誉的是（　　）。
A. 屈大均　B. 陈献章　C. 梁启超　D. 陈恭尹
32. 有“宋代岭南文坛第一人”之称的是（　　）。
A. 苏轼　B. 陈献章　C. 余靖　D. 包拯
33.《广东新语》的作者是（　　）。
A. 康有为　B. 吴趼人　C. 屈大均　D. 黄遵宪
34. 苏轼的“日啖荔枝三百颗，不辞长作岭南人”写于（　　）。
A. 梅州　B. 潮州　C. 惠州　D. 儋州
35. 中国历代王朝中唯一崛起于岭南的封建帝王是（　　）。
A. 赵佗　B. 任嚣　C. 冼夫人　D. 陈霸先
36. 隐居在广东罗浮山炼丹 36 年的是（　　）。
A. 葛玄　B. 葛洪　C. 张道陵　D. 张盛
37. 被称为近代中国“开眼看世界的第一人”的是（　　）。
A. 黄遵宪　B. 丘逢甲　C. 康有为　D. 林则徐
38. 被誉为“近代中国走向世界第一人”的是（　　）。
A. 黄遵宪　B. 丘逢甲　C. 康有为　D. 林则徐
39. 有“诗界革新导师”之称的是（　　）。
A. 黄遵宪　B. 丘逢甲　C. 康有为　D. 林则徐
40.（　　）被公认为是中国历史上一位百科全书式人物。
A. 屈大均　B. 邹伯奇　C. 康有为　D. 梁启超

二、多项选择（至少有两项符合题意）

1. 下列关于广东的说法，正确的有（　　）。
A. 江南文化的中心地　B. 海上丝绸之路的唯一起点
C. 近代民主革命的策源地　D. 改革开放的先行地
2. 夏、商、西周时期居住在广东的居民有哪些文化特征？（　　）。
A. 图腾崇拜　B. 干栏式建筑
C. 断发文身　D. 善于用舟
3. 广东最早的 4 个县中其中就有（　　）。
A. 番禺　B. 龙川　C. 博罗　D. 新会
4. 汉武帝时期，海上丝绸之路从（　　）出发。
A. 徐闻　B. 合浦　C. 广州　D. 宁波
5. 唐代的广州是（　　）。
A. 唐朝最重要的海上贸易港口　B. 生产的端砚在全国享有盛名
C. 全国外贸中心　D. 国际海洋贸易的东方中心

6. 历史上岭南建立过的割据政权有（　　）。

A. 南越　　B. 南粤　　C. 南唐　　D. 南汉

7.《南京条约》对广东的影响有（　　）。

A. 香港岛被割让给英国　　B. 广州成为对外国开放的通商口岸

C. 广州的“公行”制度被废除　　D. 英国人可以在广州派驻领事

8. 下列关于禅宗的说法，正确的有（　　）。

A. 是中国佛教史上流传最广的宗派　　B. 是对中国文化影响最深的佛教宗派

C. 是最能代表中国佛教特色的宗派　　D. 禅宗六祖是惠能

9. 被西方学者称为“东方三圣人”的有（　　）。

A. 孟子　　B. 孔子　　C. 老子　　D. 惠能

10. “岭南三大家”指的是（　　）。

A. 屈大均　　B. 陈白沙　　C. 陈恭尹　　D. 梁佩兰

11. 下列说法正确的有（　　）。

A. 韩愈曾被贬为潮州刺史　　B. 刘禹锡曾被贬为连州刺史

C. 包拯曾被贬广州　　D. 苏轼曾被贬惠州

三、简答题

1. 请解释广东得名的由来。

2. 广东历史上有哪几次主要的移民过程？

3. 广东历史上建立过哪几个地方割据政权？

4. 简要叙述一下广东海外交通的发展历程。

5. 广东在近代中国民族工业发展史上有何地位？

6. 简要介绍梅岭驿道的修建过程。这条驿道对广东有何意义？

7. 惠能与孔子、老子一起被西方学者称为“东方三圣人”，你认为其中的原因是什么？

8. 你认为赵佗对广东历史有什么重要影响？

9. 苏轼给广东带来了什么影响？

第六章 广东建筑旅游资源

本章导读

人类生活与建筑紧密相连。建筑既是生活中不可或缺的组成部分，也是人们审美的对象，是一种重要的旅游资源。广东建筑以其浓郁的地域文化特色在中国建筑艺术中独树一帜。

第一节 广东建筑概述

一、广东建筑的分期

广东建筑大体上可分为四个发展阶段：(1) 洞穴及干栏式建筑时期；(2) 汉越文化融合期；(3) 中西文化碰撞期；(4) 走向现代化时期。

(一) 洞穴及干栏式建筑时期

这是广东建筑的起源阶段，此阶段只有民居建筑，经历了从洞穴式—半地穴式—地面干栏式这样一个发展过程。

洞穴是广东先民最早的居所。现在发现的最早的广东先民的洞穴居所是马坝人所居住的曲江马坝狮子岩狮头洞穴。此外，还有封开黄岩洞、阳春独石仔洞穴等。大概 5 000 年前，广东先民的居所才发展为半地穴式和地面式，是利用竹木草等天然材料建造的。距今 4 000 多年前，广东先民已会建造干栏式建筑。《北史》曾记载“依树积木，以居其上，名曰干阑”。《旧唐书》也有类似的记载，岭南“土气多瘴疠，山有毒草及沙虱蝮蛇，人并楼居，登梯而上，号为干栏”。干栏式建筑主要以竹、木为建筑材料，至少二层，人居楼上，以适应岭南湿热的地理条件，并可防止动物袭击。因干栏式建筑不易保存，因此秦代以前广东建筑的考古发现极少。

（二）汉越文化融合期

春秋战国以后，受先进的中原建筑文化的影响，广东建筑获得了空前的发展。战国时期，广东人就开始使用瓦来盖房（始兴白石坪山战国遗址曾出土规格较大的瓦）。秦汉以后广东开始有了桥梁、道路、市镇等公共建筑，寺院坛庙等特种建筑也出现了。如南越王宫、古越王台、尉佗楼、王园寺（今光孝寺）、宝庄严寺（今六榕寺）、道教的越冈院（三元宫前身）等。园林建筑在汉代就已取得辉煌成就。1995 年在南越王宫旁边发现了“南越国御苑”遗址，这被认为是中国乃至世界现存年代最早、保存较完整的园林遗迹，是岭南园林的源头。

但在魏晋南北前，广东的民居仍是以干栏式建筑为代表。隋唐以后至清代中叶，广东建筑发展为以汉族的形制为主体。在民居方面发展出院落式的“竹筒屋”和大家族居住的“西关大屋”；公共建筑方面以五代时的西御苑、明代的广州城墙、越秀山镇海楼等为代表；宗教建筑方面以大佛寺、海幢寺、华林寺、五仙观、纯阳观等为代表。

南越国宫署遗址 公元前 204 年，赵佗建立南越国，定都番禺，并兴建王宫御苑。1995 年，南越国宫署遗址被发现。该遗址位于广州市越秀区中山四路 316 号，是西汉时期南越国和五代时期南汉国的王宫，也是秦代以来历朝历代郡、县、州、府的官署所在地。是 2 000 多年来广州作为岭南地区政治、经济、文化中心的历史见证。

南越国宫署遗址内目前已发掘出南越国、南汉国的宫殿、宫苑遗迹和秦、汉、晋、南朝、唐、宋、元、明、清等朝代的文化遗存。遗址区内已清理出两座大型宫殿基址、廊道以及水井等遗址，并发掘出一批南越国时期的木简，填补了岭南地区简牍考古的空白，被称为“岭南第一简”。遗址内共发掘出 500 多口历代水井，被称为“水井博物馆”。

南越国宫署遗址是广州历史名城的精华。该遗址的发掘分别于 1995 年、1997 年被评为“全国十大考古新发现”。1996 年被国务院公布为全国重点文物保护单位，2012 年被列为中国世界文化遗产预备名单，2016 年被列为“海上丝绸之路·中国史迹”首批申遗点之一。

目前，南越国宫署遗址已辟为南越王宫博物馆，于 2014 年 5 月正式建成对外开放，主要包括曲流石渠遗址保护主楼、陈列展示楼、遗址公园等部分。其中，“岭南两千年中心地”主题陈列包括“南越王宫”、“南汉王宫”、“名城广州二千年”和“饮水思源——广州古代水井文化”四部分。

（三）中西文化碰撞期

自从 1757 年清政府下令撤销江、浙、闽海关，只留广东的粤海关“一口通商”以来，广州一度成为中国人探索外部世界的中心，中西文化在广州发生激烈碰撞，广东的建筑也发生了转折性变化，既受西方建筑风格的影响，又保留着传统的风格。有代表性的建筑如广州沙面旧租界的西方建筑、广州海关、中山纪念堂、爱群大厦、大新公司（今南方大厦）、中山大学旧址、广州电影院、广东的碉楼、骑楼等。中山纪念堂高 57 米，建筑面积 8 700 平方米，大厅将近有 5 000 个座位，但中间却没用一根柱子作支撑，开创了我国大屋顶的传统建筑形式与近代钢筋混凝土建筑技术相结合的先例。

广州西关的十三夷馆是广东最早出现的西式建筑。1859 年，英法两国强租广州沙面为租界，开始了统一规划和开发，建了一批具有西方风格的住宅和公共建筑。1878 年，广州圣心大教堂建成，目前仍是中国最大的石结构哥特式建筑。

（四）走向现代化时期

广东建筑在走向现代化的新时期常常起到引领潮流的作用。在建筑高度上，广东建筑常居全国之最。1968 年建成的 27 层的广州宾馆、1976 年建成的 33 层高 114.05 米的白云宾馆、20 世纪 80 年代建成的高 198.4 米的广东国际大厦都是当时全国最高建筑。2009 年建成的广州新电视塔（广州塔，昵称“小蛮腰”）包括发射天线在内高达 600 米，为中国第一高电视塔，世界第二高电视塔，仅次于日本东京天空树电视塔。2011 年建成的深圳京基 100 大厦为当时中国内地第三高楼、全球第八高楼。2016 年落成的深圳平安国际金融中心大厦总高度为 592.5 米，是华南第一高写字楼，塔楼层数为 118 层，总建筑面积约 46 万平方米，创造了 16 项世界和中国之最，荣获 30 项国家专利。

新时期广东还崛起了许多建筑群，如珠江新城、广州新机场、国际会展中心、广州大学城、广州科学城、天河体育中心等。广东的立体交通网的建设和交通的快速便捷在全国居于领先地位，在建筑装修、装饰等方面也引领全国的潮流。

二、广东建筑的特点

（一）样式和布局体现气候特点

广东高温、多雨、潮湿，夏秋常伴有台风和暴雨，广东的建筑亦充分体现了这些气候特点，因地制宜，趋利避害，注重朝向，讲究通风降温、防晒防雨和排水排污，重视绿化等。

例如，广东传统民居的屋檐倾角平缓，既有利于雨水倾泻，也可减少大风阻力；屋顶多开天窗，有利于采光和透气；房顶的瓦片是用灰泥粘紧的，避免被风刮走；为防雨，岭南建筑多使用“檐口三件”——瓦当、滴水和封檐板；多用青砖砌墙，可有效防水；为防潮防水，墙脚、檐柱多采用石材，并加高石柱础。

广东传统民居还习惯于在屋两边墙上筑起两个像镬耳一样的风火墙，既可避免阳光直射房屋，又可显示屋主人的富有与气量。珠江三角洲大中型传统民居的基本格局是“三间两廊”，进深大，面宽小，外封闭内开敞，较好地解决了通风、采光、排水问题。为抵御强烈的阳光和骤雨，广东城市街道两旁多建有骑楼。在沿海和易受洪水威胁的地区，人们只盖简易的小木屋，旁边系一小舟，可以随时乘船逃生。

（二）造型轻巧、通透

相对北方的建筑，广东建筑体量普遍较小，但是显得轻巧、通透，建筑空间高低错落，建筑艺术的处理也较丰富。

补充阅读

东莞的可园有一种蚝壳窗，这是用磨平的生蚝壳拼凑而成的采光窗，这种窗耐用、美观、隐蔽性好，而且还具有透光性，在岭南传统建筑中较为常见。

在广东，蚝壳甚至用于砌墙。将蚝壳拌以黄泥浆，即可筑成蚝壳墙。最晚在明代这种砌墙方式就已出现。蚝壳的凸面向上外斜，有利于防水，而且，凹凸不平的一片片蚝壳如同遮阳的百叶，可以达到良好的遮阳、散热的效果。

（三）装饰丰富

广东的建筑讲究装饰，常用装饰工艺有琉璃、壁画、门画、铜铁铸件、漆画、玻璃蚀画等，尤其以三雕（石雕、木雕、砖雕）、三塑（陶塑、灰塑、泥塑）和嵌瓷最为出名。装饰题材更多体现岭南特色，如常用岭南佳果（菠萝、香蕉、阳桃等）、花木、风光为题材。

（四）色彩上以冷色调为主

广东传统建筑在色彩上以冷色调为主，如白色的墙、灰色的瓦和栗色、墨绿色的梁柱等，灰色是广东传统建筑的主色调，配以建筑材料的真实颜色。这一特点的形成一方面是受封建社会建筑等级制度的影响，另一方面则是广东所处的自然环境造成的。广东山清水秀，四季常青，而夏季漫长炎热，淡雅的色调不仅可减弱太阳光的辐射，还可与环境形成对比，并使人在夏天里产生一种清凉感和安宁感。

三、广东建筑的类型

广东的建筑按其功能可分为民居（住宅）建筑、公用建筑和特种建筑。

公用建筑是指道路、桥梁、车站码头、园林、广场、会馆、图书馆等。特种建筑是有特定用途的建筑，如宗教寺庙、坛庙、陵园陵墓建筑、纪念堂、纪念碑等。

在广东的各类建筑当中，最突出的是民居建筑。广东的民居建筑种类多样，风格独特，在全国的民居建筑中有着独特的地位。许多类型的民居都体现了中西文化的融合。

第二节　广东村落与民居建筑

一、广东村落

（一）小村落的布局

广东的村落有小村和大村之分。小村规模从三五户到数十户不等，一般人口不到百人。小村一般位于地形复杂、耕地分散、交通不便或用水困难的地区，如山间的河谷平地或山前山麓、小溪旁边。

小村居民一般为同一姓氏，村名也往往以姓氏来命名，如黄屋、李屋、丁屋、张屋，潮汕地区的张厝（读 cuò，房屋的意思）、洪厝、李厝等。小村受地形和水流的影响，布局较为简单，路边或大树下一般立有小庙宇，供奉土地公等神祇（qí）。村民的屋前屋后一般堆满柴火杂物，屋檐下悬挂干菜。

（二）大村落的布局

在居住条件许可的情况下（比如面积够大、物产丰饶、交通方便），小村可演变成大村。大村一般位于山间盆地、冲积平原、台地、丘陵等。广东常见的村名一般以“岗”“洞”“沙”“围”“浦”“埔”“寨”“坪”等为首或尾来命名，基本反映了村落的建立环境。

大村居民从数百人到数千人不等，多数村落是一村一姓或一村两姓。大村落一般有较好的基础设施和服务设施，其村落建筑布局一般有下列特点。

1. 坐北朝南

坐北朝南，也就是把正门开在南方。这种朝向，使得房子冬暖夏凉，光线充足。即使在冬天，阳光一样能照进房间里边。而夏季，即使在正午，屋内也可避免强烈日光的照射。此外，这种朝向的房子，使得南风可以很方便地通过窗户与房门吹进屋里，让人感到凉爽舒适。

2. 枕山环水

传统村落讲究“枕山”和“环水”，山与水成为村落布局不可或缺的组成部分。村落所倚靠之山被视为“龙脉”，无山的平原地区则视水为“龙脉”。如果遇到不理想的地形，则会采取弥补措施，这些措施包括如下四种。

(1) 引水为塘或挖塘蓄水。水塘一般建在村落前边，即村落的南边（也可能是东南边或西南边），形成“前塘后村”格局。水塘一般为明月形，既可营造“冬暖夏凉”的小气候，还可发挥消防、蓄水、养鱼、积肥的功用。沿水塘旁边一般有一条大路，既可走路，也可作为晒场，节日还可开展文娱活动。村落的主要街巷一般与水塘垂直分布，距离水塘3～5米。

(2) 筑堤坝和造桥梁。遇到地势低洼或被流水分割的地方，则通过筑堤坝和造桥梁的方式进行弥补，既改善了环境和交通，也可起到防洪的作用。

(3) 种树。在村落的后面或水口（流水的出口处）广种树木，改变及美化村落环境。

(4) 改造地形。如增加岗的高度或改变其形状。

3. 注重水口的选择

广东的村落一般以水口为村落的门户。水口为村落的最低处，为使村落有足够的发展余地，村落一般距水口数百米。

4. 注重建筑的方位与布局

村落建筑当中除了民居之外，还有祠堂、学校、桥梁、亭、堤、塘以及文昌楼、魁星楼、文风塔等建筑，这些建筑要进行恰当布局，使建筑整体趋于平衡与和谐。

(三) 广东有代表性的村落

广东有代表性的特色村落很多，如佛山市三水区乐平镇大旗头村、乐昌市黄圃镇应山村、广州从化区钱岗村、东莞市茶山镇南社古村、高要区蚬岗镇蚬岗村、恩平那吉镇云礼村、广州市番禺大岭村、恩平歇马村、河源市东源县仙塘镇南园古村、汕头市潮阳区波美村等。

佛山市三水区乐平镇大旗头村是广东最具代表性的清代古村落之一，被誉为“广东第一村”，其村落建筑成为岭南颇具广府韵味的传统民居的代表作。

乐昌市黄圃镇应山村始建于明永乐年间，坐落于湖广古道和乐宜古道交汇处，是昔日古道上的重要驿站，村落依山而建，至今保留有3.6万平方米的明清古民居。

广州从化区钱岗村历史可追溯到宋代，现保存有4座古门楼、1座彩绘砖石牌坊和数百座明清古民居，多为三间两廊的清一色传统青砖大屋。村落中间是广裕祠，始建于明永乐四年（1406年），是广东唯一有确切建筑年代、历代维修文字记录的明代建筑，被称为融合了南北建筑风格的明代建筑标本。

东莞市茶山镇南社古村始建于宋末，占地10万多平方米，现存数百座明清古建筑，保留了大量石雕、砖雕、木雕、灰塑及陶塑，是一个珠江三角洲明清古村落的典型实例。

高要区蚬岗镇蚬岗村始建于明代，村落依岗而建，布局为八卦状圆形，里外 20 圈，直径长达 600 多米，有“八卦村”之称。

恩平那吉镇云礼村始建于明代，占地约 200 亩，村里 30 多间古民居及围墙、水渠等几乎全用石头垒筑，有“石头村”之称。

二、广东民居建筑的形式

广东民居建筑的形式一般有水棚、簰（pái）、艇、干栏式建筑、单开间、双开间、三开间（三间两廊）等类型或者它们的混合类型。中轴对称、庄重有序、方正协调是广东传统民居平面布局的主要特点。

（一）水棚

水棚是广东水乡地区的一种独特民居，也叫“棚”。它是以杉木、葵尾、蔗壳、稻草等为建筑材料建在水边的一种空间狭小的简易房屋，涨潮时高出水面一尺，退潮时远望如浮在水面之上，是生活贫困、在陆地无居室的农民及疍（dàn）民的水上房屋。凡有疍民分布的沿海和河滨地带都有此类建筑。

（二）簰

簰，即浮水屋，是为方便水上作业而建的一种临时简易水上建筑。将竹或木紧缚成矩形，敷板于其上建屋。这样的屋子能浮在水面上，随着潮水涨落。在广东沿海的一些网箱养鱼场、虾场常常能见到这样的建筑。湛江特呈岛、阳江闸坡港就有很多这样的浮水屋，成观光一景。

（三）艇

艇是疍民的水上居所，也是生产工具。形制和功能不一的各种艇汇集于水面之上，可形成聚落。现在这种艇已很少见，但在用地紧张的城镇，这种水上住宅仍可能成为解决临时住房的一种选择。

（四）干栏式建筑

干栏式建筑是古代百越族的建筑形式。随着汉文化的传播，这种建筑逐渐被其他建筑形式取代，现已演变为瑶族的二层屋、田寮，壮族的“关栏”（高栏、栏房、麻栏），黎族的架空船形屋等。离村落较远或近田地的地方所建的孤屋被称为田寮，用于临时存放谷物。

（五）单开间

单开间是广东民居建筑的基本构成单位。粤中称为竹筒屋，潮汕地区称为竹竿厝。其基本特点是面阔窄而进深长，一般长达 12～20 米，靠天井、巷道解决交通、采光、通风、排水等问题。

（六）双开间

双开间，由厅、房、天井构成。粤中地区称明字屋，潮汕地区称单佩剑。

（七）三开间与三间两廊

三开间是广东最常见的一种三合院式住宅，在广东分布广泛，但叫法不同：粤中地区称三间两廊，潮汕地区称爬狮，客家地区称为门楼屋。三间两廊中间为厅，左右各有一房，东廊为门廊，西廊为厨房。厅前有一院落，堆放粮食和杂物用，中间多设花坛和盆景，是一家人休息聊天的好地方。

(八) 四合院式、三座落式

在三开间基础上还可继续扩展成四合院式、三座落式等。四合院式在潮汕地区又称为“四点金”，在客家地区则称双堂屋。三座落式即门厅、中厅、后厅三厅连贯排列，又称三厅串，客家地区称为“三堂屋”。

三、广东的特色民居建筑

(一) 开平碉楼

广东开平是华侨之乡、文化艺术之乡，同时也是碉楼之乡。开平碉楼是一种集防卫、居住和中西建筑艺术于一体的多层塔楼式建筑，是中国乡土建筑的一个特殊类型。开平碉楼最迟在明代后期（16 世纪）已经产生，到 19 世纪末 20 世纪初发展成为表现中国华侨历史与文化传统的一种独具特色的群体建筑。鼎盛时期达到 3 000 多座，现存 1 833 座，分布在开平 15 个镇、办事处。这些碉楼造型精美、风格各异，很多带有外国的建筑特色，有柱廊式、平台式、城堡式的，也有混合式的，布局上错落有致。在建筑材料上，这些碉楼有的是钢筋混凝土的，有的是混凝土包青砖的。它们楼身高大，有的达五六层，但一般门窗窄小，铁门钢窗，顶层有瞭望台，四边设有枪眼。

开平碉楼是开平华侨与村民主动把外国建筑文化与当地建筑文化相结合的结晶，既具有深沉的中国传统文化底蕴，又散发着浓郁的欧美文化气息，被誉为“华侨文化的典范之作”“令人震撼的中西建筑艺术长廊”。2007 年，“广东开平碉楼与村落”被列入《世界文化遗产名录》，成为中国首处华侨文化遗产，实现了广东省世界遗产零的突破。

补充阅读

开平市地处珠江三角洲西南部，地势低洼、河网密布，在过去常有洪涝之忧。鸦片战争以后，很多开平人出洋谋生，逐渐有了些产业。为了防涝和防匪患，华侨们纷纷建碉楼。

开平碉楼主要旅游景点有塘口自力村、立园、锦江里碉楼群、马降龙碉楼群、迎龙楼等。其中，马降龙碉楼群有“世界最美的村落”之称，锦江里碉楼群有“艺术碉楼”之称，其中的瑞石楼高 9 层 25 米，是开平最高的碉楼，有“开平第一楼”之称。位于赤坎镇的迎龙楼始建于明嘉靖年间，是开平碉楼最原始的建筑形式，被称为“开平碉楼之父”。

开平碉楼的最突出代表是自力村碉楼群，电影《让子弹飞》就曾在这里选景。

自力村碉楼群中，最精美的是铭石楼。铭石楼是旅居美国芝加哥的华侨方润文于 1925 年所建的居楼，钢筋混凝土结构，高 6 层。首层为厅房，第二层至第四层为居室，里边生活设施保存完好，从精美的岭南家具到德国的老式留声机一应俱全。第五层是祭祖场所，第六层有瞭望亭，可随时观察四周情况。铭石楼中下部结构简洁，上部则复杂豪华。其第五层采用敞廊形式，廊柱则采用仿罗马的爱奥立克柱式，第六层正前方的山花为巴洛克风格，正中的中式六角攒尖凉亭与西式的立柱、拱券巧妙地结合为一体。2001年，铭石楼被列为国家重点文物保护单位。

（二）广东骑楼

骑楼建筑被认为是广东传统建筑形式与西方建筑艺术结合最成功的例子。

骑楼最早盛行于欧洲地中海一带。20世纪初，广州开辟马路、扩大商业街时，将西方古典建筑中巷廊形式与广州传统形式相结合，形成了广州特有的骑楼建筑，它广泛采用西方“拱券柱廊”的建筑形式，也不乏中国传统样式的屋顶和琉璃瓦亭，体现了岭南文化的开放性、商业性和平民性。

骑楼一般分为楼顶、楼身、楼底三部分。楼顶有山花（立面三角形山墙的花饰）和女儿墙（“压檐墙”，即山花两边的矮墙）；楼身在建筑的中部，一般用于居住；楼的空间一般高达4～6米，有的高达8米。骑楼各楼房沿街道排列，每一栋楼的楼底连续排列，形成贯通的人行道，长度有时可达几百米甚至一两千米，既可防雨淋，也可防太阳暴晒，很适合岭南地区多暴雨、日照强烈的特点。当台风来袭时，骑楼也可有效保护行人不受上层落物的伤害。骑楼还方便了沿街商铺营业，各铺可敞开门面做生意而不必害怕日晒雨淋。

骑楼建筑最早出现于广州一德路、石室一带，很快风靡广东各城镇，成为广东城市建筑的独特一景。广州上下九路、中山路、解放路、人民南路、第十甫路等都是广州市骑楼建筑较集中的地方。

江门市长堤风貌街、中山市孙文西路步行街、江门市台山台西路商业步行街、台山市端芬镇梅家大院、开平市赤坎镇堤西路欧陆风情街（堤西骑楼街）等都是广东各地适合观赏传统骑楼建筑的地方。

（三）广东客家土楼和客家围龙屋

1. 概述

围屋建筑是客家人的传统居住样式。这是一种宏大、封闭、组织严密的堡垒式建筑，以夯土为承重墙，可达五层之高。围屋始于唐代，盛行于明清。防御性强、聚族而居是围屋建筑的两大特点。

客家围屋与北京四合院、陕西窑洞、广西干栏式建筑、云南“一颗印”式建筑一起被中外建筑学界称为“汉族民居五大特色建筑”。赣南的方形围屋、福建的圆形土楼、广东的客家土楼和客家围龙屋等都是客家围屋的典型代表。

2. 广东的客家土楼

广东的客家土楼在早期多呈方形，如梅州大埔的泰安楼就是典型的方形土楼。后来又出现了圆形、椭圆形和八角形的土楼，圆形土楼是目前现存的客家土楼中最常见的一种，多为多环同心楼，环环相套，外高内低，如大埔的花萼楼。饶平道韵楼是我国现存最大的客家土楼。

3. 广东的客家围龙屋

广东的客家围龙屋的整体布局有同心圆形、半圆形、方形等多种，占地从几千平方米到2万多平方米不等。其共同特点是以建筑外墙将多个房间包围在内，房间与房间之间首尾相连，所有房间大门朝内开，恰似一条巨龙，故称“围龙屋”或“围屋”。在建筑结构上，围龙屋以南北为中轴，东西两边对称，前低后高，主次分明。主体结构则往往是“一进三厅两厢一围”。围龙屋前通常有弯月形池塘，可蓄水防火，又可养鱼。

始兴县隘子镇满堂围、梅县仁厚温公祠、梅县白宫镇联芳楼、棣华居等都是广东客家围龙屋的代表。隘子满堂围规模宏大，有“岭南第一围”之称。仁厚温公祠是粤东历史最久、规模最大的客家围龙屋。

深圳是广东客家围龙屋较集中的地区，达200多座，建筑模式多为粤东围龙屋与四角楼相结合。因特别强化防御功能，这些围龙屋又被称为“城堡式围楼”，且多以“世居”命名。深圳龙岗罗氏“鹤湖新居”、坪山曾氏“大万世居”、坑梓龙田世居、横岗茂盛世居、葵涌福田世居等都是典型代表。鹤湖新居占地约2.48万平方米，是我国目前规模最大的客家民居建筑群。

大万世居 位于深圳市坪山区大万路33号，由曾氏家族建于清乾隆五十六年（1791年）。大万世居是一方形客家围龙屋建筑，规模宏大，占地1.5万平方米，四角建有炮楼。围龙屋大门向南，门前为禾坪和月形池塘。大万世居至今保存完好，是展现客家文化的生动的活化石，已被辟为客家民俗文化博物馆。

（四）广州西关大屋

西关位于广州城西，明代以前，这里是种菜莳花的园林区。由于风景优美，到了清代，这里成了豪门富商的聚居区。西关大屋是清末广州西关名门望族、商贾富绅的高檐深宅，是清末广州传统民居中的杰出代表。其布局总体上是三间两廊，左右对称。中轴线由前而后，依次为门廊、门厅（门官厅）、轿厅（茶厅）、正厅（大厅或神厅）、头房（长辈房）、二厅（饭厅）、二房（尾房）。厅与厅间以天井相隔，天井上加小屋盖，靠高侧窗或天窗通风采光。大屋两侧各有一条青云巷，有通行、采光、通风、排水、防火、晾晒、种植花木等功能。

西关大屋以门庭高大、厅园结合、装饰考究著称。其门庭由三重门扇构成，即短脚吊扇门、趟栊（lóng）门和硬木大门，既保障安全又可通风对流，是广东人务实精神的真实写照。门口两侧是水磨青砖墙面和花岗岩石墙角，多用木雕花窗、花罩、屏风等装饰，甚至有从西洋传入的装嵌着书画图案的彩色玻璃装饰。

补充阅读

短脚吊扇门是一个屏风门，不高，仅可挡住外面路人的视线，但很轻巧，方便开关，又有利于通风。吊扇门往往装饰精美，镂花、雕鸟、流畅的线条等给人以美感。趟栊门是西关大屋最特别的一道门。其整体看上去就是一个大的木框，中间每隔十几厘米穿插着一根圆木，横向开合，如同栏杆门。这种门能有效地通风透气，能很好地适应岭南地区炎热潮湿的天气。白天家里有人时，通常只需关这道门。制作趟栊门的木材很讲究，大部分为铁力木。其关键部位全部用榫连接，不用一颗钉子，这使得趟栊门异常坚固耐久，历经数百年也不易腐朽。最后一道门是硬木大门，双扇，木质结实，以保证屋内安全。

（五）四点金

流行于潮汕地区的传统民居，为四房四厅一天井的方形四合院，类似于北京四合院。其基本布局是中轴线上排列着前厅、天井、后厅，后厅和前厅的两侧各有一房，占据四合院的四角，故称“四点金”。

一进门是前厅，其两侧各有一房，为前房。前厅往里走就是天井，天井两廊是侧厅，俗称南北厅或厢房，有的还有厨房和柴草房。天井与大房之间有通往外面的侧门，称“子孙门”。天井后面为后厅，两边各有一大房，是长辈的卧室。所有房间一般没有对外的窗户，窗户一律朝向内庭。

“四点金”还可向纵横方向扩大规模而成“五间过”“七间过”“四马拖车”等。

（六）下山虎

“下山虎”是潮汕地区传统的民居形式，是潮汕府第建筑的最基本构成单位，又称“爬狮”。“下山虎”建筑有似于“四点金”的一部分，少了“四点金”的两个前房，不是“四合院”格局，而是“三合院”格局。它以大门为嘴，两个位于前面的门房为两只前爪（称“伸手房”），以后厅为肚，厅两旁的两间大房为后爪。这种建筑布局犹如蓄势待发的狮虎，而屋后多依小山，故名“下山虎”。

“下山虎”有的只开正门，有的只开两个边门不开正门，称“龙虎门”，也有既开正门又开两边门的。

第三节　广东礼制建筑和园林建筑

一、广东礼制建筑

礼制建筑是指能够体现宗法礼制的建筑，集中反映了封建社会中的天人关系、阶级和等级关系、人伦关系、行为准则等，包括坛庙建筑、祠堂、孔庙（学宫）、牌坊等。书院不是严格意义上的礼制建筑，但与学宫同为古代重要的教育场所。

（一）坛庙建筑

坛庙建筑是祭祀天地、日月、山川、祖先、社稷等的建筑，如天坛、社稷坛、日坛、月坛、太庙、文庙、武庙等。广东的著名的坛庙建筑有广州南海神庙、佛山祖庙、德庆悦城龙母庙等。

广州南海神庙　位于广州黄埔区庙头村，始建于隋代，现存建筑建于清代，是我国古代海神庙中唯一遗存的最完整、规模最大的建筑群，也是较为典型的中国传统庙宇建筑。

隋文帝统一全国后，为表示对海神的虔诚，求赐国泰民安，下诏祭四海，于是在广州建南海神庙，并使之成为皇家神庙，这也是当时四大海神庙当中唯一幸存的海神庙。唐代，唐玄宗封南海神祝融（在北方被尊为火神）为“广利王”（意为“广招财利”），规定每年派官吏祭祀。此后这种由皇帝选派官吏祭祀南海神的习惯一直延续到清代，这使得南海神庙一直保留着宏大的规模。从宋代到清代，南海神庙及附近的浴日亭一直被列为“羊城八景”之一。

南海神庙坐北朝南，占地 3 万平方米。门前有石牌坊，额题“海不扬波”，表达了人们对大海风平浪静、保佑民生的期望。其主体建筑是一座五进的殿堂，依次是头门、仪门及复廊、仪亭、大殿和昭灵宫。庙前西侧建有浴日亭，为古代观望海上日出之地。

补充阅读

宋代诗人杨万里在游览南海神庙后写下了这样的诗句："大海更在小海东，西庙不如东庙雄。南来若不到东庙，西京未睹建章宫。"古代广州有东庙和西庙两座神庙，东庙即南海神庙。在诗中，杨万里把南海神庙比作汉代长安城中的宏伟宫殿建章宫，并认为到广州若不来南海神庙，就如同到长安而没看过建章宫一样，会留下一大遗憾。

南海神庙中还留有45块唐、宋、元、明、清时代的碑刻，故而有"南方碑林"之称。这些碑刻尤其以"韩愈碑""明太祖御碑"最为珍贵。"韩愈碑"即唐代韩愈所写的《南海神广利王庙碑》，是神庙中保存时间最早的碑刻，记录了南海神庙的起源和祭祀内容，在历史上与唐代王勃在南昌滕王阁所写的《滕王阁序》和宋代范仲淹所写的《岳阳楼记》齐名。

南海神庙是我国古代海上交通贸易史上的一个重要遗址，是海上丝绸之路的起点之一，见证了海上丝路的繁盛。据记载，自隋朝以来的一千多年中，中外船舶出入广州，第一站都要到南海神庙拜祭，以祈求海神保佑出入平安，航行顺利。

每年的农历二月十日至十三日南海神庙定期举行庙会，也叫波罗诞，已成为广州民间传统的节庆活动。南宋诗人刘克庄的《即事》诗二首中写道："香火万家市，烟花二月时。居人空巷出，去赛海神祠。东庙小儿队，南风大贾舟。不知今广市，何似古扬州。"生动描写了宋代波罗诞的盛况。

补充阅读

南海神庙内有波罗蜜树，故又称波罗庙，相传是南朝时波罗国人达奚司空所种，神庙内东复廊处立有达奚司空的塑像。古籍记载，达奚司空是来华朝贡的使臣，回程时来南海神庙拜谒海神，因迷恋这里的景致，导致误了返程的海船，于是望海而泣，最后立化在海边。这一流传甚广的故事从侧面反映了南海神庙在海上交通贸易史上的重要地位。

德庆悦城龙母庙　位于德庆县悦城镇水口，地处群山怀抱的西江岸边，是供奉龙母娘娘的庙宇。始建于秦汉，历代均有修葺，现存建筑为清光绪年间所建，为砖、木、石结构，主要建筑有石级码头、石牌坊、山门、香亭、正殿、妆楼、行宫、龙母坟等。龙母庙建筑艺术高超，有"古坛仅存"之谓，其中的三雕（木雕、石雕、砖雕）及灰塑、陶塑堪称一绝。因地势低，常有水患，龙母庙的柱基很高，墙的四周砌有水磨青砖，而地面则用花岗岩石板铺设，加上排洪排涝设计精巧，这使得此建筑有较强的抵御水患的能力，即使水淹之后，稍做清扫即干净如初，被誉为"南方低落水地区古建筑的典范"。

补充阅读

传说龙母是秦朝人，姓温，能预知祸福，且乐善好施。有一天，她在西江边拾到一个大卵，后来这卵孵出了五只小动物，能帮着温氏捕鱼。五只小动物长大后变成了五条龙，温氏让这五条龙施云播雨，保护百姓。人们由此称温氏为龙母。龙母仙逝后，五龙化为五个秀才，将龙母葬于珠山之下，后人在此建庙，起先命名为“孝通庙”，后改称龙母庙。也有人认为龙母实为秦代岭南地区的部落首领，她的五个儿子则是她管理的五个部落的首领，她曾带领大家整治水患，保护过往船只，因而被后人所纪念。

（二）祠堂建筑

祠堂是族人祭祀祖先或先贤的场所。但祠堂的作用不仅是祭祀，也往往是族人集会、议事、读书的场所，也是各房子孙平时办理婚、丧、寿、喜等事的场所。较著名的祠堂建筑有广州陈家祠、沙湾留耕堂（何氏宗祠）、从化广裕祠等。

广州陈家祠 位于广州中山七路，被称为是“岭南地区最具文化艺术特色的建筑”。建于清光绪十四年至二十年（1888—1894年），是广东七十二县陈姓族人捐资合建的宗族祠。为应对乾隆年间“合族祠之禁”，陈家祠也叫陈氏书院。

陈家祠占地1.5万平方米，是典型的外封闭、内开敞的广东民间宗祠式建筑群。有两个突出特点：

（1）布局严谨，主次分明。建筑整体呈正方形，主体建筑坐北朝南，共有三进五间九堂六院十九间房，外有青砖围墙。

（2）装饰精美，具岭南特色。广泛使用岭南最具特色的民间建筑装饰工艺——“三雕二塑一铸一画”，号称“陈家祠七绝”。“三雕”即木雕、砖雕和石雕，“二塑”即陶塑和灰塑，“一铸”指的是铜铁铸，“一画”指的是彩绘壁画，可谓集岭南民间装饰艺术之大成。灰塑是广东民间建筑的主要装饰工艺，陈家祠的灰塑总长度达1 800米，其规模之大、技艺之精、题材之丰富居全省首位。陈家祠的木雕是研究广东建筑装饰的原始资料，里边有广东现存最大的清代木雕作品。陈家祠也是岭南地区“福”字最多的建筑，几乎只要有装饰的地方就有“福”字的存在。

陈家祠是岭南建筑文化的一个缩影，并融合了中原建筑文化和西方建筑文化，被誉为岭南建筑艺术的明珠。1959年，陈家祠被辟为广东民间工艺博物馆。1986年，陈家祠被列为全国重点文物保护单位。2006年，陈家祠被评为“广州文化名片”。

补充阅读

1959年，郭沫若到陈家祠参观，即席赋诗盛赞陈家祠：“天工人可代，人工天不如。果然造世界，胜读十年书。”

（三）学宫建筑

“学宫”一词最早出现于西周时期。古代的学宫就是我们现在所说的学校，是古代培育人才之重要场所。旧时，孔庙往往成为地方上供子弟读书的场所，因此，孔庙（文庙）与学宫往往合二为一。明清时代，广东各府州县治所都设有学宫，是广东学宫发展最兴盛的时期。清末废除科举，学宫多改为新式学堂，现很多中小学校即为学宫旧址。

1. 学宫的建筑布局

学宫庭院相间，殿祠兼具，在空间组合上讲究中轴对称，着重体现上下、主从、内外有别的社会秩序。主要建筑有棂星门，泮池，大成殿，东、西庑殿，乡贤祠，名宦祠，等等；有的学宫还有华表、牌坊、碑林、尊经阁、明伦堂等建筑。

2. 学宫的建筑装饰

学宫建筑屋顶多为重檐歇山顶，屋脊装饰以龙、凤和合角吻等。檐柱多采用石柱或上木下石柱，以防雨水侵蚀。梁、檐板、门窗、隔扇等构件上多使用雕刻和彩绘作装饰，具有岭南地方特色。

3. 典型的学宫建筑

广东保留下来的学宫很多，比较著名的有番禺学宫、德庆学宫、揭阳学宫、新会学宫、五华长乐学宫、南海学宫、韶州学宫、海康圣宫等，其中番禺学宫、德庆学宫、揭阳学宫被称为是广东三大学宫。

德庆学宫　位于德庆县城，始建于宋朝大中祥符四年（公元 1011 年），元朝大德元年（公元 1297 年）重建，是岭南现存最古老的孔庙，现为全国重点文物保护单位。

德庆学宫占地 3 900 多平方米，坐北向南。主要建筑有石栏、棂星门、泮池、大成门、杏坛、东西庑、大成殿、名宦乡贤祠、崇圣殿、尊经阁和尊圣义祠等。尤其是居中的大成殿，结构精巧，是典型的岭南建筑，体现了极高的建筑艺术，受到我国古建筑学家的高度评价，被誉为“国之瑰宝”。

大成殿始建于 1081 年，1297 年重建，是广东省唯一现存的宋元两代砖木结构古建筑。面积 304 平方米，殿高 19.4 米，重檐歇山顶，面阔及进深各五间。大成殿的一大特点是采用“四柱不顶”（殿内明间 4 根木质金柱不到殿顶）的方法来避雷防灾，还有一大特点是“减柱四根”，即在两侧重檐下，各省去中间两柱。

（四）牌坊建筑

我国古代修建了很多牌坊，目的是褒彰忠孝节义和功名寿禄。广东省内也曾出现过不少牌坊，以建于明代的最多。目前广东省内现存的各类牌坊很多，光《中国文物地图集·广东分册》所记录的牌坊就有 70 多座，分布于 40 多个县市，主要位于番禺、南海、顺德、揭阳、大埔等地。

牌坊的建筑材料有木、石、砖三种。现存的木牌坊主要有江门陈白沙祠牌坊、佛山祖庙灵应牌坊等。广东多雨水，石质牌坊比木牌坊更容易保存，因此，石牌坊数量在后期超过了木牌坊，现存的石质牌坊主要有潮州宗山书院坊、新会文庙石牌坊、东莞余屋进士坊、佛山升平人瑞牌坊等。砖牌坊以砖墙柱承重，并饰以砖雕，主要有佛山祖庙“褒宠”牌坊、潮州碧湖洞天坊、广州海珠区“乐善好施”牌坊等。

广东的牌坊形制一般为四柱三间或二间三楼庑殿顶，高度为 5～8 米，古朴厚重。牌坊上一般刻写“流芳”“纪功”“贞寿”“名宦”“及第”等字样，有的牌坊雕有精美图案。

（五）书院建筑

书院是学宫之外的重要教育场所，是古代传播学术和文化的重要基地。宋代广东书院有 20 多所，至清朝雍正年间书院已增加到 101 所。到 1840 年，广东书院达到近 300 所，遍布广东各个州县。这些书院中保存至今的主要有广州广雅书院、玉岩书院，番禺召棠书院、九成书院，珠海金山书院，中山龙山书院，佛山莲峰书院，南海西樵云溪书院，肇庆三都书院，阳江濂溪书院，徐闻贵生书院，汕头翁公书院，澄海冠山书院，饶平瑞光书院，潮阳莲峰书院，普宁三都书院，始兴桂山书院，乐昌紫阳书院，蕉岭桂岭书院，陆丰西峰书院，高要嵩灵书院，新兴武功书院，英德文昊书院，四会登云书院，等等。

书院建筑与学宫建筑类似，为院落式布局，但形式没有学宫严格，一般有讲堂、廊庑、斋舍等建筑。

广雅书院 位于广州市荔湾区西村街广雅社区西湾路1号广雅中学内，由清代两广总督张之洞于1887年创办，原占地12万平方米，现仅留山长楼、冠冕楼、部分围墙及曲流小桥、碑刻等。山长楼总面阔9间42米，进深3间，占地529平方米，硬山顶。

二、广东园林建筑

（一）岭南园林的发展

我国的园林按园林所处的地理位置可分为北方园林、江南园林和岭南园林。

作为中国传统造园艺术的三大流派之一，岭南园林可追溯到南越国时期。汉代，南越王赵佗在岭南建立南越国，他吸收中原地区先进的造园技术，并与岭南当地的自然条件结合，在番禺（今广州）建造宫苑，其修建的南越国御花园是岭南园林之肇始，也是最早的具有岭南特色的园林建筑。南越国御花园主要由曲流石渠和一大型的石构水池构成，是中国考古发现年代最早、保存完整的中国宫苑实例。此后，三国时期的广州诃林、唐代广州西郊的荔园都是当时的代表园林。

南汉国时期是岭南园林史上另一个高峰，在南汉四主统治的50多年间，广州城内外大量兴建宫殿、苑囿、人工湖泊。清代屈大均的《广东新语》里甚至说："三城之地，半为离宫苑囿。"昌华苑、华林苑、秀华苑、芳华苑等都是当时的皇家园林。南汉国的创始者刘龑甚至动用大量人力，把广州城内的番山和禺山（今文德路一带）削平，开凿了烟波万顷的西湖，置名石9座，称"九曜石"。刘龑还在此聚方士炼丹，故称药洲。宋代以后，药洲成为文人士大夫泛舟觞咏之地，"药洲春晓"亦成为明代羊城八景之一。现药洲遗址仍保存数十方历代碑刻，尤其以宋朝著名书法家米芾的"药洲"题刻最为珍贵。

明清时期是岭南园林史上的又一个高峰。当时的著名园林有佛山明清时期的三大名园：东林园、鹤园和梁园。清道光年间，广州西郊荔枝湾曾建有一座闻名海内外的大型私人园林——海山仙馆（十三行商人潘仕诚所建，又名潘园），有"南粤之冠"之称。清代，广东形成了"四大名园"（清晖园、可园、余荫山房、梁园）。

民国初年，各城市相继开辟公园，供市民游览。如广州就先后建有海珠、净慧、东山、越秀山、白云山等公园。这些公园是我国自然山水式风景园林，但吸收了不少西方建筑和欧洲几何规则式园林的特点。

（二）岭南园林的特点

岭南园林是我国园林体系的重要组成部分，与北方园林、江南园林相比既有相同点，也有一些岭南园林独有的特征。岭南园林有下列特色：

（1）岭南园林以自然山水风光为蓝本，布局上喜用几何形的空间组合方式，宜静观近赏。

（2）精巧的庭院式是岭南园林的突出特色。园林集居住、宴请、休闲于一体，园林功能上追求务实，注重满足生活的实际需要。正因为此，岭南园林分布广泛，宅院、酒家、茶楼、宾馆也往往见缝插针地建有庭院园林。

(3) 岭南园林规模一般不大，但建筑容量大，兼有亭台楼阁、轩榭廊桥，配以四时佳木、假山奇石。建筑造型轻盈畅朗，通透开敞。建筑物一般较高，使得园林空间更为多变和丰富。

(4) 池水多为规则的几何图形，且叠石泊岸。方形、矩形、曲尺形、多边形等几何池形，是岭南园林区别于北方园林、江南园林的一个重要特征。

(5) 景观石材多采用岭南盛产的英石、珊瑚石、蜡石和钟乳石等，造型多为孤石或小型山壁。

(6) 植物品种繁多，以地方观赏性植物和亚热带植物为主，终年常绿，花团锦簇。在花木配置时，既追求形象美，也讲究实用。

(三) 广东著名园林

广东园林集中分布于珠江三角洲一带，如宝墨园、南粤苑、粤晖园（全国最大的私家园林）等，最具代表性的园林是顺德的清晖园、东莞的可园、番禺的余荫山房、佛山的梁园（十二石斋），它们被誉为“广东四大名园”。由于广东园林在岭南园林中的代表性，这四大名园也通常被称为“岭南四大名园”。它们的共同特点有：精巧别致，玲珑剔透；注重艺术意境的创造，是建筑美、自然美、绘画美的统一；实用与美观相统一。

清晖园 位于佛山市顺德区大良镇，是我国南方古典园林艺术的杰作。清晖园的历史可以上追溯到明代。万历年间，礼部尚书、顺德人黄士俊在大良南郊建了一些园林别墅。清朝乾隆年间，这些园林被当时一个顺德进士龙应时购得，经龙家几代的精心营建，终成岭南名园。新中国成立之后，清晖园经过几次维修，游览面积也从原来的 7 000 多平方米扩大到了 2.2 万平方米。

清晖园装饰精美，木雕、砖雕、灰塑、艺术陶瓷等比比皆是。园内有面积较大的水面、假山和各式建筑，将园林分割成一个个布局各异的小景区。其建筑精巧，形式多样，楼、阁、廊、亭、榭、厅、轩、馆等一应俱全。园林中有一个建筑是仿照清代珠江上特有的“紫洞艇”建成的“船厅”（因是当年龙家千金的闺房，又称“小姐楼”），它建有两座楼舫，将船分为船头、船舱和船尾，有深厚的江南水乡特色，在我国古代建筑设计史上是孤例。

可园 可园位于东莞市莞城区可园路。始建于清朝道光三十年（1850 年），创建人为东莞博厦人张敬修。可园占地面积为 2 204 平方米，面积虽小，但设计精巧，把住宅、庭院、花园、书斋艺术地结合在一起，曲折回环，布局高低错落。主要建筑和景点有邀山阁、双清室、可亭、可堂、桂花厅（可轩）、问花小院、环碧廊等。邀山阁是园中最有特色的建筑，过去曾是整个东莞县城的最高建筑，高约 17.5 米，共四层，四面通窗，可俯瞰全园。

有“岭南画派鼻祖”之称的居巢、居廉（居巢的堂弟）曾寓居可园十年，潜心作画，开创岭南画派之先河。

余荫山房 又称余荫园，位于广州番禺南村镇北大街，建于清代同治年间，占地面积为 1 598 平方米。因园主父子三人都考中举人，园主认为是祖上庇护，福有余荫，故名“余荫山房”。余荫山房有两个显著特点：一是“小巧玲珑”“缩龙成寸”，充分利用园内空间，把亭、台、楼等建筑和石山碧水、植物等浓缩于弹丸之地，形成园中有园、景外有景的独特风格；二是“书香文雅”，园中到处是妙联佳句，形成浓厚的书香气氛。其中园门两边的楹联是“余地三弓红雨足，荫天一角绿云深”，既点出了园名“余荫”，又体现了“红雨”（炮仗花）、“绿云”（夹墙翠竹）两大特色。

梁园 位于佛山市区，是佛山梁氏家族的私家园林，由当地诗书画名家梁蔼如、梁九章、梁九华及梁九图叔侄四人，于清嘉庆、道光年间建成，面积曾达200余亩，现占地约4亩，由“十二石斋”“群星草堂”“汾江草庐”“寒香馆”等多个建筑群构成。梁园集住宅、祠堂、园林三者于一体，总体风格雅淡自然，如诗如画，是清代岭南文人园林的典型代表。奇石、名帖、秀水被称为梁园“三宝”。

梁园以奇峰异石作为重要的造景手段，在园内的几乎每个角落都能见到各式奇石，如“苏武牧羊”“童子拜观音”“追月”等。梁园还以大面积湖池及国内少见的水网池沼造园，因地就势，使梁园具有珠江三角洲典型的水乡园林特色。

思考与练习

一、单项选择

1. 下列哪一项不属于广东建筑的四个发展阶段？（　　）

A. 洞穴及干栏式建筑时期　　B. 汉唐文化融合期

C. 中西文化碰撞期　　D. 走向现代化时期

2. （　　）是中国乃至世界现存年代最早、保存较完整的园林遗迹。

A. 番山和禺山　　B. “南越国宫署”遗址

C. “南越国御苑”遗址　　D. 曲江池

3. （　　）建筑被认为是广州传统建筑形式与西方建筑艺术结合最成功的例子。

A. 碉楼　　B. 骑楼

C. 围龙屋　　D. 西关大屋

4. 集防卫、居住和中西建筑艺术于一体的多层塔楼式建筑是（　　）。

A. 碉楼　　B. 骑楼　　C. 围龙屋　　D. 西关大屋

5. （　　）是潮汕地区传统的民居形式，是潮汕府第建筑的最基本构成单位。

A. “四点金”　　B. “七间过”

C. “四马拖车”　　D. “下山虎”

6. “岭南园林的源头”指的是（　　）。

A. 干栏式建筑　　B. 南越王宫

C. 南越国御苑　　D. 古越王台

7. 被评为世界遗产的是（　　）。

A. 开平碉楼　　B. 广州骑楼

C. 南越国宫署　　D. 客家围龙屋

8. （　　）中留下了许多历代碑刻，有“南方碑林”之称。

A. 德庆悦城龙母庙　　B. 南海神庙

C. 广州陈家祠　　D. 德庆学宫

9. （　　）是广东最早出现的西式建筑。

A. 爱群大厦　　B. 广州海关

C. 广州沙面建筑群　　D. 广州西关的十三夷馆

10.（　　）是我国现存最大的客家土楼。

A. 大埔的花萼楼　　B. 潮安的缵美楼

C. 饶平的道韵楼　　D. 梅县白宫镇联芳楼

11. 陈家祠的（　　）规模之大、技艺之精、题材之丰富居全省首位。

A. 灰塑　　B. 砖雕

C. 木雕　　D. 彩绘壁画

12.（　　）是岭南园林区别于北方园林、江南园林的一个重要特征。

A. 筑山　　B. 理水

C. 几何池形　　D. 书法绘画

二、多项选择（至少有两项符合题意）

1. 下列建筑当中，属于“中西文化碰撞期”的建筑有（　　）。

A. 广州沙面建筑群　　B. 开平碉楼

C. 客家土楼　　D. 广东骑楼

2. 下列选项中属于广东建筑的特点的有（　　）。

A. 建筑样式和布局体现气候特点　　B. 建筑造型轻巧、通透

C. 装饰丰富　　D. 建筑结构采用干栏式

3. 广东传统建筑中的“三塑”指的是（　　）。

A. 陶塑　　B. 木塑　　C. 灰塑　　D. 泥塑

4. 广东传统建筑中的“三雕”指的是（　　）。

A. 竹雕　　B. 石雕　　C. 木雕　　D. 砖雕

5. 客家围屋最突出的两大特点是（　　）。

A. 上下三层　　B. 聚族而居

C. 圆形为主　　D. 防御性强

6. 西关大屋的特点有（　　）。

A. 三间两廊　　B. 门庭高大

C. 厅园结合　　D. 装饰考究

7. 广东园林的特点有（　　）。

A. 以宅园为主　　B. 通透

C. 开敞　　D. 多饰以木雕

8.（　　）被称为梁园“三宝”。

A. 秀水　　B. 长联　　C. 名帖　　D. 奇石

9. 属于“陈家祠七绝”的有（　　）。

A. 砖雕　　B. 陶塑　　C. 灰塑　　D. 铜铁铸

三、简答题

1. 南越国宫署遗址的发现有何重大意义？

2. 广东的建筑有哪些特点？

3. 骑楼建筑有什么特点？它体现了岭南文化的什么特征？

4. 德庆悦城龙母庙为什么被称为“南方低落水地区古建筑的典范”？

5. 装饰丰富是广东传统建筑的一大特点，广东传统建筑主要用了哪些装饰？其装饰题材和色彩有什么特点？

6. 广东建筑的样式和布局充分体现了广东当地的气候特点，请举例加以说明。

7. 广东的村落建筑布局一般有什么特点？

8. 岭南园林有哪些特色？

9. 你认为广东的哪一个建筑最值得向游客推荐？为什么？

第七章 广东民俗与民间艺术旅游资源

本章导读

民俗与一个地方的地理环境、生产方式、生产水平和人们的心态意识有密切的关系，不同的地域有着不同的民俗，这些丰富多彩的民俗已成为旅游资源的重要成员。从秦汉时期的“汉越杂处”开始，生活在广东的各个民族形成了各自的民俗特点和丰富多彩的民俗文化、民间艺术，并形成了颇具魅力的广东民俗与民间艺术旅游资源。

第一节 广东三大民系

“民系”是指一个民族内部的分支，一个民系有共同的生活地域，也有共同或类似的语言、文化、风俗，相互之间互相认同。

从秦汉时期的“汉越杂处”开始，经过数次人口迁移高潮，广东逐渐形成了以地域和方言为主要特征的三大民系，即广府民系、客家民系和潮汕民系。三大民系各有自己的民俗特点，形成了丰富多彩的民俗文化。

一、广府民系

广府民系是广东三大民系中最早形成的一大民系，最能代表广东的文化特征。

（一）广府民系的形成

广府民系是古越人和南迁的中原移民在长期的融合过程中逐渐形成的，中原移民是广府民系的主流。广东东南部珠三角一带、粤中、粤西、粤西南都是广府民系的主要分布区，珠江三角洲是最具代表性的广府民系地区，中心在广州，广府文化的特征和内涵在广州有典型的体现。

广州旧称番禺，秦军南下岭南时，主要驻扎于以番禺为中心的粤中一带。秦统一岭南后，番禺成为南海郡首府，成为岭南的政治、经济、文化中心，大批中原人士开始南迁并定居在番禺周边地区。赵佗建立南越国后，番禺成为王都，中原汉文化与南越文化进一步融合。西汉时设交趾刺史部（东汉末改为交州）管辖南越9个郡，以苍梧郡广信县（今广西梧州市）为治所，大批移民迁徙至粤西。三国以后，番禺再次成为地方行政中心。两宋时期，汉越基本融合。在明清时期，原广州府管辖范围内已基本形成稳定的文化特征，广府民系最终形成。

（二）广州方言

广府民系通行广州方言。广州方言也叫粤语、广东话，俗称“白话”，是汉语七大方言之一。

补充阅读

汉语七大方言是北方方言、吴方言、湘方言、赣方言、客家方言、闽方言、粤方言。这七大方言中，和广东有关的有三个：粤方言、客家方言、闽方言。而且每一方言又有其分支，大部分与北方方言差别很大。

粤语是长期的文化融合的结果。秦统一岭南以前，广东一带即流行属于壮侗语系的古越族语言。秦朝统一岭南后，大量中原人南迁，其语言与当地越人的语言相互影响和同化，到西汉初期，基本形成了以壮、侗语为主体，融会中原古汉语成分的古粤语方言。唐宋之际，粤语已成独特语系。明代，粤语已与现代粤语基本相同。清代以后，随着与外国人交流的增加，粤语吸引了一些外来语成分，同时，粤语的影响也扩大至海外。

补充阅读

据相关统计，广东纯粹讲粤语或以粤语为主的区域有40多个，占全省面积的1/3以上。其中包括广州、佛山、肇庆、江门、深圳、茂名、中山、珠海、南海、番禺、东莞、顺德、龙门、佛冈、增城、从化、花都、清远、连州、阳山、连山、怀集、广宁、四会、三水、高要、云浮、高明、新兴、鹤山、封开、郁南、德庆、罗定、阳春、阳江、信宜、高州、化州、吴川、台山、开平、新会、恩平、斗门等。

随着珠江三角洲经济的发展，粤语的地位日见增长，许多原来讲其他方言的地区也开始盛行粤语。

粤语在词汇、语法上有下列特点：

(1) 吸收了较多的外来词汇。粤语在外来词的数量上可谓是全国七大方言之最。这些外来词多数来源于英语，既有音译，也有意译。如的士（taxi，小出租汽车）、菲林（film，胶卷）、贴士（tips，小费）、泡打粉（powder，发酵粉）、咪（话筒）、飞（票）、车厘子（樱桃）、按揭（银行抵押贷款）、夹万（保险箱）等。

(2) 保存大量古汉语词汇，且习惯于用单音词。如颈（脖子）、骨（骨头）、睇（看）、执（抓、握、拾）、饮（喝）、翼（翅膀）、镬（铁锅）、衫（衣服）、着（穿）、系（是）、孱（体弱）、晏（晚）、朝（早上）、弊（糟糕）、悭（节俭）、于是乎（于是）、姑勿论（暂且不）、卒之（终于）等。

(3) 存在大量的方言字。如阻滞（不好办）、唔该（谢谢）、恰（欺负）、家阵（现在）、交关（厉害）、牙烟（危险）等。

(4) 词序排列上存在很多与普通话颠倒的情况。如齐整（整齐）、挤拥（拥挤）、合符（符合）。

(5) 修饰词经常置于中心词后面。如鸡公（公鸡）、人客（客人）、菜干（干菜）等。

(6) 语音变化大。粤语有“九声六调”（9 个声调，6 种调值），20 个声母，59 个韵母，而普通话只有平上去三声四韵。因为粤语至今仍然保留着中古音的一些特点，在朗诵古典诗歌（尤其是格律诗）时，用粤语最能体现其韵味。

(7) 讲究忌讳，有意避开不雅、不祥的词汇。如胜瓜（丝瓜）、利（舌头）、凉瓜（苦瓜）、吉屋（空屋）、猪润（猪肝）等。

目前，广东有近 4 000 万人使用粤语，集中分布于珠三角、粤西西江流域、粤北北江流域及粤东部分地区。粤语还是在香港、澳门占有主导地位的方言。粤语当中，广州话最具权威，因此广州话有着粤方言中的“普通话”的地位。

补充阅读

一地的方言也往往会渗透着气候文化因素，粤语也不例外。粤语中有一个常用词“冲凉”，很多人都知道是“洗澡”的意思。但北方人说的洗澡为什么在广东人这里成了“冲凉”呢？这与广东的高温多雨的气候有关。广东人的洗澡不仅是洗去身上的污垢，还是降温去暑的一种方式，因此，广东人常常一日内数次“冲凉”，这的确不是一般意义上的洗澡。这也能说明为什么广东人居民住宅中一定要有冲凉房了。

粤语中“冰”“雪”“冻”的用法也很特别。如把“冰箱”说成“雪柜”，把“冰场”说成“雪场”，把“冰雹”说成“雪珠”，把“冰镇”说成“雪藏”，把“凉水”说成“冻水”，把“天气冷”说成“天气冻”，等等。这些与众不同的用法，都与广东温暖的气候有关，在这种气候之下，冰、雪、冻这些天气现象在广东难得见到，因此，广东人要准确区别也就不那么容易，因此，混用也就不奇怪了。

(三) 广府民系的文化特征

依托珠三角地区肥沃的土地和便利的交通，广府人拼搏进取，亦农亦商，创造了“生猛鲜活”的广府文化。广府文化是广东文化集中而典型的代表。广东音乐、粤曲、粤剧、广州及佛山的民间工艺、建筑园林艺术、粤菜等都是广府文化的突出体现。

广府民系的主要特征有：

(1) 生活上务实。广府人讲求实际，不好高骛远，不太说空话大话。在经济生活中的表现就是精明能干，务实高效，“时间就是金钱，效率就是生命”，这就是广府人务实精神的突出体现。

（2）开放与兼容。广府文化是在开放中不断建构起来的，是最早对外开放的文化。加上广府文化没有厚重辉煌的历史，使得广府文化没有强烈的正统优越感，这反而增强了文化的兼容性，对外来文化容易接受。

（3）强烈的变革意识。广府人富有冒险精神和创新意识，由于受外来文化影响较深，广府人的变革意识较强，愿意接受新鲜事物。

（4）平民性和市民意识。广东长期以来形成的多元性经济和发达的商业贸易，使得广府人更多地具有平民意识和市民意识，轻快的广东音乐、春节的花市、奇特多样的美食等都是这种意识的体现。

补充阅读

广州是广府文化的典型代表。初到广州的人可能会很不习惯，因为广州人待客不够"热情"，从不主动与别人搭讪，注重保持私人空间和人与人之间的距离。有一个笑话说，如果你在广州街上遇到主动和你搭讪的人，通常是兜售发票的，你要是主动和人搭讪，也会被当成兜售发票的。但也有很多人因此而喜欢这里，因为这是一座宽容的城市，不欢迎，不拒绝，虽然没有嘘寒问暖的关心，但也没有人会干涉你的生活。

但广州人也并非真正的冷漠，他们通常会以"靓仔""靓女"称呼陌生人，而不管对方的年龄和长相，一律平等相称。

二、客家民系

（一）客家民系的形成

1. 客家人的形成

客家人是历史上由于战乱、饥荒等原因，中原地区的汉民数次南下进入赣、闽、粤三角地区，与当地居民发生融合而形成的一个独特而稳定的汉族支系。客家人南迁后不忘故土，把历史的烙印和心中的情感倾注在自己的名字上——客家。他们勤劳坚忍，敦亲睦族，崇文重教，尊重传统，形成了独具一格的客家文化。晚清时期的黄遵宪在诗中这样描写客家人："筚路桃弧辗转迁，南来远过一千年，方言足证中原韵，礼俗犹留三代前。"

2. 客家民系的五次大规模迁徙

在我国历史上，客家民系的大规模迁徙大概出现过五次。

客家先民第一次大迁徙是在两晋时期，尤其是西晋末年的五胡乱华、八王之乱时期，晋王室迁都建康（南京），许多中原地区的名门望族和朝廷命官随之迁至安徽和江西北部定居。

第二次大迁徙从唐代"安史之乱"开始，直到唐末农民起义。由于北方战乱，而南方相对安宁，于是大批避乱汉民迁至赣、闽、粤交界的山区。这一带地方崇山峻岭环抱，南迁的汉人基本上生活在以家族为核心的生活圈子中，基本不与当地居民交往接触。因此，仍然保持原有的语言和生活习惯。

第三次大迁移发生在南宋末期，移民们由北向南进入南岭东北部地区。这次移民，只能选择无人居住的荒僻山地进行开发，所以有"逢山必有客，无客不住山"之说。这次迁徙使客家人最终形成。

第四次大迁移发生在明末清初。当时因四川兵灾连绵，人口稀少，田地荒芜，而客家人居处又山多地少，现有土地无法满足人口繁衍的需要，生活在赣南、粤东、粤北的客家人遂向川、湘、桂等地以及粤中和粤西一带迁徙。在客家移民史上，这次人口迁徙被称作“西进运动”。四川的客家人基本上来源于这次“西进运动”。

补充阅读

发生在明末清初的此次迁徙，与清政府的鼓励不无关系。据记载，清康熙帝为争取南方民心，赐给每个男子 8 两银子，妇女儿童 4 两银子，鼓励客家先民迁入四川、广西及台湾，史称“湖广填川”。有学者做过研究，四川客家人多数来自广东。其中，成都客家人多来自梅县、五华、兴宁等地，仪陇客家人多来自粤北，威远客家人多来自龙川，西昌客家人多来自龙川、五华。

第五次大迁移发生在近代，不少客家人从粤东闽西一带迁至沿海，有的向东南亚等海外地区迁移。

3. 客家人的分布

目前，客家人总数约 1 亿，分布在 80 多个国家和地区。华侨中有 1/3 是客家人，主要散居在印尼、马来西亚、新加坡等国。国内客家人主要分布在广东、广西、江西、福建、四川、湖南、贵州、台湾、海南等地，其中，广东、江西、福建三省的客家人约占全国客家人总数的 60%。

补充阅读

江西赣州因是客家人南迁最早的集中地，是客家文化的主要发祥地，被称为“客家摇篮”；福建省宁化县石壁地区是客家传说民系形成的中心地域，被称为“客家祖地”；福建省长汀县因最早设立行政机构而被称为“客家首府”。

广东全省约有 3 000 万客家人，占全省人口的近 1/3，是全国客家民系居民最密集的省份。广东客家人主要居住在粤东北和粤北地区，主要分布于梅州市、河源市、韶关市和惠州市，尤其以梅州市最集中，故而梅州被称为“世界客都”，以梅州为中心的十几个县被称为“客家腹地”。广东有客家人分布的县（县级市、市辖区）达 50 多个，其中纯客家人或基本为客家人的县（县级市、市辖区）主要有：梅州市的梅江区、梅县区、蕉岭县、兴宁市、五华县、大埔县、平远县，河源市的源城区、东源县、和平县、龙川县、紫金县、连平县，惠州市的惠阳区、惠东县、博罗县，汕尾市的陆河县，韶关市的新丰县、翁源县、仁化县、始兴县，深圳市的龙岗区、盐田区、坪山区和龙华区。

（二）客家方言

客家方言（客家语）又称客语、客话、艾话、土广东话，是汉语七大方言之一。它是由客家先民在南迁过程中将唐宋的中原古汉语带入南方，并和其他方言相融合而形成的地方方言，是汉族方言中最具稳定性的方言，也是岭南三大方言中最接近北方方言的语言，被称为研究古汉语的“活化石”。

客家方言的存在是客家文化有别于其他文化的重要体现。客家人走到哪，就把自己的方言带到哪。有“宁卖祖宗田，不忘祖宗言”之说。

客家方言主要分布于广东、福建、江西、广西、四川、香港、台湾等地和海外客家人移民地区（如马来西亚、毛里求斯等），以粤东、闽西、赣南分布最集中。广东是客家方言有代表性的分布区域，全国约有 3 700 万人讲客家话，其中广东约有 1 150 万，大致占了 1/3。广东客家话主要分布于粤东和粤北的一些地方。

补充阅读

广东省主要讲客家方言或以客家方言为主的区域有：梅县、韶关、惠州、兴宁、五华、蕉岭、大埔、平远、龙川、和平、始兴、连平、新丰、河源、丰顺、紫金、南雄、翁源、博罗、宝安、惠阳、惠东、揭西、仁化、乐昌、廉江、曲江、乳源、连南、英德等。

广东客家话可分为粤台片、粤中片、惠州片和粤北片四个亚区。客家话大致有下列特点：

（1）保留沿用许多古汉语的用法。一般认为，客家话与唐宋时期古汉语接近，许多用词与今天的普通话有所不同，例如：黑——乌，脸——面，吃——食，脖子——颈，早晨——朝，中午——昼，太阳——热头，月亮——月光，下雨——落水，下雪——落雪，天亮——天光，天黑——夜了，等等，不一而足。梅州（梅县）话保留了许多汉语古语的特征，比如，汉语古语无轻唇音（唇齿音 f）和舌上音，而梅州话的口语里也没有轻唇音和舌上音。因此，用客家话朗诵唐诗宋词，比用普通话朗诵更有韵律感。

（2）词汇有所创新。客家人来到一个新的环境，创造了许多新词汇，丰富了语言文化内涵。如粄（米制糕点）、雪枝（冰棍）、口丸（肉丸子）等。

（3）有较多的倒装用法。如紧要（要紧）、鸡公（公鸡）、牛公（公牛）、人客（客人）等。

（三）客家民系的文化特征

客家文化是岭南最富中原特色的文化，与广府文化、潮汕文化相比既有相同点，也有较大差异。

1. 寻根念亲，崇先敬祖

客家人多是被迫南迁，离开故土，历尽艰辛，因而形成了强烈的宗族观念。他们使用祖宗说过的语言，不忘记祖宗的教诲和祖宗的文化传统。

祠堂和族谱是客家宗族文化的集中反映。祠堂有拜祖追思、怀承儒学之意，而族谱意在理清世系渊源、支房脉络以及家族迁徙发展历程。每个客家自然村落的姓氏都有祠堂，有的姓氏除了建有总祠外，还建有分祠和支祠。这些祠堂规模宏大，文化内涵深厚，是研究古代宗族文化的重要实物资料。客家人大多保留族谱和家谱，具体记载祖先的家世、官职及南迁过程。

客家人往往聚族而居。宗族中设有族正、族长、房长、户长，分层管理族务，对族内重大问题做出决定。

2. 吃苦耐劳，克勤克俭

漫长的迁徙之路和重建家园的艰辛，培养了客家人吃苦耐劳、克勤克俭的精神。无论男女，游手好闲、无所事事的人受人鄙视，勤劳的人受到人们的尊重。尤其是客家妇女，是勤劳能干和无私奉献的代表，她们不缠足，平时也不事修饰，常常担负整个家庭的一切繁重的劳动，而自己的要求却极低，有“四头四尾”（家头教尾、田头地尾、灶头锅尾、针头线尾）之说。一顶遮挡烈日暴雨的凉帽（带蓝色或黑色、白色纱边）为客家妇女特有的标志。客家人无论男女都爱干净整洁，在主客杂居的地区，往往可以从一个人衣着干净整齐的程度而把客家人找出来。

3. 坚忍不拔、开拓创业

客家人是来自外地的移民，他们来到的地方并非无人居住，而且当地居民往往已选择了自然条件、生产条件较好的平原和河流三角洲地带，客家人不得不选择人烟较少的山区（尤其是丘陵地区）定居，因此有“逢山必有客，有客必住山”之说。因是山区，适合耕作的土地不仅狭小而且贫瘠，客家人光靠农业生活难以为继，于是青壮年男性大都远走他乡谋生，形成了开拓创业的传统。

4. 平等互助，团结对外

与旧时代其他地区人相比，客家人的男女地位相对平等。无论是下田耕耘、上山伐木、撑船摆渡还是民间祭祀、演戏对歌，都可男女同行，夫唱妇随。客家人的女孩子很少有被卖作奴隶或妾的。

由于客家人来自外乡，为免受当地人排挤，客家人在面对外人时表现出天然的合群意识，和睦相处，团结对外。

5. 重视教育、崇尚读书

客家人的祖先多为官宦人家，教育基础较好，而客家人又居偏僻落后的山区，要外出谋生，走出大山，必须识字有文化，这更使得客家人很早就形成了重视教育、崇尚读书的传统，具有很高的传统文化素质。

客家人流传这样的俗语：“不读诗书，有目无珠”“生子不读书，不如养大猪”。家庭再困难，也会举全家之力供孩子读书。正因为此，客家人尊重老师，视教师为尊贵的职业。客家人全社会支持教育，几乎每个客家家族都设有“学田”，学田收入用来补贴无力支付学费的家庭，奖励学业优异者，补贴赴京赶考的盘缠。为了使后代子孙念书有保障，客家的宗族长辈会把办好私塾当成一件大事，而宗族祠堂往往成为读书之地。

补充阅读

由于重视教育，客家人的居住地学校众多。有学者统计，抗战前后，位于粤北的梅县有中学 40 多所、小学 800 多所，另有嘉应大学和南华学院。

清代，来自法国的神父赖嘉禄在《客法词典》里写道：“在嘉应州，我们可以看到随处都是学校。一个不到三万人的城市，便有十余间中学和数十间小学，学校人数几乎超过城内居民的一半……客家人每一个村落都有祠堂，而那个祠堂也就是学校。全境有六七百个村落，都有祠堂，也就是六七百个学校，这真是一个骇人听闻的事实。”

资料来源：周峰. 岭南文化集萃地. 广州：广东人民出版社，2016：68-69.

三、潮汕民系

（一）潮汕民系的形成

潮汕民系主要分布于韩江三角洲地区，以潮州、汕头为中心，这一地区古代称为潮州府，如今则主要指四个城市——潮州市、汕头市、汕尾市和揭阳市。潮汕民系主要由当地土著居民和闽越族人以及迁移到该地的中原汉人长期融合而成。

潮州地处广东东部沿海，先秦时属闽越，因地方偏僻，与中原汉民族的交往要迟于广府民系，因此长期落后，直到汉代仍属荒芜之地。东晋在此设立义安郡，隋朝分循州置潮州（取海水往复之意），这是潮州这一地名的正式出现。唐代设立潮州郡，开始了潮州文化的崛起进程。唐宋以后，潮州商业发展迅速，成为粤东地区最大的商业中心。潮州古文化也在宋代开始兴盛，到明清时达到鼎盛。

汕头只有约 200 年历史。由于地震和韩江泥沙淤积，汕头所在地方在宋末元初时出现了一片陆地，汕头即在这片空地上兴起，到清代成为一个港口城市。因地理位置重要，到 20 世纪初，汕头埠成为潮州府属的滨海重镇。1921 年，汕头建市。改革开放以后，汕头成为我国四个经济特区之一。

（二）潮汕方言

潮汕方言也称为“潮州话”“潮语”，是闽南方言中的一种。闽南方言是汉语七大方言之一，潮汕方言则是闽南方言的次方言，是我国最古老、最特殊的方言之一。其形成受多种因素的影响，大致是吴方言经福建传入潮州，闽南方言在此发生分化，加上受中原汉语的影响，最终形成了潮汕方言。

潮汕方言保留了较多的古音古词古义，形成了古朴典雅、词汇丰富的特点，是全国保留古汉语元素和特点最丰富的方言之一，有“华夏遗产”“古汉语活化石”之称。如卵（蛋）、目（眼睛）、涂（泥土）、曝（晒）等。潮汕话对家庭成员的称谓沿用的就是古语，如新妇（儿媳妇）、大官或大倌（媳妇的公公）、大家（婆婆）、少郎（小叔子）等。潮汕方言中还有一些常见于秦汉或唐宋古籍中的词汇，如东司、翘楚、书册、眠起、起厝等。

潮汕方言保留有古代汉语中的八个音，即阴平、阳平、阴上、阳上、阴去、阳去、阴入、阳入（现代汉语只有阴平、阳平、上声、去声四种）。而且潮汕方言有两个读音系统，即读书讲学、颂文吟诗是一个读音系统，日常生活中的土话、白话又是另一个读音系统，这种“双轨制”读音系统增加了学习潮汕方言的难度。

目前，广东省使用潮汕方言的地域主要有汕头、潮州、澄海、饶平、南澳、揭阳、揭西、普宁、惠来、潮阳、陆丰、海丰等。广东约有 1 000 万人使用潮汕方言，加上港澳同胞、华侨，使用潮汕方言的人达到 2 500 万以上。

补充阅读

潮汕方言的鼻祖是汉唐时期的中原汉语，而且还融汇了闽南土语，因此既难懂也难学，一直被认为是最古老、最变化多端的方言，是世界上最难学、最难懂的方言。郭沫若曾这样评价："潮州话是中国古语保留得最多的一种方言，和现行的标准语似乎也是距离得最远的一种。"不过，用潮汕方言读唐诗宋词会更有韵味，用它读文言文也相对容易。

（三）潮汕民系的文化特征

1. 强烈的家乡、宗族观念

潮汕人的祖先是来自河南、山西的中原汉人，转道福建而至潮汕，他们往往聚族而居，有强烈的家乡、宗族观念。在与当地少数民族相处过程中和克服自然灾害及山寇海盗带来的威胁的过程中，这种尊宗敬祖的观念更是得到增强。

现在的潮汕人有1/3在海外各地，有2/3在国内各地。无论身居何处，潮汕人都有强烈的乡土认同感，甚至在外国多年也乡音不改。很多人在外的成功，最初都是靠乡亲的帮助。

在强烈宗族观念的支配下，潮汕人极为重视人生礼俗，一个人从出生到老去，一般要经历催生、开腥、满月、四月、周岁、入学、成人（出花园）、结婚、祝寿、丧葬等礼俗。潮汕人还喜欢回家乡居住，看重"落叶归根""荣归故里"。无论潮汕人离家有多远、多久，潮州菜、潮州工夫茶等都将伴随潮汕人行走天涯。

2. 善于经商，抱团乐群

有一种说法："有潮水的地方就有潮人，有钱赚的地方就有潮商。"潮汕地区自唐代以来就发展海外贸易，到清代成为广东除广州外的最重要的商埠，加上潮汕平原人多地少，自古以来，潮汕人形成了经商的传统。潮汕人善于经商，世界各地都有潮汕华侨，且多以经商为业。20世纪30年代，汕头的港口吞吐量居全国第三位，而"商业之盛居全国第七位"。

潮汕人抱团乐群，有较强的团结互助精神，讲求共同发展。

补充阅读

清朝雍正时期，南方海盗横行，潮汕商人为了更安全地进行海上贸易，发明了"红头船"。当时的潮州商人把商船的船头漆成红色，把桅杆也漆红一半，并在船上画上两只大眼睛，以方便辨识。潮州商人看到红头船，就知道是可以求援的船只。遇到海盗，红头船之间还可互相靠拢，互相支援掩护。因此，潮汕商人当时也被称为"红头船商人"。

3. 勇于冒险，有开拓进取精神

潮汕人有去海外谋生的传统，由于官府的限制和打击，又受制于航海技术和船只，海外谋生之路充满艰险。这反而培养了潮汕人的冒险和开拓精神。许多人为筹钱出洋，不惜变卖家产，倾其所有，历经艰险。在经商上，潮汕人的冒险开拓精神同样明显。

4. 吃苦耐劳，精巧灵活

潮汕人能吃苦，崇尚"白手起家"，信誉为上，从小做起，通过点滴积累而取得较大成功。潮汕地区人多地少，潮汕人往往因地制宜，精打细算，精耕细作，采取轮耕、间种、套种等方法，把一亩地当成几亩地来经营。由于潮汕人种田精细，人们常用“种田如绣花”“种田状元”来形容潮汕人。在商品生产和经营上，潮汕人往往以精巧灵活取胜，减少对他人的依赖。自古以来，潮汕地区的手工业和工艺品生产就十分发达，潮汕地区是主要的工艺美术品出口地，尤其以雕刻、瓷器和刺绣出名，充分体现了精巧繁复的特色。拿雕刻来说，潮汕人“刻木石似微雕”，精巧细致，技艺精湛。

5. 竞争意识强

潮汕人竞争意识强，不甘于落后。潮汕的许多民俗活动，如迎神赛会、斗锣鼓、赛英歌、赛戏、赛后棚、击鼓竞猜以及游艺中的赛猪、赛鸡、赛鸭等，都体现着这一竞争意识。

第二节　广东部分少数民族民俗

广东有 5 个世居的少数民族，分别是瑶族、壮族、畲族、回族、满族。由于历史发展的不同，生活环境和社会物质生活条件的差异，各少数民族在风俗习惯上有着自身的特点，有的方面还存在着不少差异。现着重介绍瑶族、壮族、畲族主要的民间风俗习惯。

一、瑶族

早在隋唐以前，瑶族就在广东北部一带生活。明代，瑶族生活于西江流域一带，此后退居于粤北和一些山区。广东现有瑶族人口约 15 万人，主要分布于连南、乳源、连山，瑶族是岭南分布最广的少数民族。

（一）瑶族两大支系

广东的瑶族分为排瑶和过山瑶两大支系。排瑶先民来自湖南洞庭湖、道州一带，聚村定居，主要集中分布于连南瑶族自治县。排瑶从事农业生产，靠山而居，有大分散、小集中的特点，住房以平房为主。过山瑶源自湖南、广西，居无定所，流动分散，主要居于粤北、粤东、粤西的山区，以游耕生活为主。

补充阅读

排瑶的“排”指的是瑶族大寨子，每个排又由若干个“冲”组成。每个冲设有长老，各冲长老共同选出全排各项事务的负责人（瑶老）。新中国成立后，这种“瑶老制”已不复存在，但老人在瑶族仍然受到尊重。

（二）瑶族语言文字

瑶族有自己的语言——瑶语，由于长期与汉、壮、苗接触相处，瑶族人往往兼通汉语，甚至壮语和苗语。瑶族没有自己的文字，直接使用汉字。瑶族人民纪念盘王的《盘王歌》和民间流传的《过山榜》是瑶族重要的历史文献。

（三）瑶族主要习俗

广东的瑶族是全国瑶族的一部分，但其风俗习惯与其他地方的瑶族并不完全相同，有的地方还有较大差别。

1. 服饰

瑶族男女均留长发、束髻，穿裤并扎裹腿，不着裙。男子戴平顶圆帽或缠头巾。瑶族人喜欢用自然物装饰自己，如白鸡毛、野雉羽、山花等，或戴金属项圈，可能是过去鸟图腾崇拜产生的影响。

2. 饮食

瑶族的主食为大米、玉米、红薯，喜食辣椒，禁食狗肉和羊肉，嗜好烟酒，喝的多是自酿的低度米酒。粤北地区的一些瑶族盛行“打油茶”，即用油炒茶叶，用生姜、辣椒、盐等调味，冲泡炒米、炒豆、米花之类饮用。

3. 节日

瑶族除了与汉族相同的春节、清明等主要节日外，每年还有狂欢节、迎春节、许愿节、赛土神节等。每隔 3 年瑶族要举行一次小歌堂，每隔 5 年要举行一次大歌堂，这被称为“耍歌堂”，是瑶族最隆重的节日。欢庆时间长达 3～9 天，将举行游神、斗歌、跳舞等活动，主要内容是祭祀祖宗、欢庆丰收、亲友唱叙等。

4. 其他习俗

瑶族人热情好客，对客人先敬酒，后唱敬酒歌；瑶族有敬老的传统，舅父对外甥有监护的权利和义务，外甥的重要事情，如婚嫁、丧葬等都要请舅父处理；瑶族人爱干净，有每天用木桶沐浴的习惯，即使冬天也不例外。

二、壮族

壮族是岭南最古老的民族之一，源于古代百越族中的西瓯和骆越。现在广东的壮族是 500 多年前从广西迁入广东的，主要分布在连山和怀集，居住环境多是群山包围的一些盆地（当地人称为垌），多数是一个姓氏一个村寨，也有多个姓氏一个村寨的。壮族是目前广东少数民族中人口最多的一个民族。

（一）服饰

壮族在古代亦被称为乌浒人或乌浦人，他们以黑为美，这在服饰上也有体现。新娘礼服就是黑衫黑裤，饰物也是清一色的黑色。新娘子怀孕时也要穿黑色衣服，以示喜庆和贞洁。

（二）饮食

广东壮族人以大米为主食，在节日中几乎必吃糯米糍粑。壮族人爱吃酸菜，几乎每家都有酸菜缸，一年四季浸酸豆角、芥菜等。壮族对任何禽畜肉都不禁食，猪肉一般是整块先煮，然后切成方方的肉块，再回锅加调料即食。

壮族有一些食俗较为独特，最特别的是吃生肉的习俗，即将猪肉、牛肉、鱼肉等切片或切丝后，用醋浸泡，拌以花生、木耳、冬菇、粉丝等食用。还有就是喝生血的习俗，即把刚刚宰杀的鹅、鸭的血注入醋中，拌姜、葱、韭菜等一起吞食，据说这是为清热、解毒和去暑。壮族人还喜欢将生猪血配花生、香料等注入猪肠中，煮熟后切成片，用以招待客人。

（三）节日

广东壮族重视春节、中秋节、重阳节、冬至节等节日。壮族有好歌的传统，每年的春节、中秋节要举行“坐歌堂”，即一种赛歌活动，男女歌手对唱，直到深夜才结束。广东壮族的节日除了与汉族相同的节日外，比较重要的节日还有二月二、三月三、四月八、六月六、七月七、八月十五、九月九等。二月二是粤北壮人的中和节，也称为土地伯公祭。四月初八是牛皇诞，壮族人这一天要在牛栏供神，还有吃双色饭的习俗。六月六要祭田头公，以祈求丰收。九月九要送火神，以避免火灾。

（四）其他民俗

多神崇拜，古树、巨石、山峰以及飞禽走兽等都有可能被赋予某种超人力量加以崇拜，在日常生活中也有较多禁忌；壮族男子比女子在家庭中的地位更为突出，但在婚姻、丧葬、分家等问题上，娘家舅舅有较多发言权；本民族同姓不婚，婚仪有“订婚”“行聘”“迎娶”“回门”等程序。

三、畲族

畲族也是岭南地区的一个古老民族。唐代以前，广东是畲族最主要的聚居地。后来，畲族经历了多次大迁徙和融合，已散布于浙江、福建、江西、安徽等多个省份。现居广东的畲族仅有 3 000 余人，是广东人数最少的少数民族，主要分布于潮州凤凰山，海丰、惠来之间的莲花山和增城、博罗之间的罗浮山。

（一）以盘瓠为始祖

畲族认为盘瓠是他们的始祖。畲族的长篇叙事史诗《高皇歌》中，以神话的形式，叙述了盘瓠的功绩和繁衍出盘、雷、蓝、钟四姓子孙的传说。而且，畲族人普遍认为潮州凤凰山是祖籍地，《高皇歌》中就有“广东路上有祖坟”的句子。畲族人还把始祖盘瓠的事迹绘成历史画卷，称为“祖公图”，平时节日要举行祭祀祖公的活动，每隔 3～5 年还要举行一次隆重的祭典，集体拜祭。

（二）畲族语言文字

畲族有自己的语言，本民族内用畲语，但与外界交往还是用汉语，绝大多数使用汉语客家方言。畲族无自己的文字，通用汉字。

（三）畲族主要民俗

1. 服饰

畲族崇尚青、蓝、黑三色，因此服饰也以此三色为美。妇女裳长过膝，大襟无领，以便于在山地活动，并易于散热。畲族妇女最主要的装束是“凤凰装”，辫子盘于头上，称为“凤髻”，衣裳、围裙上绣花边图案，佩叮当作响的象征“凤鸣”的银饰。已婚妇女则头戴“凤冠”。

2. 饮食

畲族以大米为主食，喜食大米做成的各种糕点。节日里或过生日一定要吃糍粑。喜食热菜，一般每家备有火锅边煮边吃。喜食豆腐，待客最常见的菜是“豆腐娘”，还有各种卤咸菜，最有特色的是卤姜。畲族人喜欢吃竹笋，几乎一年四季不间断。喜吃猪肉，但禁吃狗肉。

畲族人好喝茶，主要喝自产的烘青茶。酒以白酒和自家酿制的糯米酒为主。

3. 节日

畲族人重视节日，除了汉族的一些节日外，畲族人还有自己的一些特殊节日。比如二月二的“会亲节”、三月三的“乌饭节”等。

第三节 广东节日民俗

一、广东节日概况

广东的节日丰富多彩，主要节日与全国多数地方相同，但也有一些有着浓郁乡土特色的节日。这些节日，就时间分布上来说，以农历的正月、三月最多，其次是六、七月最多。下表（表7-1）是广东汉区民间节日在时间上的分布图。

表7-1 广东汉区民间节日（农历）

月份	数量（个）	名称
正月	14	春节、孙正真人诞、人日、白衣观音诞、玉王大帝诞、元宵节（上元节）、钟村出会、天穿节、门宫诞、路头神诞、天尊诞、招财童子诞、生菜会、司命帝君上天日
二月	7	土地诞、祭社日、文昌诞、洪圣诞（波罗诞）、花朝节、观音诞、真武诞
三月	10	疍民“买力”日、清明节、北帝诞、上巳节、起愿节、何仙姑诞、医灵诞、将军诞、天后诞、土地公生日
四月	5	浴佛节、鱼花节、金花诞、华佗诞、芒种节
五月	3	端午节、龙母正诞、关帝诞
六月	9	天贶节、军坡节、死鬼过桥节、龙母娘娘诞、鲁班节、观世音诞、财神诞、二郎星君诞、围香日
七月	9	康天帅诞、乞巧节、盂兰节、田了节、中元节、地官诞、城隍诞、郑仙诞、地藏王诞
八月	5	司命灶君诞、中秋节、龙母润诞、山歌节、日娘诞
九月	4	重阳节、火神诞、观音诞、华光大帝诞
十月	4	下元节、五谷母生日、财帛星君诞、盘古王母诞
十一月	2	冼夫人诞、冬至节
十二月	4	腊日（腊八节）、送灶节、除夕、紫姑神（厕神）诞
总计	76	

资料来源：司徒尚纪. 广东文化地理（修订本）. 广州：广东人民出版社，2013：179.

上述节日，并非都流行于广东全省，有的是地域性质的。如：波罗诞、何仙姑诞、郑仙诞、鱼花节、田了节、盘古王母诞流行于珠江三角洲地区；山歌节流行于兴梅地区；龙母诞流行于西江流域；冼夫人诞流行于粤西地区；死鬼过桥节流行于粤西地区；鲁班节流行于广州、佛山等地。

在这些节日习俗中，有不少被祭祀的对象是女神（如冼夫人、天后、龙母、何仙姑、金花娘娘、日娘等），这一点可能是受岭南地区母系氏族社会延续时间较长、影响较深的影响，同时也是岭南地区妇女地位较高、较少受到歧视的体现。

此外，广东不少节庆带有集体游乐性质，如山歌节、田了节、生菜会等，这反映了广东地区崇尚自然、乐天进取的文化特征。

二、广东主要节日习俗

（一）春节

和全国人民一样，广东人最盛大、最热闹的节日是春节。春节往往是社会民俗事象表现最为集中的时候。广东的春节民俗是汉民俗在岭南地区历经千年传播的结果，但也有十分鲜明的地方特色。

春节前几天各地都忙着备年货，除夕前要贴春联。除夕夜全家在一起吃团圆饭，菜品当中必有鱼和发菜，寓意来年有余和发财。珠三角地区的年夜饭一般还会有慈姑和蚬肉，慈姑寓意添丁和家姑慈爱，蚬同“显”，寓意显达。年夜饭后，全家人一边看春节晚会的电视节目，一边守岁，等待新年来临。零时一到，家家爆竹齐鸣（现在有的城市禁燃烟花爆竹，这一习俗也慢慢改了）。大年初一，亲戚朋友们相互拜年，互致新年问候，互赠茶素（冬果），给小孩赏“利是”钱（红包）。春节期间还盛行舞龙、舞狮等，在广场或挨家挨户表演。

此外，广东各地的春节习俗会由于民系的不同而有些差异。如广州的岁末花市、潮汕地区独特的春节习俗、客家独特的新春习俗等。

广州岁末花市 广州种花的历史悠久，素称花城。宋代即有花市出现。明清时期，广州的许多农户即以种花贩花为业。大致在19世纪中期，广州出现了岁末花市，把花市例定在除夕的前几天进行，市民结伴赏花，俗称“行花街”。广州人新春买花，既为点缀家中的新春气氛，还带有对来年的美好期望的意味。广州人一般会买年橘以示吉利，或是在花瓶上插上桃花、牡丹、菊花、银柳等，祈求好运。广州芳村、顺德陈村、南海盐步等地都有专业化的花卉生产基地。现在，广州的岁末花市风俗已扩展到广东省内其他城市，成为一种普遍习俗。

潮汕地区独特的春节习俗 潮汕地区春节有食五果汤的习俗，寓意如意、团结、吉祥。五果汤是用薏米、芡实、小豆、莲子和桂圆肉混合煮成的，初一家中必须以五果汤待客，家中的小孩也须喝了五果汤后才能出去玩耍。潮汕地区过年要准备当地出产的柑橘、橄榄，作为拜年赠客的礼物，寓意“宾临大橘（吉）”。潮汕地区还有元宵夜看新娘的习俗。当晚，新娘在婆婆或伴娘陪同下到厅堂，以扇遮面，客人作了具有祝福意义的“四句”后，新娘即收扇面对众人。如果有人作歪诗戏弄新娘，则要由伴娘出面敬茶、递烟，或也作“四句”回敬。

客家独特的新春习俗 粤东客家人年三十晚上长辈要给小孩压岁钱，并给每人一个柑，取意“分柑同味，老少同欢”。年初三要将家中的垃圾清扫干净，倒入河中，称之为“送穷鬼”。年初三晚上还通行不点灯的习俗，此举源于正月初三老鼠嫁女的传说。年初七要吃“七样菜”，即把芹菜、蒜、葱、芫、韭菜、鱼、肉混在一起煮，芹菜寓意勤劳，蒜寓意会划算、善经营，葱寓意聪明，芫寓意有机缘、机遇，韭菜寓意长久，鱼寓意有余，肉寓意富足，据说全家一起吃了后就可吉利得财。

（二）元宵节

元宵节为农历正月十五，是春节的继续和高潮。元宵节活动很多，在广东则以元宵灯节最为盛大。各地将举办灯展或猜谜活动，人们倾城出游，彻夜喧腾。广东各地元宵灯展中，广州走马灯、潮州灯屏、东莞千角灯、大良鱼灯久负盛名。

粤西吴川、电白、化州一带的元宵有些特别，时间上不确定，而是由各村在正月初二到月底间自定一天为节日，不叫元宵节，叫“年例节”，以延长春节的娱乐时间，便于亲友互访和欣赏节目。而吴川的梅菉镇则把元宵节称为“逛花桥”，全镇如同花的海洋，引得大家争相观看。这一天还会展出各种泥塑，过节后这些泥塑将被推入池塘，称之为“送泥鬼”，寓意新的开端。

（三）清明节

清明节以扫墓最为隆重。即使祖宗墓地远在外地，清明之日或其前后，也要举家前往拜祭，俗称“拜山”。不少海外华侨、港澳同胞也赶回故乡拜祭先人。扫墓的程序包括踏青、插柳、上坟、挂卜纸、修葺坟墓、焚烧冥纸、祭奠等，越来越多的人把扫墓与踏青旅游结合在一起。祭品过去以烧猪、鸡、米饭、糕点为主，现时兴鲜花、水果、中西饼食。随着殡葬制度的改革，尤其是火葬的推广和公墓陵园的建立，清明扫墓渐渐转移至公墓，扫墓的观念和习俗也正在发生着变化。

（四）端午节

广东和全国多数地方一样，端午节吃粽子、赛龙舟、饮艾酒、挂菖蒲。现在后两项已不太流行，但前两项仍然盛行。广东的粽子品种繁多，独具味道，最出名的是肇庆的裹蒸粽和广州的莲蓉粽。过去粽子只在节日里制作，现已成为日常食品，一年四季皆可品尝到。

赛龙舟是古越人的传统。据说先有赛龙舟，然后才把赛龙舟与纪念屈原结合起来。现在全国各地在端午节这一天基本都会举行龙舟赛，风气最盛的可能就是广东了。每年的四月初八，广东各地即开始准备龙舟赛了，叫“四月八，龙船挖”。广东的龙舟制作精良，既是比赛工具，也是一件艺术品。

广东赛龙舟活动以珠三角地区最为突出，比赛时间长、规模大，气氛热烈。广东珠三角一带河网纵横，开门见水，赛龙舟活动是一种重要的广府民间习俗，具有祈福、祭神、展示宗族团结和娱乐等多重意义。

赛龙舟俗称“扒龙船”，通常在端午前后进行，从五月初一到十五，各村落间常常举行龙舟互访和赛龙舟。届时锣鼓震天，加上有各种表演，热闹非凡。龙舟比赛也是相当壮观和激烈，清代王士祯曾这样描写广州海珠石江中龙舟赛的盛景：“海珠石上柳荫浓，队队龙舟出浪中。一抹斜阳照金碧，齐将孔翠作船篷。”

补充阅读

珠三角端午龙舟活动一般有下列程序：

(1) 制作歌标。歌标是赛龙舟的特定歌谣，有高歌多标的意思，又称“龙船引”。

(2) 起龙。由于岭南气候潮湿，平时人们把龙舟藏入河泥中保存，直到第二年农历四月初八之后，才择日将龙舟从保存处取出，进行保养和检修。

(3) 采青。即采摘青绿的野生植物挂在龙头龙尾，是赛龙舟前的一种祭神仪式。

(4) 应景。村庄之间发出邀请被称作“招景”，接受邀请被称作“应景”，人们争相观看称作“趁景”，各村庄、各宗族间带着各自的龙舟走访、相聚的景象被称为“龙船景”。

(5) 斗龙。传统的赛龙舟往往要经过几个回合的你追我赶才能分出胜负，这叫夺标，又叫“斗龙”“斗标”。比赛时以船首龙头的颜色区分各个代表队，各队均穿同一颜色的服装。

(6) 谢江。比赛结束后，得胜的一队要从终点划回起点，夺标手用随身带的刀切断标及界线，并护送其随水流走。

(7) 洗龙舟水。人们习惯用龙舟划过的水洗脸，据说可为人们带来吉祥如意。也有的年轻人结伴到水里游泳，这叫“浸龙舟水”。

(8) 食龙船饭。每到农历四月底，龙舟手们开始训练技巧，村里一般会安排专人做龙船饭。比赛之日，一般村里会举行龙船宴会，有的村从初一到初五天天举行龙舟宴。

(9) 入宝。龙舟赛结束后，龙舟通常要藏起来，来年再用。有的用泥封，有的则沉入河流、鱼塘的深水中，有的则固定在专用的水池中。

（五）中秋节

至少在宋代，中秋赏月已在广东流行，明代，广东的中秋节已与春节、端午节一样，成为重要节日。广东中秋节的主要活动是团圆、赏月、祭月、吃月饼和尊老敬老。农历八月十五，工作在外的家庭成员都要回到家中，吃团圆饭，设台赏月，吃月饼和一些时新果品。也有人爱在江面泛舟，或登山赏月。广州、东莞等地还流行“树中秋”活动，将灯笼高挂在竹竿之上，并燃放烟花爆竹。

中秋节少不了吃月饼，广东月饼种类繁多、质量上乘，被称为“广式”月饼，在全国享有盛誉。

（六）重阳节

重阳节在农历九月初九，主要内容是登高、赏菊、饮菊花酒，广东还增添了扫墓、放风筝、菊展等活动。

重阳节又被称为“登高节”。在广东，城市周边的山往往成为重阳节登高的胜地，如广州的白云山、越秀山，惠州的罗浮山，东莞的黄旗山，潮州的韩山，新会的圭峰山，阳江的北山，等等。重阳节还称为“扫墓节”，因各种原因没有在清明扫墓的，则会在重阳节前后进行，在有些地方，重阳扫墓隆重程度甚至堪比清明。广东人还喜欢重阳节前后放风筝（纸鹞），尤其在阳江，风气更盛。阳江已成为全国闻名的风筝制作和施放中心，每到重阳节都会举办群众性风筝比赛。

第四节　广东特色民间艺术

一、广东音乐与民间歌谣

音乐与民间歌谣是人类社会生活的反映。在漫长的历史长河中，广东人民创造了富有地方特色的音乐与民间歌谣，主要包括广东音乐、潮州音乐、广东汉乐、客家山歌等形式。此外，广东各地流行“岭南竹枝词”，沿海各地流行渔歌，水乡地区流行咸水歌（疍歌），清远水稻抽穗扬花时流行“禾楼歌”，雷州半岛有男女对唱的“姑娘歌”，这些歌谣都富于浓郁的生活气息和乡土情调。

（一）广东音乐

广东音乐是产生和发展于珠江三角洲一带的纯器乐演奏的民间音乐。它形成于清朝末年，是在吸收中原古乐、昆曲、江南小调和西方音乐的某些元素的基础上，融合本地风俗习惯、语言和艺术而产生的。

广东音乐内涵丰富，节奏明快，旋律优美，短小精悍，博采众长，深受大众欢迎，被称为“东方民间音乐明珠”“透明的音乐”，与粤剧、岭南画派一起被誉为“岭南三大艺术瑰宝”。

广东音乐最初的乐器以琵琶为主，接着出现了“五架头”组合，包括二弦、提琴、三弦、月琴、横箫5种乐器，俗称“硬弓形式”。1926年开始以二胡（现称粤胡）主奏，辅以秦琴、扬琴，称“三件头”，俗称“软弓形式”，后来又陆续增加了一些丝竹乐器和西洋乐器演奏，使广东音乐成为别具一格的民间乐种。

20世纪二三十年代是广东音乐发展的鼎盛时期，广东音乐成为“流行音乐”，风靡广东各地的大街小巷，也流行于东南亚各国的华侨聚居地区。当时也涌现了许多音乐名家，如被称为“何氏三杰”的何柳堂、何与年、何少霞，被称为广东音乐“四大天王”的吕文成、尹自重、何大傻、何浪萍等。

广东音乐的优秀曲目有《步步高》《雨打芭蕉》《平湖秋月》《赛龙夺锦》《旱天雷》《饿马摇铃》《禅院钟声》等。

（二）潮州音乐

潮州音乐流行于潮汕及粤东北的一些地区，至今约有400多年历史。它是在当地民歌、小调、歌舞的基础上，吸收弋阳腔、昆曲、汉调、秦腔等形成的一种曲目丰富、形式多样、自成体系的民间音乐，音色细腻，韵味悠远，被称为“我国音乐宝库中的珍品”。

潮州音乐分为锣鼓乐、弦丝乐、笛套乐、细乐和宗教音乐五大类，其中以潮州锣鼓乐最为突出。

（三）广东汉乐

广东汉乐主要流行于粤东地区，同时也流行于赣南、闽西南及台湾等地，因源于中原汉族地区，故名“广东汉乐”，同时又称儒家音乐、外江弦、汉调音乐和客家音乐。

广东汉乐内容丰富，形式多样，旋律优美，格调朴实大方，较完整地保留了中国古代音乐的曲目及演奏形式，主要曲目有《大乐》《寒鸦戏水》等。

（四）客家山歌

客家山歌是用客家方言吟唱的歌谣，流行于客家地区，以梅州梅县区、兴宁、五华，河源紫金，惠州博罗等地为代表。客家山歌产生于劳动过程当中，取材广泛，全方位反映了客家人的生活劳动情况和思想感情。客家山歌多触景生情，往往先从咏物开始，多用双关、比喻、重章叠句等表现形式，唱腔多样，音乐性强而又通俗易懂，深受客家人喜爱。

客家山歌有号子山歌、正板山歌、快板山歌、叠板山歌、五句板山歌、四句八节山歌等近百种。因在山地歌唱，旋律高亢而又悠长，几乎所有曲调中都有颤音、滑音、倚音等装饰音，使声音更为优美，委婉动听。

梅州有“山歌之乡”的美称，有数万首歌词流行于民间，内容广泛，尤其以情歌数量最多，文学、艺术价值也最高。每逢中秋节，梅州要举办“山歌节”，客家人“打擂台”唱山歌，吸引了成千上万的观众。

二、广东的戏剧

广东地方戏剧主要有粤剧、潮剧和广东汉剧。

（一）粤剧

粤剧是用广州方言演唱的戏剧剧种，是“岭南四大剧种”（粤剧、潮剧、广东汉剧、琼剧）当中流行最广、影响最大的剧种。它将梆子、二黄声腔与粤方言音韵相结合，吸纳多元的音乐、戏剧元素，创造性地拓展了中国戏曲的艺术表现，成为中国南北戏曲艺术的集大成者，是粤方言区最具影响力和海外最具代表性的中国戏曲剧种。

粤剧发源于广东民间，至今约有300多年。清雍正年间，广东“本地班”以西皮（陕西）、二黄（安徽）为基本唱腔，保留部分弋阳腔（江西）、昆曲（江苏），吸收本地广腔、南音、粤讴等曲调，逐渐形成了粤剧。

粤剧声腔主要有子喉、平喉、大喉三种，行当包括小生、丑生、武生、文武生、正印花旦、二帮花旦六种，武打则以“南派武功”为基础。

历史上粤剧名家辈出，20世纪30—40年代，薛觉行、马师曾、白驹荣、廖侠怀被称为“粤剧四大家”。此外，红线女、李文茂、罗品超、文觉非等亦负盛名。

《黛玉葬花》《宝莲灯》《关汉卿》《搜书院》《荔枝颂》等都是粤剧的著名曲目。

2009年粤剧入选联合国教科文组织公布的《人类非物质文化遗产代表作名录》。

（二）潮剧

潮剧是用潮州方言演唱的地方戏剧，又名潮州戏、潮音戏、白字戏、潮调，有“南国奇葩”之誉，主要流行于潮汕、闽南、台湾和港澳地区，并随着潮汕人传播到东南亚和欧美地区，是中国对外最有影响的地方剧种之一。

潮剧历史悠久，其前身是宋元时期的南戏，大概于明代中期形成，已有400多年的历史。它吸收了弋阳腔、昆曲、梆子、皮黄等的特长，借鉴了潮汕地区的潮乐、潮州大锣鼓、潮州歌册、民间曲艺等艺术形式，形成了自己的独有风格。

潮剧的主要特点有：

（1）潮剧具有古典性，其唱词、道白中保留了很多古音、古调，作家老舍称赞为“一曲宋元遗韵在”。

（2）潮剧具有感染力。潮剧音乐丰富，帮腔伴唱的形式是潮剧的突出特点，一曲中往往会一唱众和，或二三人合唱，大大增强了潮剧的表现力和感染力。

（3）潮剧具有生活性，其最有特色的行当是花旦和丑行，尤其是丑行，诙谐滑稽、嬉笑怒骂，贴近观众的日常生活，有“无丑不成戏”之说。

（4）潮剧具有细腻性，表演精细入微，既严格遵循程式规范又灵活运用表演技巧。

潮剧主要剧目有《荔镜记》《苏六娘》等。

（三）广东汉剧

广东汉剧形成于清朝雍正至乾隆年间，是徽剧传入广东后形成的剧种，主要流行于粤东北客家方言区、潮汕地区和闽赣等地，又被称为“外江戏”“兴梅汉戏”，其中梅州大埔县被称为“汉剧之乡”。

广东汉剧有生、旦、丑、公、婆、净六行，表演艺术分为唱、念、做、打、舞等，以唱功和文戏见长，代表剧目有《辕门斩子》《百里奚会妻》等。

三、广东曲艺

曲艺是说唱音乐艺术的总称。广东曲艺历史悠久，主要有粤曲、粤讴、南音、龙舟、木鱼等类型。

（一）粤曲

粤曲使用广州话演唱，与粤剧关系密切，在曲调、板式等方面和粤剧基本相同，但粤曲更讲究唱功，突出声腔艺术。粤曲在清道光年间就已出现，在 20 世纪的 20—30 年代达到全盛，流行于广东、香港、澳门及东南亚、南北美洲等的粤籍华人华侨聚居区。

（二）粤讴

用广州方言咏唱的一种曲艺形式，流行于广东的各广州方言区，一般是 7 字为一句，4 句为一节，句中多有衬字，讲究押韵。

（三）南音

产生于清乾隆、嘉庆年间，是一种使用广州方言演唱的曲艺形式，因音乐性较木鱼、龙舟更强，故常在舞台上演唱，南音曲调也常被转化为粤剧、粤曲的曲牌。

2009 年南音入选联合国教科文组织公布的《人类非物质文化遗产代表作名录》。

（四）龙舟

又名“龙舟歌”，据说出现于清乾隆年间的珠江三角洲一带，是失明行乞艺人卖唱的腔调，多在水上渡船中传唱，用音低沉，间以锣、小鼓伴奏。还有一种说法是，唱此民谣沿门乞讨者，手上持木制小龙舟为标志，故称“龙舟”。

四、广东民间舞蹈

民间舞蹈在广东有悠久的历史。越人尚武，且流行巫术，在祭祀过程中，为表示对神灵的崇敬，会做各种动作，有些就发展成了民间舞蹈。如风靡广东各地的龙舞、狮舞，雷州半岛的傩舞，民间用来强身健体的刀舞、剑舞、棍舞，潮汕地区的英歌舞，东莞、增城、宝安、从化等地的凤舞和麒麟舞，增城、龙门的火狗舞，粤北的春牛舞，电白、番禺的鳌鱼舞，阳江、大埔、梅县的鲤鱼舞，东江流域客家地区和粤西吴川一带的貔貅舞，粤北、新丰、龙门、兴宁、五华等地的纸马舞、布马舞，汕头的蜈蚣舞，等等。广东各类民间舞蹈种类之多、式样之多，在全国可谓是首屈一指。

（一）舞龙

舞龙是一种传统的文化娱乐活动，据说起源于古代南方人的求雨活动。今天的舞龙以喜庆、欢快、吉祥的象征意义和赏心悦目的技艺表演，一直深受人们的欢迎。

广东舞龙历史悠久，群众基础深厚。广东舞龙种类繁多，特色鲜明，除了常见的布龙、彩龙、木龙之外，还有湛江东海岛的人龙、中山和珠海一带的醉龙、粤东一带的板凳龙、丰顺的火龙、罗定的香火龙、四会的蕉叶龙、新会的纱龙、广州的榕叶龙、江门紫来的金龙、大埔的乌龙、五华的钱龙、清远的龙狮、佛山的草龙、阳江的鲤鱼化龙舞、乐东的龙头舞、陆丰的龙香舞等。

湛江东海岛的人龙舞 流行于湛江东海岛，以成年男子和儿童按一定次序，人搭人，肩搭肩，排列而成龙形，通过鼓乐的击打节奏将武术和舞蹈艺术结合起来，被称为“东海一绝”。

（二）醒狮

狮子因威严、凶猛，一向被民间视为可以驱邪避恶的瑞兽。因此，古人经常在宫殿、宅门前或大桥前置石狮以图平安吉利。

补充阅读

至少几十万年前，狮子就活跃在茫茫林海中。在北京周口店遗址中曾发现过古狮化石。后来古狮在中国灭绝。通常认为，现在的狮子都是在西汉时期经丝绸之路传到中国的。

中国民间也向来存在舞狮的传统。历史上最早的关于舞狮的记载是在唐朝，当时唐高祖登基后为接待各方宾客，曾安排了“五方狮舞”的表演。

舞狮多在年节和喜庆活动中表演。经长时间的演化，逐渐分为北狮、南狮两大类型。北狮流行于长江以北地区，南狮则起源于广东佛山。目前多数舞狮的表演和比赛都是舞南狮。

醒狮便是南狮，在广东颇为流行，尤其以佛山醒狮最为有名。逢年过节、商场开业，都少不了醒狮的助兴。这种醒狮，独角、高额大眼、宽口缩鼻且长有长须。北方的舞狮一般在舞台、广场等固定的地点进行，广东的醒狮舞则走街串巷，挨家挨户进行，有“采青”“吃青”“醉青”等程式。醒狮舞常与武术、杂技和娱乐结合，既是人们竞技娱乐的一种形式，也是民众消灾除害、求吉纳福的美好意愿的寄托。

补充阅读

清朝末年，南方反清意识浓厚，舞狮这种民间表演增加了强身健体以推翻清朝的含义，南狮被称为“醒狮”，就有民众醒悟的寓意。在舞狮环节中加上义士吃生菜的步骤，称为“采青”“吃青”，寓意把清朝吃掉。但现在舞狮中的“采青”只取其意头，表生财兴旺。

五、广东的群众性游艺活动

广东的民间群众性游艺活动丰富多彩。这些活动，往往包含了工艺品大展览以及歌舞表演，颇具岭南传统文化特色，如广东飘色、佛山秋色、番禺市桥水色、紫泥春色、增城火色（夜色）、佛山和潮州的灯色等。这些活动的共同之处是内容取材于历史故事，通过塑造人物造型，配合彩车、舞蹈、鼓乐等进行群众性游行活动，同时展出各种精美的工艺品，是一种乡土气息浓厚的游艺活动，烘托了节日的欢乐气氛，往往吸引大批市民和游人观赏。其他的游艺活动还有拔河、潮汕新春“赛大标”、佛山和阳江的放纸鹞、潮州的打秋千等。

（一）广东“飘色”

飘色是一种集戏剧、杂技、音乐、舞蹈、魔术于一体的古老民间艺术形式。广东飘色起源于明末清初，目前依然流行于广东各地。

“飘”是指脱离地面，展现凌空之美。“色”的原意是“饰”，即伪装。所谓“飘色”是指由若干人推着一座装饰华丽的“色板”，色板上站立着扮成各种造型的人物。这些人物是经过精挑细选的、年龄在7～9岁的小孩，他们以一定姿势站立在用钢枝制成的支架（称为“色梗”）上，由于巧妙的伪装，人们通常难以看到色梗支撑，感觉支架上的演员凌空而立，从而有“飘”的效果。

茂名信宜市镇隆镇、湛江吴川市梅菉镇（现为梅菉街道）、广州番禺沙湾镇、中山市黄圃镇等都是著名的飘色艺术故乡。茂名信宜市镇隆镇拥有高难度的18人参与的大型飘色，被誉为“中国民间民俗艺术一绝”，湛江吴川市梅菉被命名为“中国民间（飘色）艺术之乡”。

（二）佛山“秋色”

佛山秋色，是指秋季农业丰收之时，民间举行的庆祝丰收的游行，也叫“秋色赛会”“秋色提灯会”，或统称为“出秋色”。

佛山自古以来就有繁荣的手工业和商业，被称为中国“四大名镇”之一。佛山秋色活动据说从明代就已开始，成为佛山经济繁荣的一个缩影，如今的秋色活动已成为一项集戏剧、音乐、舞蹈、杂技、美术工艺于一体的综合性民间游艺活动。

佛山秋色主要包括秋色工艺和秋色赛会两大内容。佛山的秋色工艺体现了极高的艺术水准，主要门类有纸扑艺术、扎作艺术、黏砌艺术、蜡塑艺术、批削艺术、针刺艺术等。纸扑艺术是秋色工艺中的主要品种，包括人物造像和器物造型等。秋色活动内容丰富，有起马、开路队、大灯笼、唢呐队、马色、头牌幡旗、罗伞、耍龙灯、灯色、合面、担头、车心、十番、锣鼓柜、扮演戏剧、大头佛、踩高跷、狮子队等。“十番”即“十番锣鼓”，由10种乐器组成，艺人轮番吹奏各种套曲，称为“舞十番”，民间有“无十番不算秋色”之说。

出秋色时，人们把工艺品放置于“担头”或“板面”上，配合着各种“车心”（船车、马车、鱼车、轿车等），穿街走巷，载歌载舞，热闹非凡。

（三）潮汕新春“赛大标”

逢正月初一，潮汕几乎每个地区都会举行春节民俗表演游行，以祈求来年过得风风火火，而“赛大标”则是其中场面最为壮观的表演之一。

赛大标（又称“游标旗”）是潮汕乡村春节期间盛行的大型化装游艺巡行。当地各乡镇成立有标旗队，由各村挑选出的俊男俏女组成，他们扛着绣有吉祥语的旌旗游行，并伴有花童踏歌，标旗队后面是大锣鼓，吹吹打打，有时队伍长达数百米，基本上全村的青壮劳力都要出动，浩浩荡荡，为人们送去祝福。

六、岭南画派

明清时期，岭南画坛有了较大发展，人才辈出，技法纷呈。20世纪初，在广东产生了“岭南画派”，由三位番禺人高剑父、高奇峰和陈树人创立，他们也被称为“岭南三杰”。

岭南画派主张“折中中西，融汇古今”，坚持“形神兼备，雅俗共赏”，对传统国画进行了大胆的创新和突破。岭南画派在技法上“兼工带笔，彩墨并重”，形成了三个特色：

（1）看重写生，师法然，题材多涉及木棉、苍松、奔马、雄鹰等；

（2）手法上融会古今中外；

（3）赋色和谐明快。

岭南画派之后，以关山月、黎雄才、越少昂等为代表的第二代岭南画家，继承了重写生的传统，在题材、技法上有新的突破。

第五节　广东特色工艺品

一、粤绣

（一）粤绣为四大名绣之一

刺绣即俗称的“绣花”，是用绣针引彩线，按设计的花纹在纺织品上刺缀运针，以绣迹构成纹样或文字的一种工艺。刺绣作品的花纹图案神态逼真，栩栩如生。长期以来，刺绣一直是我国驰名世界的优秀传统手工艺，被誉为“东方艺术明珠”。刺绣品还是我国传统的外贸产品，经济价值很高。

广东的刺绣称为“粤绣”，亦称“广绣”，是我国著名的刺绣品种之一，与苏绣、湘绣和蜀绣并称为我国的“四大名绣”。粤绣主要包括广府的广绣和潮汕的潮绣，主要产于广州、中山、潮州、汕头等地。

（二）粤绣的发展

粤绣历史悠久。据唐人苏鹗的《杜阳杂编》记载，早在唐代，南海即有一位叫卢眉娘的女子，能在一尺绢上绣《法华经》七卷，点画分明，细于毛发。明代粤绣已成为广东一项普遍的家庭副业，艺人们借鉴织锦的做法，用采购自国外的孔雀尾羽织为丝缕来刺绣。

清代，粤绣设立了专做外销品的作坊，乾隆年间还成立了广州刺绣行业的行业组织——广锦绣行，由 50 家工场商店组成，成员有 3 000 多人。当时潮州的刺绣也很出名，刺绣技艺是当时潮州女子必须掌握的技艺。

近现代，粤绣这种技艺走进了学校的课堂。1926 年，岭南画派著名画家高剑父创办缤华艺术学校，设立粤绣相关课程，使粤绣与绘画、雕塑等艺术形式结合起来。

（三）粤绣的特色

粤绣的特点是：用线多样，色彩明快，布局紧密，有立体感，图案丰富，画面欢快。

（1）用线多样。粤绣用线不拘一格，有绒绣、线绣、钉金、孔雀毛绣等，甚至用马尾鬃缠绒作勒线。盘金刺绣则是以金线为主，辅以彩线。18 世纪流行的皮金绣用羊皮金作衬。

（2）色彩明快。粤绣喜欢用红、橙、黄、绿、青、蓝、紫七原色，给人鲜艳夺目之感，而且善于用素雅的颜色与七原色搭配，做到艳而不俗。粤绣还善于运用“水路”，即在图案的边缘（花朵的各花瓣之间）留出空白的边线，使图案清晰整齐。

（3）图案丰富。花木鸟兽都可能成为粤绣的题材，人物绣更是粤绣的特色产品。由于广东人有浓厚的趋吉避祸心理，而凤凰寓意高贵，牡丹象征富贵，松鹤则代表长寿，因此，凤凰、牡丹、松鹤成为绣工摹绣最多的对象。此外，孔雀、鹿、锦鸡等图案也常常出现在粤绣当中。

（四）粤绣名品

广绣戏服 戏服是历史上广绣的著名产品，主要集中于广州状元坊一带。高贵华丽的绸缎面料，精美的刺绣技巧，使广绣戏服饮誉一时，据说连宫廷戏班也来广州定制戏服，京剧大师梅兰芳也曾定制过广绣戏服。

潮州香包 香包是过去民间常见的绣品，将其佩戴在身上，可发出阵阵香味，常用作定情信物。潮州香包很早就成为家庭手工艺品，清代更是大量生产，并出口海外。据说，著名的“永成行”经营的刺绣香包每年有 1 万多件出口到南洋各国。

二、广东陶瓷

日常生活中我们常常用到“陶瓷”这个词，其实陶瓷是陶器和瓷器的总称，且二者有很大的区别。陶器是用黏土成型，经 800℃～1 000℃的高温焙烧而成的无釉或上釉的日用品和陈设品。陶器坯体不透明，具有吸水性，叩之声音不脆。瓷器是在陶器的基础上制成的器物，与陶器相比，瓷器有下列特色：胎色白，质地致密，基本不吸水；具有透明或半透明性，叩之发出清脆悦耳之声；烧成温度必须在 1 200℃以上。

广东陶瓷生产历史悠久。佛山曾出土了新石器时代制作的陶器，造型、纹饰非常丰富，其中的云雷纹比商周青铜器上的云雷纹要早 1 000 多年。

广东陶瓷名品有广州彩瓷、石湾陶瓷和枫溪陶瓷。

（一）广州彩瓷

广州彩瓷又称为广州织金彩瓷，简称广彩。以“绚彩华丽”著称，与景德镇粉彩、醴陵釉下彩、唐山喷彩齐名，被誉为我国釉上彩瓷的一枝奇葩。

广彩是在白瓷器皿上彩绘然后烧制而成。最早出现于清康熙年间，乾隆年间发展成熟，有了自己独特的风格。广彩有下列特点：

(1) 中西融合。由于清代长期实行广州一口通商，出于外贸的需要，广彩十分注重融合西方的需求。无论是造型、题材还是构图，都考虑到了西方人的审美习惯。如产品多为西式的餐具、茶具和咖啡具，图案多带西方风物和圣经故事，花边中加入巴洛克风格的花草，等等。在制作工艺上，广彩还借鉴西方的“金胎烧珐琅”技法，使用进口材料创制“铜胎烧珐琅”法，并仿照中国锦缎纹样绘制花卉图案。

(2) 色彩绚丽。广彩使用的颜色丰富，达 20 余种，而且许多颜色是广彩所独有的。最常见的颜色是金彩，这也使得广彩富贵华美。麻色则是广彩绘制西方题材的图案时的常用颜色。

(3) 制作精细。广彩工艺复杂，光彩绘工序就有七道，包括描线、填色、织金、填绿、斗彩、包金口、烧花等，因此，每一件广彩都凝聚了制作者的大量心血，其价格自然高昂，当时不少欧洲国家的宫廷王室和贵族都以拥有广彩用具或藏品为荣。

(二) 石湾陶瓷

佛山的石湾镇生产陶瓷有悠久的历史，唐宋时期就已成为全国重要的陶瓷生产基地，宋代石湾陶瓷还出口到南洋，明清时大量出口欧美。

石湾陶瓷生产从北宋起就大量使用“龙窑”，这是一种顺坡度而建的窑，灶口朝下，犹如一条巨龙从天而降，故称龙窑。这种窑可充分利用斜坡的烟囱作用，增加窑温。石湾尚存龙窑三座，南风古灶建于明代，是其中最古老的一座龙窑。

石湾陶瓷有两大特色：

(1) 生活气息浓厚。石湾的窑绝大部分是民窑，这使得石湾陶瓷在题材方面体现出与官窑不同的风格，其创作往往以身边的人和物为原型，有浓厚的生活气息。以人像为例，石湾陶瓷的人像有鲜明的广东人特征，而且很多是劳动者形象，如穿短裤、跣足、披蓑衣、戴笠帽的形象等。

(2) 惟妙惟肖。石湾陶瓷无论人物像、动物像都惟妙惟肖。其中一个重要原因是根据不同的人物、动物采用不同的灰泥或乌泥捏出胚胎，煅烧胚胎使其接近人物和动物的本来颜色，而不用施釉或少施釉。

石湾陶塑是石湾陶瓷最重要的产品。石湾在历史上大量出产瓦脊饰物（俗称石湾瓦脊）。瓦脊是装饰于庙宇、祠堂、会馆等大型建筑物的屋脊上的特殊工艺。其制作方法为：将陶泥雕塑成所需要的形象后，施以黄、蓝、绿、褐等色釉，再经高温煅烧。经过这种方法制作的瓦脊釉色明丽，装饰效果强，即使经风吹、日晒、雨淋也不易变色，适合广东高温多雨的气候特点。

石湾瓦脊的形象开始以花卉鸟兽为主，到了清代则以人物为主，主要表现民间传说和戏曲故事。罗浮山冲虚观、广州陈家祠、佛山祖庙都保存有石湾生产的陶塑脊饰。文如璧、均玉、宝玉荣等都是当年知名的瓦脊店号，其中又以文如璧最为知名。

(三) 枫溪陶瓷

潮州瓷器生产已有上千年的历史，潮州市区西部的枫溪区是我国著名陶瓷产区。早在唐代，枫溪人就开始生产各类陶瓷器皿，如今，枫溪不断完善和壮大产业规模，已成为全国最大工艺陶瓷、日用陶瓷、卫生洁具和技术陶瓷的生产基地和出口基地。

枫溪陶瓷以通花瓷最为出名。这种瓷器是在未经干燥的花瓶土胎上镂刻通花网孔，上釉后烧制而成，有“薄如纸、细如丝”的特点，有的通花瓷器有两三层，透过通花孔，甚至可看见内层捏塑的花朵，可谓巧夺天工。

三、广雕

雕刻是一门古老的艺术，广东雕刻轻巧秀气，具有细致玲珑的特点。广东雕刻有木雕、石雕、砖雕、玉雕和榄雕等。

（一）木雕

木雕指的是采用深雕、浅雕、圆雕、透雕等工艺技法，在木材及树根上雕琢出各种纹饰图案。

广东的木雕工艺源远流长，在建筑和家具当中使用普遍，如木制的神楼、神台、神像，建筑当中的檐板、藻井、屏门，各家的家具，等等，都广泛使用木雕工艺。过去，从家庭中使用木雕的多少及精细程度，往往可以看出这家的殷实程度。

广东木雕工艺精湛，有“苏州样，广州匠”之说。清末光绪皇帝“龙床”上的木雕，即出自广州木雕艺人梁阜之手。广州陈家祠有 16 扇以历史故事为题材的双面镂雕屏门，被誉为“民间艺人运用木头和钢刀雕就的历史故事长廊”。广州从化钱岗古村西更楼封檐板上的一幅《珠江江城图》木雕，十分精美，被誉为“广州的《清明上河图》”。

补充阅读

封檐板是保护檩条端部使之免受日晒雨淋的构件。一般的建筑物封檐板的雕刻装饰较简单，而建筑物越高级，封檐板的雕刻装饰就越复杂，有的雕刻构图复杂，甚至达到好几层，有人物故事，也有福禄寿三星、松、鹤、梅、荔枝等图案。

广东木雕最有名的是潮州金漆木雕。

潮州金漆木雕　潮州木雕最晚产生于唐代，潮州开元寺尚留有唐代雕刻的木鱼。明万历年间，潮州木雕从过去的以平面雕饰为主，转变为向单层镂空发展。清代，潮州木雕达到鼎盛。潮州木雕构思精巧，工艺完善，刀法精湛，观赏性强，是工艺美术界的奇葩，享誉世界。

潮州木雕的雕刻技艺高超精湛，通常采用沉雕、浮雕、圆雕、镂通雕等技法，而镂通雕是潮州木雕最具代表性的雕刻形式，代表了潮州木雕的最高水平。它采用多层、镂空雕刻的形式，扩大雕刻的空间范围，可以突破空间和时间的限制，把复杂的故事情节集中于一个画面上，而且赋予雕刻作品层次感，呈现出玲珑剔透的效果。

饰金涂漆是潮州木雕的另一个重要特色。潮州木雕选用防蛀的樟木为材料，雕完后还要涂上生漆，贴上金箔，不仅能给人富丽堂皇的感觉，还可防腐防虫。因为潮州木雕大多饰以金漆，因此又被称为“金漆木雕”。潮州金漆木雕由于工艺精湛，与浙江东阳木雕、浙江乐清黄杨木雕、福建龙眼木雕一起被称为我国“四大名雕”。

潮州已略黄公祠、潮州开元寺、揭阳关帝庙等都保留有潮州金漆木雕的代表作。潮州已略黄公祠是一座名副其实的潮州木雕艺术殿堂，被誉为“木雕博物馆”，其木雕作品集潮州木雕雕刻技法之大成，作品结构之繁华程度可谓居全国民居之首。

（二）石雕

广东建筑物的石雕具有简洁洗练的特点。石雕一般出现在建筑物承重及易受风雨侵蚀的部位，花岗岩是石雕最常用的石材，广东石雕艺人在石材上灵活运用深雕、浅雕、圆雕、阴刻等技法，将一块块石头变成了精美的装饰。

（三）砖雕

砖与石头一样抗腐蚀，还比石头易雕琢，因此砖雕也是广东明清时期最常用的建筑装饰之一，常常用于庙宇、祠堂、会馆、商铺及民居建筑当中。用于雕刻的砖一般是质地细致、色泽统一的青砖，先逐块雕刻，然后按部位拼接。因广东砖雕平面多以密集均匀的线条进行处理，故有“挂线砖雕”之称。

广州陈家祠的砖雕做工细、数量大，被认为是广东砖雕的代表。

（四）玉雕

玉器被称为是中华民族的“四大国粹”（国画、中药、京剧、玉器）之一。玉器具有坚韧的质地、晶润的光泽、绚丽的色彩、致密而透明的组织、舒扬致远的声音，因而广受欢迎。

广东的玉雕工艺源远流长。广州南越文王赵眛墓中出土玉制品 200 多件。清道光年间，广州玉石工艺店达 200 多家，成立了行会组织。广东玉雕创造了“留色”技法，能显示出原玉的天然颜色和自然斑纹。广东的玉雕原料主要来自广东信宜，这里的玉料被称为“南方玉”，呈半透明的草绿色。

（五）榄雕

增城盛产乌榄，榄核雕刻也成为增城人的独特工艺之一。增城榄雕创始于增城新塘镇，至今已有 300 多年历史，榄雕一度是清皇室的贡品。

湛谷生被称为“岭南榄雕的开山祖师”，他在半寸见方的榄核上刻上了 550 字的《前赤壁赋》全文及落款，可谓技艺超群。

四、灰塑

灰塑是广东传统建筑装饰工艺。它以石灰为主要材料，加上稻草、纸筋、红糖、贝壳灰、麻皮、沙等材料，制成细细的灰膏，再以钢钉、铜线、瓦筒等构成的骨架为支撑，在施工现场进行塑造，干后再涂上矿物质颜料而成。

广东灰塑历史悠久，明清两代最为盛行，主要用于祠堂、寺庙和豪门大宅的装饰，题材主要是人们喜闻乐见的人物、山水以及瑞兽、花鸟虫鱼等。由于灰塑立体感强，色彩丰富，十分受欢迎。

五、端砚

砚是用来磨墨的工具，为我国所特有。肇庆的端砚居中国四大名砚之首，与宣纸、湖笔、徽墨并称为“文房四宝”。

端砚历史悠久，早在唐代初期，肇庆（古称端州）当地就在开采砚石以刻砚。宋朝，端砚被列为“贡品”，端砚开始蜚声中外。

生产端砚的材料是端砚石。它含硅、泥、涓云母等成分，石质纯净、润滑、细腻、娇嫩。用端砚研墨，不仅发墨快，研出的墨汁也很细滑，书写流畅不损毫。端砚因此成为文人墨客的挚爱，许多文人以得到一方端砚为荣。端砚石出产在肇庆北岭山、端溪等地，尤以老坑、麻子坑和坑仔岩三地之砚石为最佳。端砚的制作过程主要包括采石、维料、制璞、雕刻、磨光、配盒等。

六、佛山剪纸

剪纸是我国传统的民间工艺，因材料简单，成本低廉，有很强的装饰效果而风靡大江南北，并形成很多流派，佛山剪纸就是其中之一。

佛山剪纸早在宋代就已流传，明清两代达到鼎盛。它设计精密，构图严谨，图案繁复，寓意深刻，装饰性强，具有鲜明的地方特色。从明代开始，佛山剪纸就大量生产，产品销往中国各地，并远销南洋各国。

按照制作原料和方法，佛山剪纸可分为铜衬、纸衬、铜写、银写、铜凿、木刻套印、纯色等几大类，尤其以铜凿最具地方特色。佛山剪纸主要用于刺绣雕刻图样、节日礼品的装饰、祭祀装饰、产品商标等。其题材绝大多数是群众喜闻乐见的戏曲人物和民间故事以及寄寓如意吉祥的花鸟鱼兽等。

七、新会葵艺

广东新会葵树（蒲葵）遍布，新会人以葵树为原料，将其制成扇子、蓑衣、篮子、扫帚、牙签等，尤其是葵扇，是新会的主要特产之一。

早在晋代，新会葵扇即已成为著名产品，直到 1949 年以前，制葵扇也是新会的主要手工业之一。新会葵扇的主要品种有火笔扇、织扇、竹篺画扇等。火笔扇的特色是火笔画，即用烧红的铁棒灼焦扇面以形成图案，这一工艺据说清代即有。有的火笔扇用玳瑁等为扇柄，使葵扇身价倍增。

八、阳江漆器

漆器是指用漆涂在各种器物的表面上所制成的日常器具及工艺品、美术品等。我国使用漆的历史已有近万年，是世界上最早使用漆的国家。漆器是中国古代在化学工艺及工艺美术方面的重要发明，与陶瓷和丝绸一样，是民族文化的瑰宝。

漆器的主要特点是可以抛光到与瓷器媲美，而且具有耐潮、耐高温、耐腐蚀等特殊功能，对古人的生产和生活起了很大作用。

广东漆器以阳江漆器最为著名。阳江漆器与刀具、豆豉并称为“阳江三宝”。阳江漆器的制作始于明末清初，早先只生产漆皮箱和漆皮枕，因制作精美，色泽光滑，且防潮防蛀，深受人们喜爱，阳江漆皮箱成为殷实人家的必备。后来，阳江漆器的品种增加了屏风、茶盆、花瓶、首饰盒、仿古文物等日常用品，颜色和字画装饰也开始丰富多彩。“老义和”“广泰成”等都是阳江漆器生产史上的著名品牌。

九、岭南盆景

岭南盆景产生于明清，是我国盆景五大流派（苏、扬、川、徽、岭南）之一。

岭南盆景根据采用的原料的不同而分为两大类型——树桩盆景和石山盆景。因为广东英德产的英石具有皱、瘦、透等美学特点，常常被用作石山盆景的材料。

岭南盆景与其他盆景相比，有三大特点：

（1）善于使用剪裁技法而不露痕迹，这是岭南盆景的最大特点。

（2）师法自然，所以岭南盆景有“活的中国画”的美誉。

（3）注重选择合适的盆和几架，使之与景完美搭配，故有“一景二盆三几架”之说。

岭南盆景尤其以广州盆景最为突出。广州流花湖畔的西苑被誉为“岭南盆景之家”，而广州芳村是广东最早、最著名的岭南盆景之乡。

思考与练习

一、单项选择

1. 广东三大民系中最能代表广东文化特征的是（　　）。
   A. 广府民系　　B. 潮汕民系　　C. 客家民系
2. 广东三大民系中最早形成的民系是（　　）。
   A. 广府民系　　B. 潮汕民系　　C. 客家民系
3. （　　）是最具代表性的广府民系地区。
   A. 珠江三角洲　　B. 粤北　　C. 粤东　　D. 粤西
4. （　　）被称为“世界客都”。
   A. 五华　　B. 大埔　　C. 梅州　　D. 蕉岭
5. 广东客家人主要居住在（　　）地区。
   A. 粤东北　　B. 粤西　　C. 粤北　　D. 粤西北
6. 汉族方言中最具稳定性的方言是（　　）。
   A. 广州方言　　B. 潮汕方言　　C. 客家方言　　D. 粤方言
7. 客家人的最终形成是在（　　）。
   A. 汉朝　　B. 唐朝　　C. 宋朝　　D. 明朝
8. 岭南三大方言中最接近北方方言的是（　　）。
   A. 广州方言　　B. 客家方言　　C. 潮汕方言
9. 粤方言区最具影响力和海外最具代表性的中国戏曲剧种是（　　）。
   A. 广东汉剧　　B. 潮剧　　C. 琼剧　　D. 粤剧
10. 中国南北戏曲艺术的集大成者指的是（　　）。
    A. 广东汉剧　　B. 潮剧　　C. 琼剧　　D. 粤剧
11. 醒狮便是南狮，在广东颇为流行，尤其以（　　）醒狮最为有名。
    A. 佛山　　B. 中山　　C. 东莞　　D. 广州
12. （　　）内涵丰富，节奏明快，旋律优美，被称为“东方民间音乐明珠”“透明的音乐”。

A. 广东音乐 B. 潮州音乐 C. 广东汉乐 D. 客家音乐

13. 山歌节流行于（ ）。

A. 珠江三角洲地区 B. 粤西地区

C. 兴梅地区 D. 粤东地区

14. （ ）已成为全国闻名的风筝制作和施放中心。

A. 阳江 B. 东莞 C. 从化 D. 惠州

15. 潮州音乐以潮州（ ）最为突出。

A. 笛套乐 B. 锣鼓乐 C. 细乐 D. 弦丝乐

16. （ ）被称为“汉剧之乡”。

A. 兴宁 B. 平远 C. 丰顺 D. 大埔

17. 枫溪陶瓷以（ ）最为出名。

A. 青花瓷 B. 粉彩瓷

C. 颜色釉瓷 D. 通花瓷

18. （ ）是潮州木雕最具代表性的雕刻形式，代表了潮州木雕的最高水平。

A. 镂通雕 B. 沉雕 C. 浮雕 D. 圆雕

19. （ ）的砖雕做工细、数量大，被认为是广东砖雕的代表。

A. 潮州已略黄公祠 B. 德庆学宫

C. 广州陈家祠 D. 揭阳学宫

20. （ ）是一座名副其实的木雕艺术殿堂，被誉为“木雕博物馆”。

A. 潮州已略黄公祠 B. 德庆学宫

C. 广州陈家祠 D. 揭阳学宫

21. 裹蒸粽是（ ）的特色产品。

A. 河源 B. 肇庆 C. 梅州 D. 珠海

二、多项选择（至少有两项符合题意）

1. 关于广府民系，说法正确的有（ ）。

A. 珠江三角洲是最具代表性的广府民系分布地区

B. 是最能代表广东的文化特征的一大民系

C. 由南迁的中原移民构成

D. 是广东三大民系中最早形成的一大民系

2. 关于粤语，说法正确的有（ ）。

A. 也叫白话

B. 唐宋之际，粤语已成独特语系

C. 明代，粤语已与现代粤语基本相同

D. 广州话有着粤方言中的“普通话”的地位

3. 下列哪些属于潮汕民系的文化特征？（ ）

A. 强烈的家乡、宗族观念 B. 强烈的经商意识

C. 有开拓进取精神 D. 竞争意识强

4. 客家人最主要的分布区是（ ）三省。

A. 广东 B. 广西 C. 江西 D. 福建

5. 属于“岭南四大剧种”的有（　　）。

A. 越剧　　B. 广东汉剧　　C. 粤剧　　D. 潮剧

6. 因创立“岭南画派”而被称为“岭南三杰”的是（　　）。

A. 高剑父　　B. 高奇峰　　C. 陈树人　　D. 居巢

7. 粤绣最有名的两大产地是（　　）。

A. 广州　　B. 湛江　　C. 潮州　　D. 韶关

8. （　　）并称为“阳江三宝”。

A. 漆器　　B. 豆豉　　C. 葵艺　　D. 刀具

9. 被誉为“岭南三大艺术瑰宝”的有（　　）。

A. 广东音乐　　B. 岭南画派　　C. 粤剧　　D. 粤曲

三、简答题

1. 广府民系是如何形成的？
2. 粤语在词汇、语法上有什么特点？
3. 潮汕民系有哪些文化特征？
4. 什么是客家人？
5. 广东人过春节有哪些习俗？
6. 潮剧有哪些主要特点？
7. 石湾陶瓷有哪两大特色？

第八章 广东饮食文化旅游资源

本章导读

广东饮食文化历史悠久，博大精深，极富地方特色，是我国饮食文化的重要组成部分，对亚太地区的饮食文化也产生了深远的影响。

第一节 广东菜肴与点心小吃

一、广东饮食文化的突出特点

（一）开放性

广东地处沿海，交通便利，频繁的经济文化交流赋予了广东人开放的性格，体现在饮食上，就是一种“无所不吃”的开放心态。外地人退避三舍的蛇类，在广东却被视为美食。广东很多地方还吃鼠肉，有腊、蜜饯、焖等多种食法。广东有的地方还嗜食各种虫类，只要可果腹而无毒者，皆可制成佳肴，如沙虫（沙蚕）、禾虫、蚕蛹、地老虎、桂花蝉、龙虱、禾虾、蜂蛹、竹虫等。而广东的温暖的气候，丰富的物产，更是为广东饮食提供了丰富的食源。

补充阅读

岭南人吃蛇的风俗由来已久。汉朝的史籍对岭南人吃蛇就多有记录，唐代韩愈被贬潮州时，就曾见到当地人吃蛇，感觉无法忍受。宋代苏东坡被贬惠州，其妾王朝云据说就是因吃蛇诱发了负面心理反应，加上风寒而病逝于惠州。元代，欧洲旅行家鄂多立克来到广州后特意提到当地人吃蛇，说如果请客吃饭而桌上无蛇，那么客人会认为一无所得。

（二）兼容性

广东文化本身具有兼收并蓄、容纳百川的特征，这在广东的饮食上也有充分的体现。在广东，可以吃到全国各地和世界各地的美食。广东也有不同档次和风格的各式餐饮店、美食排档，所以有“天下美食尽在广东”之说。

（三）开拓性

广东人不仅敢于拓展新的食源，而且善于推陈出新，不断发掘传统饮食风味的优点，加以改造和发扬，体现了广东人敢为天下先的勇气和开拓精神。

二、粤菜

广东饮食文化最突出的代表是粤菜。粤菜是广东地方风味菜肴的总称，是我国四大菜系（川菜、鲁菜、苏菜、粤菜）之一。

（一）粤菜的发展

自古以来，粤菜就因其鲜明的特征影响了中国人的饮食生活。早在唐代，广东的“南味”“南烹”即闻名中原。明清时代，广东饮食引领国内饮食新潮。在20世纪初期，甚至出现了“生在苏州、住在杭州、食在广州、死在柳州”的民谚。20世纪30年代以后，广东菜频频在国际上获得大奖，在世界上有很高的声誉，其影响力超过我国的其他菜系。20世纪80年代日本的中华料理，80%是粤菜构成。欧美的中餐馆，60%是粤菜。

（二）粤菜的主要特点

粤菜的主要特点有：

（1）博。取料广博，无所不吃。

（2）精。做工精细，勇于创新。

（3）鲜。食材新鲜，品味清淡。

（4）润。注重汤水，医食合一。

（三）粤菜的组成

粤菜主要由广州菜（又称“广府菜”）、东江菜和潮州菜组成。

1. 广州菜

粤菜以广州菜最有代表性，狭义的粤菜就是指广州菜。广州菜主要包括珠江三角洲及周边地区的饮食风味。有下列鲜明特点：

（1）取料广博。广州菜取料广博，为全国各地菜肴之最，“不问鸟兽虫蛇，无不食之”。天上飞的、地上爬的、水中游的都可入肴。各地菜肴中的家禽、家畜和鱼虾在广州菜中都有，其他菜肴中难寻的猫、蛇、田鼠、蚕蛹、笋虫、滑螺等也成为广州菜的烹饪材料，而入菜的蔬菜、水果的种类之多，也为其他地方菜肴难以匹敌。一些国外食材同样可以入菜。许多中原人眼中不能吃、不敢吃的东西，在广州人这里却成了地道的美食。

【小思考】

为什么广州菜取料之广能成为全国各地菜肴之最？

参考提示：（1）广东气候温暖，雨量充沛，四季常绿，生物繁多，动植物资源丰富；（2）广东地形复杂，多山脉河流，濒临大海，平原山地河海的食材兼备；（3）广东平原少，粮食产量不足，对食材的挖掘成为必要；(4) 广东地处岭南，交通不便，受中原地区饮食习惯的影响小；(5) 广州自古有发达的商业贸易，更有条件接触外来食材和域外饮食文化；(6) 自古广州就有繁荣的商业经济，对饮食文化的发展起了重要的支撑作用。

(2) 积淀深厚，技艺精湛。在长期的历史发展中，广州菜不断吸收一批又一批中原移民带来的先进烹调文化，不断融合国外先进饮食文化的宝贵经验，发展出一套精湛的烹调技艺。无论是刀功、配料、火候还是烹饪时间、器皿、上菜方式等都有严格的要求。广州菜的烹调方法很多，至少达 21 种，尤其擅长炒、煎、焗、焖、煲、炖、蒸等方法。高超技艺使得广州菜制作精美，色香味俱佳。

(3) 清鲜嫩爽，突出原味。在口味方面，广州菜有“五滋”（香、脆、松、肥、浓）和“六味”（酸、甜、苦、辣、咸、鲜）之别，但总体特点是清鲜嫩爽而突出原味。

“清”指的是清淡，强调原汁原味。广州菜极少用辣椒等辛辣佐料，仅用少量的姜、葱、蒜，并使用蚝油、鱼露、豉汁、咖喱粉等调味料，追求原料的本味和清鲜味。即宰即烹，多用蒸、煮的方法，不讲究大咸和大甜。广州菜还会随着季节的变化改变口味，如夏秋力求清淡，冬春则重浓郁。

“鲜”指的是鲜活，“生猛海鲜”是广州菜最大的卖点之一。因此，很多菜馆都设有海鲜池，由食客自行挑选海鲜交店家现场加工。上碟的菜也讲究鲜美和原味，如上桌的蔬菜要保持绿油油的本色，清蒸鱼要整条上桌，白切鸡斩件后要还原鸡的原状上桌。

广州菜清淡、鲜活的特点，既适合广东炎热潮湿的气候特点，也符合现代营养学的要求，体现了广州菜的生命力，这也是广州菜越来越受欢迎的一个重要原因。

(4) 注重汤水，医食合一。注重汤水是广州菜的一大特色，也是粤菜与其他菜系的一大区别。由于岭南气候湿热，人们期望通过多喝汤水清热去火，并提高食欲。因此，广东人自古养成了制汤的习惯，一方面用来佐餐，另一方面用来养生和辅助治疗各种疾病。“老火靓汤”几乎是广州菜的必备。在广东，身为人母者几乎没有谁不会煲汤的。

广州菜的代表菜有龙虎斗、太爷鸡、白云猪手、烤乳猪、脆皮鸡、白切鸡等。

2. 东江菜（客家菜）

东江菜又叫客家菜，以东江流域的兴梅、惠州等地的客家传统菜肴为代表。发源于东晋之前，形成于两宋期间，发展于明清之际。东江菜主料突出，喜欢用肉（鸡、鸭、鹅、畜肉等），有“无鸡不清、无肉不鲜、无鸭不香、无肘不浓”之说。此外，“咸、烧、肥、香、熟、陈”也是客家菜的特点。

(1) 咸，就是放盐多，菜偏咸，有“吃在客家，咸是一绝”之说；

(2) 烧，就是强调吃热食；

(3) 肥，是指下油重，普遍爱用肥肉或五花肉；

(4) 香，指的是味道香口，喜欢煎、炸、烧、炒等方式；

(5) 熟，指的是菜要熟透、熟烂；

(6) 陈，指的是喜用菜干等陈料（如梅菜扣肉）。

东江盐焗鸡、梅菜扣肉、酿豆腐、八宝窝全鸭、蕉岭蘸仔鸭、肉丸、红烧猪肉、龙凤汤、豆腐饺子、河田白斩鸡、水晶肉、五香猪手、醋熘鱼等都是东江菜名菜。

3. 潮州菜

潮州菜是潮州、汕头等地的风味菜。潮汕地区在地理位置上介于福建和珠江三角洲之间，其饮食习惯也是兼收两地之长，既有闽南地区特色，又受广州地区的影响，形成了“重鱼鲜喜清淡”的基本特点。具体来说，潮州菜的主要特色有如下几方面：

（1）擅烹海鲜。潮汕地区盛产海鲜，自古以来，这里的人们就善食、喜食海鲜。潮州菜中海鲜占据了很大比例，有“无海鲜不成宴”之说。

（2）味尚清鲜。潮州菜讲究原料的新鲜、鲜活，菜肴也讲究清淡、鲜美，郁而不腻。

（3）烹制方法多样，制作精巧。潮州菜尤其擅长焖、炖、烧、焗、炸、蒸、炒、泡等烹制方法，选材用料、刀工火候、调料搭配等都很讲究。

（4）注重营养和养生。潮州菜重科学讲营养，新鲜、清淡、量少，多海鲜与果蔬，重时令，爱吃“苦”，因此，有人说潮州菜“虽无药膳之名，却有药膳之实”。

（5）席间往往有“工夫茶”与精美菜肴相配，相得益彰。

潮州菜的代表菜有八宝素菜（创自唐宋年间）、护国菜（创自南宋末年）、小食“来不及”（创自明末清初）、太极芋泥、红炖鱼翅、芙蓉官燕、潮州烧雁鹅、潮州豆酱鸡、炊鸳鸯膏蟹、明炉烧海螺、绉纱甜肉、沙茶牛肉等。

三、广东点心与小吃

广式点心与小吃品种、款式繁多，不仅数量居全国各地之冠，而且制作精细、咸甜兼备，在全国有很高的知名度。

（一）广东点心与小吃的类型

广东点心与小吃种类繁多，如：蒸制类的虾饺、烧卖、莲蓉包、叉烧包、流沙包、娥姐粉果、蟹黄灌汤包等；烘制类的酥皮鸡蛋挞、酥皮椰丝挞、酥皮菠萝包、芝士蛋糕、酥香牛角包等；煎炸类的油条、咸煎饼、油香饼、煎堆等；糕点类的伦教糕、钵仔糕、棉花糕、萝卜糕、芋头糕、马蹄糕、马拉糕、年糕等；粉面类的蒸肠粉、陈村粉、河粉、云吞面、炒面、伊府面等；粥品类的白粥、鱼片粥、及第粥、艇仔粥等；甜品类的绿豆沙、红豆沙、芝麻糊、杏仁奶糊、姜撞奶、双皮奶、冰糖炖木瓜、龟苓膏、糖水、豆腐花等；传统手信类的广式月饼、鸡仔饼、杏仁饼、合桃酥、鸡蛋卷等。

（二）广东点心与小吃举例

1. 蒸肠粉

又名猪肠粉（形似猪肠）、卷粉等，抗日战争期间由泮塘荷仙馆创制。制作方法是：将米浆置于多层蒸笼中或布上，蒸成一张张薄皮，放上肉、鱼片、虾仁、蔬菜等，蒸熟卷成长条，剪断装碟。肠粉因加的馅不同，叫法不同，有牛肉肠、猪肉肠、鱼片肠、虾米肠等，不加馅的叫斋肠，米浆中加糖的叫甜肠。

2. 虾饺

又称薄皮鲜虾饺，它以淀粉面团作皮，以鱼虾肉等为馅，包成饺子的形状蒸制而成。特点是皮薄、色白、晶莹透亮，馅肉隐约可见。创制于20世纪30年代广州市郊的一家茶楼，后来传入广州各大茶楼、酒家，成为一种精美名点。

3. 马蹄糕

以糖水拌和马蹄（荸荠）粉蒸制而成。半透明状，颜色茶黄，味香甜。以广州市泮溪酒家的最为出名。

4. 鸡仔饼

原名“小凤饼”，据说是清咸丰年间广州西关一个名叫小凤的女工创制。经广州成珠茶楼改制，将月饼料和猪肉、菜心混合为馅料，再调以南乳、蒜泥、胡椒粉、五香粉和盐，制成了甘香酥脆、甜中带咸的“成珠小凤饼”，因形状像雏鸡，故又称鸡仔饼。

5. 伦教糕

历史悠久，因创制于顺德的伦教镇而得名。该品采用米浆经发酵蒸制而成，色白，表层滑润光洁，内层有小眼，横竖相连，味道甜冽清香。

6. 艇仔粥

一种加入鱼片、炸花生等配料的粥。最早是一些水上人家用小船在河面上经营售卖，因小船在粤语中俗称艇，故名艇仔粥。

7. 河粉

因源自广州沙河，故而也称沙河粉。河粉是将米浆上笼蒸制成片状，冷却后划成条状即成，是广东、广西、海南常见的一种小吃。手工制成的河粉是白色的，近来也有店家在其中加入各种蔬菜汁或者水果汁而制成五颜六色的河粉。

8. 荷叶饭

又称荷包饭，是荷叶包裹米饭和肉馅制成。这种点心历史悠久，至少明代开始就是珠江三角洲一带居民的日常美食，20 世纪 20 年代成为茶楼的夏季名点。

9. 广式月饼

广式月饼是中秋月饼的一种知名类型，其特点是皮薄松软、油润软滑、色泽金黄、造型美观、不易破碎、携带方便。“广式月饼”起源于清末广州城西的“莲香楼”生产的一种莲蓉馅月饼，之后，各食肆、饼家纷纷仿效生产月饼，并形成了“陶陶居”“广州酒家”“金口月饼”“趣香”“大三元”等月饼名牌，“广式月饼”逐渐闻名海内外。广式月饼种类繁多，按照口味，可分有咸、甜两大类。按照月饼馅，可分有莲蓉月饼、豆沙月饼、五仁月饼、水果月饼、叉烧月饼等类型。

第二节 广东特色食俗

广东除了许多特色饮食外，还有许多特色鲜明的食俗。有人将其归纳为“重汤喜粥好茶”，有一定的道理。

一、独特的饮茶习俗

饮茶是中国的传统习俗，但广东人的饮茶，并非仅仅是喝茶，而是边喝茶边吃点心、边聊天，又称“叹茶”。（“叹”是广州俗语，享受的意思）。

广东人饮茶还喜欢上茶楼。茶楼一般规模宏大，顾客盈门。在茶楼饮茶当然有茶水，但也有更为丰富的点心和菜肴供挑选，实际上是变相的吃饭。这种饮茶方式已成为广东人的一种休闲、交往的常用方式。无论是亲朋聚会、业余消遣，还是生意往来，广东人都喜欢上茶楼，点一壶茶水、几样点心，边吃边喝边谈。

据说广东人饮茶的习俗来自南越国创始者赵佗。他经常率大臣在珠江边的楼阁上喝早茶，以后历代相传。明清时期，饮茶之风更盛。

广东茶市有早茶、午茶和晚茶之分。广东人尤其爱饮早茶，民间流传着“清晨一壶茶，不用找医家”的谚语。

补充阅读

广东人饮茶并不拘泥于礼节，但别人为自己倒茶时，要用食指和中指轻叩桌面致谢。传说这一礼仪来自康熙微服私访中的一个故事。当时康熙和臣子在茶肆喝茶时亲自为臣子斟茶，臣子本想叩头谢恩，但又怕暴露身份，于是将食指和中指弯曲，做成屈膝姿势轻叩桌面，以代替下跪谢恩。这一消息传开后，叩桌致谢逐渐成为一种礼仪，不仅流行于岭南地区，在东南亚华侨中也十分流行。

漫步在广东各地的大街小巷，常常可以看到凉茶铺，这可谓是广东的一大特色。这种凉茶以金银花、菊花、鸡蛋花、穿心莲等中草药熬制而成，甘甜苦涩等诸味俱全，是一种老少皆宜且疗效独到的饮料。

广东人之所以爱喝凉茶，与广东的气候有很大关系。广东气候湿热，历史上被称为疠瘴之地，人容易得燥热风寒感冒等症。为解“热气”，人们配制了各种各样的凉茶来清凉散热、解暑去湿。

广东凉茶已形成多个知名品牌，如王老吉凉茶（创制于清嘉庆年间）、三虎堂凉茶、黄振龙凉茶、大声公凉茶、石岐凉茶、龟苓膏汤、生鱼葛菜汤、红萝卜竹蔗水等。

潮州工夫茶是来自潮汕民间的传奇，被誉为是“中国茶道的代表”，有人甚至将其称为“茶文化的最高峰”。潮州工夫茶原先只流行于潮汕地区，现渐渐流行于广东全省。

潮州工夫茶不是用来解渴的，而是用来品的。品工夫茶自然要花一定的“工夫”，而且光花工夫还不行，还得有品的“工夫”。潮州的工夫茶对茶具、茶叶、冲泡、斟茶、品茶都十分讲究，可以说是精益求精。

（一）茶具

茶具中的茶壶很小，大概只有拳头大小，惯于使用宜兴紫砂壶。茶盅（茶杯）更特别，有“小、浅、薄、白”之说。小，茶盅只有半个乒乓球大小，可一啜而尽；浅，茶盅底浅，可保证水不留底；薄，茶盅皮薄，容易起茶香；白，茶盅颜色亮白，能突出茶色。其他茶具还有小炭炉、茶瓯、茶碗等。

（二）茶叶

茶叶一般选半发酵的乌龙茶，不用红茶或绿茶。乌龙茶既有茶叶的清香，又不失营养，适合泡工夫茶。

（三）冲泡

工夫茶的冲泡是一个重要程序，一般要求用经过沉淀的水或是矿泉水。先用“水面浮珠，声若松涛”的二沸水（虾须水）烫盅、热罐，既是杀菌，也可使杯罐升温。然后拣茶，用茶叶把茶壶塞满并压实。接着，沿茶壶口内缘冲入沸水，刮去茶沫，倒出茶水冲洗茶壶盖和茶杯。然后第二次用沸水泡茶，即泡即斟。

（四）斟茶

斟茶讲究"低、快、匀、尽"。低是为防止茶溅到客人身上，也为减少茶味散失；快是为保持茶的热度；匀是指平均盛满各个茶杯；尽是指不让茶水留在壶内。为做到这四点，应快速循环斟茶，这被形象地称为"关公巡城"。茶将斟尽时，将壶中所剩茶汤精华一点一滴平均分至每一杯中，这又被形象地称为"韩信点兵"。

（五）品茶

品工夫茶要"观其色、闻其香、品其味"，茶盅虽小，但不宜一饮而尽，所谓"三口方知味，三番才动心"。饮完后还得闻茶余香，亮杯底，并进行品评。

二、喝粥习俗

广东嗜好粥品，一日三餐中常有一餐是粥。广东的粥品种之多居全国首位，其粥之美味更令人叹为观止。除了平常的白粥，还有鱼片粥、花生粥、牛杂粥、猪红粥、鸡粥、皮蛋粥、白果粥、糖粥、绿豆粥、及第粥、艇仔粥、猪红（血）粥等。

广东的粥品制作精细，所谓"食不厌精，脍不厌细"。熬粥一般用瓦煲，使用炭火，注重调味。食粥也讲究季节和早晚，如冬春季和午晚食粥讲究稠，夏秋季和早上食粥要稀；早上食白粥、猪红粥、及第粥，下午食豆粥、粮粥，夜晚食鱼鸡肉粥、牛肉粥等。

广东人喝粥习俗的形成也与广东的湿热气候有关。由于天气热，流汗多，须及时补充养分和水分，加上历史上广东人多地少，食物不足，粥可最大限度地增加食物供给，因此，自古以来，广东人形成了嗜粥习俗。但各地食粥习俗略有差异，广府人以干饭为主、粥为辅，而潮汕人则以粥为主，有的地方还混以番薯，即使是白粥也可上宴席。

三、饮糖水习俗

广东人还有饮糖水的习惯。这个糖水，是将药材、豆类、生果、面制食品等加上糖煲制而成的糖水，有清润消暑、生津益身等功效。

饮糖水有热饮和冷饮之分。煮沸后饮用的为热饮，冷冻后饮用的为冷饮。糖水的品目五花八门：药材类的有百合糖水、莲子糖水、清补凉糖水；糊类的有芝麻糊、花生糊、杏仁糊、凤凰奶糊等；豆类的有红豆沙、绿豆沙、眉豆沙等。另外还有炖木瓜、麻蓉汤圆、豆腐花、豆浆、糖西米、蛋奶、姜汁撞奶、番薯糖水等。

思考与练习

一、单项选择

1. 粤菜以（　　）最有代表性。

   A. 广州菜　　B. 东江菜　　C. 潮州菜　　D. 客家菜

2. （　　）取料广博，为全国各地菜肴之最。

   A. 广州菜　　B. 东江菜　　C. 潮州菜　　D. 客家菜

3. "咸、烧、肥、香、熟、陈"是（　　）的特点。

   A. 广州菜　　B. 东江菜　　C. 潮州菜

4.“重鱼鲜喜清淡”是（　　）的基本特点。

A. 广州菜　B. 东江菜　C. 潮州菜

二、多项选择（至少有两项符合题意）

1. 粤菜主要由（　　）组成。

A. 广州菜　B. 潮州菜　C. 西江菜　D. 东江菜

2. 广东饮食文化的突出特点有（　　）。

A. 开放性　B. 原创性　C. 兼容性　D. 开拓性

3. 粤菜的主要特点有（　　）。

A. 取料广博　B. 做工精细　C. 食材新鲜　D. 注重汤水

三、简答题

1. 广东饮食文化有哪些突出特点?

2. 作为我国四大菜系之一的粤菜有何特点?

3. 为什么广州菜取料之广能成为全国各地菜肴之最?

4. 广东人的饮茶习俗有什么独特之处?

5. 潮州的工夫茶对茶具、茶叶、冲泡、斟茶、品茶都十分讲究，可以说是精益求精。请对此做具体说明。

第四篇　景区篇

第 九 章　珠三角景区
第 十 章　粤东景区
第十一章　粤西、粤北景区

第九章 珠三角景区

本章导读

珠江三角洲位于广东省中南部，包括广州、深圳、佛山、中山、惠州、东莞、珠海、江门和肇庆9市，这里经济繁荣，旅游设施较为完善，是我国旅游业发展水平最高、国际性最强的区域之一，对全省旅游业的发展起着辐射和带动作用。

第一节 广州景区

一、广州市简介

（一）综述

广州，广东省省会，简称“穗”，别称“羊城”“五羊城”“花城”。位于广东省中南部、珠江三角洲北缘，西江、东江、北江交汇处。广州属亚热带季风气候，夏无酷暑，冬无严寒，雨量充沛，四季如春，繁花似锦，自古便有“花城”的美誉。全年平均气温为21℃～23℃，平均相对湿度为75%，市区年降雨量为2 100毫米以上。

补充阅读

广州的简称“穗”和别称“羊城”“五羊城”来源于“五羊衔谷，萃于楚庭”的美丽传说。据《羊城古钞》记载，周夷王时（公元前9世纪），广州连年灾荒，民不聊生。有一天，南海上空飘来五朵彩色祥云，上有五位穿着不同颜色衣服的仙人，骑着不同毛色的仙羊，仙羊口中衔着五色稻穗。仙人把稻穗赐予百姓，并祝福此地永无饥荒。仙人离去后，五只仙羊因为依恋人间而留了下来，保佑当地风调雨顺。从此以后，广州便成为岭南最富庶的地方。百姓为感谢五位仙人，在他们留守的地方修建了一座“五仙观”，观中有五仙的塑像，并伴以五羊石像。

广州是华南地区最大的城市，是广东的政治、经济、科技、教育和文化中心，总面积达7 434.4平方千米（其中市区面积为3 843.43平方千米），常住人口为1 404.35万人（2016年），其中户籍人口为870.49万人，城区常住人口数量居全国第三。

广州是中国高等教育最发达的城市之一，是中国南方高校最密集的城市。2016年广州拥有82所高等院校，在校大学生（含研究生）总数达113.96万人，数量居全国第一。

广州是全国著名的侨乡，华侨人数居中国大城市之首。作为对外贸易的窗口，广州外籍人士众多，尤其来自非洲和中东的外籍人士在近年来急剧增加。

广州有着悠久的历史和深厚的文化底蕴，是国务院公布的第一批24个历史文化名城之一。广州同时还是中国文明城市、中国卫生城市、国家环境保护模范城市、国家森林城市、国际花园城市、金融生态城市、中国特色魅力城市。

广州的“市花”为木棉花，“市鸟”为画眉。

（二）经济

汉唐以来，广州成为我国古代海上“丝绸之路”的起点城市之一，是我国最早对外的通商口岸之一，从未关闭过的贸易通商口岸，有“千年商都”之称。在清朝时期，广州在较长时间内曾是全国唯一的对外贸易港口城市。

广州地处富饶的珠江三角洲，物产丰富，“广货”之名早已蜚声海内外。自古以来，广州就是全国重要的商业中心，是热带珍贵特产的集散地，现在仍然是华南地区重要的经济中心。近年来，广州工农业生产持续快速增长，2017年，广州全市地区生产总值达2.15万亿元，居中国大陆城市第4位。

补充阅读

联合国《世界城市化前景》报告依据2010—2015年的发展速度，列出了全球发展最快的十个超大城市（市区人口超过1 000万的城市），广州名列首位。

2016年3月，普华永道与中国发展研究基金会联合发布的《机遇之城2016》报告显示，广州名列第一，深圳名列第二。“机遇之城”系列动态报告自2014年发布以来，每年都对变量进行改进。《机遇之城2016》从“智力资本和创新”“技术成熟度”“区域重要城市”“健康、安全与治安”“交通和城市规划”等10个维度对24座国内城市进行观察。

广州是富饶的“鱼米之乡”，粮食作物以籼稻为主，经济作物以蔬菜、水果、花卉等为主。广州是著名的“水果之乡”，主要水果有荔枝、龙眼、香蕉、菠萝等。广州的花卉和盆景中外驰名，阴生观叶植物占中国市场一半以上，盆景远销欧美等海外市场。

广州是中国重要的工业基地，工业门类齐全，已形成较完备的外向型现代工业体系，尤其是轻工业较为发达。广州商业发达，一直是中国最重要的商业中心之一。北京路商业街区、上下九路商业区、天河商业区、珠江新城、人民路商业街区等皆为知名商圈。

（三）旅游

广州有突出的岭南文化特色。骑楼建筑、岭南园林、岭南盆景、粤剧、粤菜、粤语以及城市景观、生活习俗等，都体现了岭南文化的风格。广州塔、五羊石像、中山纪念堂、镇海楼、中信广场、琶洲国际会展中心等都是广州的城市地标，主要名胜有白云山风景名胜区、越秀公园、光孝寺、莲花山、番禺宝墨园、珠江夜景、南海神庙、陈家祠、黄埔军校旧址纪念馆、华南植物园、广州动物园等。南越国宫署遗址、南越王墓、南越国水闸遗址等三处南越国史迹正联合申报联合国世界文化遗产。

广州民间工艺和民间传统艺术名扬海内外，为广州的旅游大添异彩。其中，广绣为中国"四大名绣"之一，广彩从清代开始就已享有盛誉，广雕以镂空、透深技法闻名于世。

广州是著名的美食之都，饮食文化闻名中国，有"食在广州"之说。广州菜是三大粤菜之一，并构成了粤菜的主体。广州饮食业中的"四园"（东园酒家、南园酒家、西园酒家和北园酒家）和广州酒家、泮溪酒家、莲香楼、陶陶居酒家等是上百年历史的老字号，是广州饮食业的典型代表。现广州每年都有美食节，体现了广州饮食文化的源远流长。

补充阅读　　**羊城八景**

宋、元、明、清历代都有评选"羊城八景"活动。中华人民共和国成立后，广州亦多次重新评选"羊城八景"。2001 年 8 月，广州举办"新世纪羊城八景"评选活动，最终，云山叠翠、越秀新晖、珠水夜韵、古祠留芳、黄花皓月、天河飘绢、莲峰观海、五环晨曦入选。2010 年 11 月，《羊城晚报》报业集团组织"羊城新八景"评选活动，塔耀新城、珠水流光、云山叠翠、越秀风华、古祠流芳、荔湾胜境、科城锦绣、湿地唱晚入选。

二、广州市主要景区景点

（一）白云山风景名胜区

白云山位于广州市区北部，因常有云雾萦绕，故名白云山。主峰摩星岭海拔 382 米。自古以来，白云山一直是广州的风景名胜，素有"南粤第一山"之称。现为国家 5A 级景区和国家级风景名胜区。因其有对城市生态环境的巨大调节作用，又被誉为广州市的"市肺"。

白云山面积为 20.98 平方千米，山体宽阔，由 30 多座山峰组成，峰峦重叠，溪涧纵横，登高可俯览全市，遥望珠江。白云山景色秀丽，早在 2 000 多年之前就闻名于世。战国时这里已有名士出入，晋朝时已风景宜人，唐朝时便以旅游胜地而著称，宋代以来历次评选出来的"羊城八景"中，白云山就有多处。

除了秀丽的景色以外，白云山还有十分浓厚的文化沉淀，最早可追溯到山北黄婆洞的新石器时代史前文化的遗址；秦末高士郑安期隐居在白云山采药济世，并在白云山"成仙而去"；晋代葛洪曾在白云山炼丹；南梁时景泰禅师来此修建了白云山最早的寺庙，还留下"景泰僧归"一景（羊城旧八景之一）。唐宋以后，陆续有杜审言、李群玉、苏轼、韩愈等著名文人登山览胜，并留下诗作。

（二）广州市长隆旅游度假区

广州市长隆旅游度假区是我国首批66个5A级旅游景区之一。位于广州市南部，由长隆欢乐世界、长隆香江野生动物世界、长隆国际大马戏、长隆水上乐园、广州鳄鱼公园等组成，是一个集旅游景点、酒店餐饮、娱乐休闲于一体的大型度假区。长隆欢乐世界是集乘骑游乐、特技剧场、巡游表演、生态休闲等于一体的超大型主题游乐园，垂直过山车被誉为“全球最顶尖过山车之王”。香江野生动物世界是亚洲最大的野生动物主题公园，以大规模野生动物种群放养和自驾车观赏为特色，集动植物的保护、研究、养殖、旅游观赏、科普教育为一体。

（三）越秀公园

越秀公园是广州最早的公园，也是最大的公园，位于广州市解放北路，又称越秀山公园，是一个环境优美的综合性文化休憩公园，被称为“广州名片”。公园保存了镇海楼、明代古城墙、四方炮台遗址、中山纪念碑等各个历史时期的遗迹和众多的古树名木。公园内的五羊石像为广州市的标志性建筑之一。

补充阅读

越秀山是越秀公园的一部分。早在秦汉时期，越秀山就是广州的风景名胜地，南越国的开拓者赵佗曾在此宴群臣、迎汉使、观歌舞。赵佗的墓地在哪里一直是一个谜，极有可能深藏于越秀山中。

（四）荔枝湾

荔枝湾位于广州城西，是西关涌和荔枝湾涌几条河汊的总称。相传，西汉陆贾曾在此种植荔枝树，荔枝湾由此得名。南汉国时期这里建有“昌华苑”。明代，“荔湾渔唱”被列入羊城八景。荔枝湾汇集了众多名人故居、名园故址，是西关大屋、西关美食及粤剧粤曲等岭南民俗风情荟萃之地，有“岭南第一胜景”之誉。主要景点有荔湾湖公园、文塔、梁家祠、五桥、西关大屋、文津古玩城、荔湾博物馆、恩宁路骑楼等。

（五）珠水流光——珠江游览线

珠江是广东省和广州市的母亲河，广州市珠江沿岸不仅风景秀丽，而且文化积淀深厚。游览珠江沿线，就像在翻阅一本史书，展开与历史的对话。较为经典的珠江游线路包括以下景点：琶洲国际会展中心、海心沙、南方大厦、孙逸仙纪念医院、爱群大厦、永安堂、解放大桥与海珠桥、海珠广场、天字码头、江湾大酒店和孙中山大元帅府、江湾大桥和海印大桥、二沙岛风景区、广州大桥、中山大学、粤海关大楼、人民桥、沙面和白鹅潭风景区。

（六）中山纪念堂

广州中山纪念堂是全国及广东省重点文物保护单位，是广州最具标志性的建筑之一，也是广州市大型集会和演出的重要场所。

中山纪念堂是广州人民和海外华侨为了纪念伟大的革命先行者孙中山而筹资兴建的纪念性建筑物，由我国著名建筑师吕彦直先生设计，1929年动工，1931完成。纪念堂及庭园占地面积为62 000平方米，主体建筑面积为6 600平方米，建筑外观呈八角形，庄严宏伟，具有浓厚的民族特色。设计师巧妙运用了建筑力学的结构原理，采用钢架和钢筋混凝土混合结构，跨度达71米的建筑空间内不设一柱，更显气势恢宏。纪念堂外的庭园里有一棵树龄逾300岁的木棉树，因是广州树龄最长的木棉，被称为“木棉王”。里边还有两棵在纪念堂竣工时栽下的白兰树，它们是广州最大的白兰树，每年6月和10月都会开满白色小花，香气袭人。

（七）黄花岗七十二烈士陵园

黄花岗七十二烈士陵园，又称黄花岗公园，位于广州市先烈东路，是为纪念1911年4月27日同盟会在广州发动的“三·二九”起义中牺牲的烈士而建。它是广州作为近代革命策源地的重要见证，是国务院公布的第一批全国重点文物保护单位。

（八）莲花山风景区

莲花山位于广州市番禺区东部珠江口狮子河畔，占地2.54平方千米。由48座红色砂岩低山组成，海拔最高为108米，其中有座麒麟峰，因峰顶有一块酷似莲花的岩石，故名“莲花山”。

莲花山以“人工无意夺天工”的石景奇观闻名于世。山上有2 000多年历史的古采石场遗址，悬崖峭壁，奇岩异洞，鬼斧神工，是国内仅见的“人工丹霞”奇迹，2001年被评定为第五批全国重点文物保护单位。莲花山上还有始建于明朝万历年间（1612年）的莲花塔和始建于清朝康熙年间（1664年）的莲花城等古迹。

（九）番禺宝墨园

宝墨园位于番禺沙湾镇紫坭村，始建于清朝末年，有“番禺最早的公园”之称。1957年荒废，1995年重建，现占地160多亩，集清官文化、岭南建筑工艺、岭南园林艺术、珠江三角洲水乡特色于一体，有深厚的文化内涵，是岭南园林的杰出代表。主要景点有正门石牌坊、九龙桥、吐艳和鸣壁、治本堂、宝墨堂、龙图馆、紫带桥、紫洞舫等。园中由荔景湾、清平湖、宝墨湖和30多座石桥等构成的水景堪称一绝。

（十）从化温泉旅游度假区

从化温泉又名流溪河温泉，是驰名中外的风景区和疗养胜地。从化温泉风景区位于从化区温泉镇，距离广州75千米，全区面积为14.5平方千米，分为温泉游览区和天湖游览区两部分。泉区共有泉眼13处，分布在河东、河西两岸。泉水含有多种化学成分，温度最高可达73℃，最低的也有30℃。天湖游览区在温泉西部，它的景色以山林和瀑布为主。

（十一）广州塔

广州塔又称海心塔、广州新电视塔，位于广州市城市新中轴线与珠江景观轴交汇处，距珠江南岸125米，与海心沙岛、珠江新城隔江相望，于2009年9月建成，塔身主体高450米，包括发射天线在内高600米，为世界第一高电视塔。广州塔外形独特，宛如扭身回望的少女，于是人们借用白居易的“樱桃樊素口，杨柳小蛮腰”诗句中的“小蛮腰”作为塔的别称。广州塔兼具广播电视发射、旅游观光、文化娱乐功能，成为广州的新城标。

（十二）北京路商业步行街

北京路是广州古城发展的中心轴线，也是广州历史上最繁华的商业集散地，被誉为

“岭南名街”。步行街范围包括附近的中山四路、中山五路、西湖路、教育路和禺山市场以及周边商业网点等。

第二节 深圳景区

一、深圳市简介

（一）综述

深圳市简称“深”，别称鹏城，中国四大一线城市之一（与北京、上海、广州并称“北上广深”），计划单列市、副省级市、国家区域中心城市、超大城市。

补充阅读

深圳于清朝初年建墟，但“深圳”地名最早见于史籍是在明永乐八年（1410 年），当地的方言俗称田野间的水沟为“圳”或“涌”。而深圳当时水泽密布，村落边有一条深水沟，深圳因而得名。

深圳又称为“鹏城”，此别称来源于一个流传很广的传说。很久以前，有一只大鹏鸟正飞往南海，途经深圳，被这里迷人的景色所吸引，于是便驻扎于此。后来，大鹏鸟的头化作了大鹏山（七娘山），双翼一东一西分别化为大亚湾和大鹏湾，尾羽化成了排牙山，身躯则化为今天的大鹏半岛。

深圳位于广东省南部，珠江口东岸，东临大亚湾和大鹏湾，西濒珠江口，北接东莞、惠州，南邻香港，陆地总面积为 1 996.85 平方千米。深圳地势东南高，西北低，地形以低山、平缓台地、丘陵为主，西部沿海为滨海平原。梧桐山为深圳最高山峰，也是珠三角最高峰，海拔 943.7 米。主要河流为深圳河，全长 35 千米。

2016 年末深圳常住人口达 1 190.84 万人，其中户籍人口为 384.52 万人，占常住人口 32.3%。到 2017 年底，深圳常住人口增加到 1 252.83 万人。改革开放以来，深圳从单一的民族成分发展到拥有 56 个民族，是全国继北京之后第二座聚齐 56 个民族成分的大城市。2013 年，全市少数民族人口为 109 万人，成为全国少数民族人口聚居最大的城市。常住人口中少数民族人口最多的是壮族，其次是土家族、苗族、侗族、瑶族、回族。

补充阅读

数据显示，深圳建成区面积占全市总面积近 50%，远超国际警戒线设定的 30%，高于北京、上海及香港；高层、超高层建筑超过 5 500 栋。2016 底，深圳每千米道路车辆密度为 502 辆，居全国第一。

深圳是我国口岸最多、出入境人员最多和唯一拥有海陆空口岸的城市，是我国与世界交往的主要门户之一。2017 年，经深圳口岸出入境人员达 2.41 亿人次。罗湖口岸是深圳

众多的口岸之一，也是中国客流量最大的旅客出入境陆路口岸。

近年来，深圳先后被评为“全国文明城市”“国家园林城市”“中国最具经济活力城市”“最受农民工欢迎的城市”。我国政府发布的《珠江三角洲地区改革发展规划纲要（2008—2020年）》将深圳定位为“建设中国特色社会主义示范市和国际化城市”。

2011年8月12日，深圳举办了第26届世界大学生运动会，有来自世界152个国家和地区的近万名大学生运动员参加，深圳成为该运动会史上最年轻的举办城市。

深圳市的市花是簕杜鹃（又名宝巾花），它美观大方，花期长，便于造型，有极强的生命力和超强的耐干旱、耐贫瘠等特点，象征着深圳人奋勇开拓的精神。深圳的市树为荔枝。2007年，红树被评为深圳市第二“市树”。深圳市是世界上唯一一座红树生长在市区中心地带的城市。

补充阅读

2012年，在英国《经济学人》“全球最具经济竞争力城市”榜单上，深圳位居第二。《财富》中文版2014年12月15日发布中国大陆最佳商业城市排行榜，广州、深圳、上海蝉联前三名。

2015年3月29日，中国绿色城镇化指标排名发布，该指标覆盖中国289个地级以上城市。深圳在几乎所有的指标中均排名前列。在绿色城镇化指标“经济”单项排名中，北京、上海、深圳、广州居前四位。在“社会”排名中，北京、上海、天津、深圳居前四位。在“环境”排名中，深圳、厦门、三亚、北京居前四位。综合来看，北京、上海、深圳居指标前三名。

英国《经济学家》周刊网站2015年4月3日刊发题为《不那么特别》一文，指出，全世界现有大约4 300个经济特区，深圳是当中最成功的典范。

2015年中国十大宜居城市排名中，深圳因环境优美、社会安全、文明进步、生活舒适、经济和谐、美誉度高，排名第一。珠海排名第二，惠州排第四。

深圳是中国首个无偿献血100%满足临床用血的城市，是中国捐献干细胞人数最多的城市，是中国多器官捐献最多的城市，是中国公交车让座率最高的城市。在经济发展的同时，深圳大力推广绿色低碳，成为全国节水型示范城市。

（二）经济

深圳是中国最早建立且发展最快的经济特区，是中国改革开放的窗口，已从一个昔日的渔村发展成为新兴现代化城市，创造了举世瞩目的“深圳速度”，成为中国经济最发达的城市之一，也是中国大陆经济效益最好的城市之一，创造了世界城市化、工业化和现代化的奇迹，成为中国改革开放辉煌成就的精彩缩影。

深圳作为一个城市，经济总量已相当于我国一个中等省份。2014年，深圳GDP达到16 001.98亿元，人均GDP达到14.95万元（按平均汇率折算为24 336美元），相当于2013年韩国的水平，居内地副省级以上城市首位。2015年，深圳人均GDP达到15.8万元，每平方千米产出GDP、财政收入均居全国大城市首位。2016年深圳的GDP已突破2万亿元，并首次超过广州。2017年，全市GDP达到22 438.39亿元，增长8.8%，在内地大中城市中排名第三。2017 年人均 GDP 达 18.31 万元（按 2017 年平均汇率折算为 2.71 万美元）。有学者做过统计，如果把深圳作为一个单独的经济体，深圳的经济总量已经与世界上经济总量排名为 40 名左右的国家或地区经济体相当，已超过爱尔兰、葡萄牙和巴基斯坦等国，也超过了新加坡。

深圳 2013 年的进出口总额为 5 373.59 亿美元（其中出口总额突破 3 000 亿美元），比重占全国进出口总值的 12.9%，占广东省进出口总值的 49.2%。2017 年，全市进出口总额 28 011 亿元，增长 6.5%，占同期全国进出口总值的 10.1%。出口值 1.65 万亿元，增长 5.5%，占同期全国出口总值的 10.8%，外贸出口连续 25 年居内地大中城市首位。

补充阅读

截至 2016 年底，深圳共有 231 家上市公司，占全国上市公司总数的 7.62%，营业收入总额占全国的 8.19%，利润总额占全国的 10.03%。截至 2017 年 12 月 22 日，深圳市上市公司增加到 272 家，上市公司数量居全国第三，但上市公司市值居全国第二，达到 5.54 万亿。至 2018 年 1 月，深圳的商事主体达到 300 多万家，居全国城市首位。深圳有 3 万家科技型企业，1 617 家创新载体和数以万计的科技成果。

深圳知名企业众多。华为、腾讯、大疆创新、比亚迪、华大基因、普联、柔宇科技、中兴、光启集团、创维、迈瑞、中集、海能达、海普瑞、顺丰速运、倍轻松等都是其中的代表。

华为是全球最大的通信设备制造商。腾讯是中国最大的互联网综合服务提供商之一，也是中国服务用户最多的互联网企业之一。大疆公司生产的无人机无论是科技含量、产品质量，还是销量，全是世界第一，已占全球消费级无人机市场份额的 80%。比亚迪股份有限公司是全球最大的新能源汽车企业。华大基因是全球最大的基因测序机构。普联公司无线设备的全球市场占有率第一。

深圳市在高新技术产业、金融服务、海洋运输、创意文化等多方面占有重要地位。在通信设备、生物工程、新材料、新能源汽车等先进制造业和高技术产业方面拥有优势。深圳是《自然》杂志评选出的“中国科研实力十强城市”之一。2015 年，深圳 PCT 国际专利申请量达到 1.33 万件，占全国申请总量的 46.9%，连续十二年位居全国各大城市首位。至 2016 年底，深圳每万人发明专利拥有量达到 80.09 件，是全国平均水平的 10 倍，仍居全国各大中城市首位。2017 年，深圳全社会研发投入超过 900 亿元，占 GDP 比重达到 4.13%。从 2017 年开始，深圳将每年 11 月 1 日定为“深圳人才日”，并以立法形式予以确定。

深圳市银行、证券、保险业机构密度、外资金融机构数量以及从业人员比例均居全国前列。深圳是全国证券资本市场中心之一，深圳证券交易所诞生于 1990 年 12 月 1 日，是新中国第二个证券交易所。深圳还是中国第三大保险城市，也是第一个保险改革试点城市。2010 年，伦敦金融城公布的全球金融中心指数显示，深圳是全球排名第九的金融中心。深圳市于 2008 年获联合国教科文组织批准，加入全球创意城市网络，并被授予“设计之都”称号，成为全球第六个“设计之都”。深圳也是中国动漫产业基地之一，是中国最早为海外加工动画的城市。现在，中国（深圳）国际高新技术成果交易会、中国（深圳）国际文化产业博览交易会已成为世界一流的会展品牌。2015 年，深圳对外投资规模居全国大中城市前三，对外承包工程规模居全国大中城市第一。

补充阅读

"深发展"股票

深圳发展银行于 1987 年成立，并于 1991 年在深交所上市，是深交所乃至中国第一只上市股票。到 1997 年底，"深发展"以 181 亿市值和 10.72 亿可流通股份，成为中国股市第一大股。2010 年，"深发展"被中国平安收购。2012 年 8 月 2 日，"深发展"股票简称变更为"平安银行"。

深圳是连接香港和中国内地的纽带和桥梁，是华南沿海重要的交通枢纽。深圳宝安国际机场是中国重要航空港之一，是中国境内第一个实现海、陆、空联运的现代化国际空港。深圳福田高铁站是亚洲最大、全世界通过速度最快的地下火车站。深圳北站是深圳规模最大、设备最先进、客流量最大的火车站。

深圳港是中国国际班轮航线密度最高的城市之一，2015 年深圳港集装箱吞吐量 2 421 万标准箱，居全球第三位（上海港第一、新加坡第二、宁波舟山港第四）。2017 年深圳港集装箱吞吐量为 2 520.87 万标准箱。深圳依托太子湾邮轮母港，发展水上客运和近海观光旅游，自 2016 年 11 月邮轮母港开港以来，到 2017 年底已累计靠泊国际邮轮 154 艘次，进出港邮轮旅客超过 21 万人次。深圳城市公共交通便捷，至 2016 年 2 月，约 56.1%的人通过公共交通出行，其中轨道交通占公交出行的 30%。

（三）旅游

深圳是一个充满活力的"中国优秀旅游城市"，其旅游整体形象定位为"创意深圳、时尚之都"。2017 年全市接待游客总人数超过 1.3 亿人次，同比增长 5.31%，旅游总收入 1 485 亿元，同比增长 8.30%。到 2015 年底，深圳共有旅行社 612 家，全省第一。其中有 4 家旅行社被评为"全国百强旅行社"。在全省百强社中，深圳占 38 家，数量居全省第一。深圳有出境游旅行社 103 家，数量也居全省第一。2016 年旅游住宿设施接待过夜游客 5 695.74 万人次。

2016 年 1 月，深圳被国家旅游局批准为全国第一批创建国家全域旅游示范区城市。

补充阅读

深圳是我国出境游的主要集散地之一，同时，深圳也是全国旅游的主要客源地之一，居民出游率很高，每个"黄金周"全市都有三四百万人次出游。携程网进行的"黄金周全国出游人气最旺的城市"评选中，深圳总能列入前五名。

据《参考消息》报道，欧睿信息咨询技术有限公司基于 2014 年的旅游数据，公布"全球 100 座旅游目的地城市排行榜"，香港第一，深圳第七，澳门、台北、广州、上海也列入前 20 名。

深圳旅游资源丰富，主要可概括为主题公园、自然生态、滨海度假、都市风情、购物美食、人文历史等。

主题公园 深圳被誉为中国的“主题公园之都”。1989 年，深圳建成中国第一家主题公园——锦绣中华，开启了以文化为核心内容的中国主题公园的建设。此后，中国民俗文化村、世界之窗、欢乐谷、东部华侨城、欢乐海岸等主题公园先后建成，获得了极大成功，成为中国主题公园的拳头产品，并为各地所仿效。此外，深圳还建有全国第一座放养式野生动物园——深圳野生动物园、第一座以环保绿色为主题的观光农场——青青世界。

自然生态 深圳气候宜人，属亚热带海洋性气候，年平均气温为 22.4℃，年平均降雨量为 1 933.3 毫米，既无严寒，也无酷暑。深圳也是一个环境优美的生态园林城市，截至 2018 年 1 月，深圳已建成 922 个公园，是全国公园数量最多的城市，2 千米范围内能看到一个公园，被称为“公园之城”。到 2017 年 10 月，全市建成区绿化覆盖总面积达38 695公顷，绿化覆盖率超过 43%，人均公共绿地面积达 18.3 平方米。先后获得国际建协亚洲首个城市规划奖和国际“花园城市”、联合国环境保护“全球 500 佳”、“全国绿化模范城市”等荣誉称号。深圳主要饮用水源达标率为 100%，万元 GDP 能耗和水耗均为全国最低。

深圳主要的自然生态旅游资源有中国首个国家级生态旅游示范区——东部华侨城，有珠三角最高峰梧桐山，还有仙湖植物园、莲花山、青青世界、光明农场、七娘山、凤凰山、红树林海滨公园、深圳湾公园、西丽湖、香蜜湖、石岩湖、东湖、银湖等。

滨海度假 深圳海岸线长达 271 千米，有大小岛屿 39 个，具有旅游价值的海滩 20 多处。主要海滨旅游资源有东西涌海滨、大小梅沙海滨度假区、南山滨海休闲带、下沙滨海旅游度假区、金沙湾海滩、海洋世界、海上田园和福田、盐田区总长约 30 千米的海滨栈道等。大鹏半岛被《中国国家地理》杂志评为“中国最美的八大海岸线”之一。

都市风情 作为改革开放窗口和新兴移民城市，深圳城市文化具有开放性、包容性和创新性的特点，构成了深圳的独特魅力。市民中心、地王大厦、赛格广场、邓小平画像广场、国贸大厦、深圳之眼、京基金融中心、华强北、东门步行街、深南大道等都是深圳的城市地标。

购物美食 作为国际化大都市，深圳荟萃了国内外美食之精华，全世界的美味佳肴，在深圳几乎都能品尝到。深圳有“购物天堂”之美誉，从世界名牌到地方特产，可谓一应俱全。沙井鲜蚝、龙岗“三黄鸡”、大鹏鲍鱼、西乡基围虾、福永乌头鱼、南澳鲍鱼、龙岗坪山金龟橘、石岩沙梨、南山荔枝、龙华方柿、西丽杧果、松岗腊鸭、光明乳鸽、葵涌水葵、大鹏云雾茶、布吉甘坑凉帽、公明烧鹅等都是深圳特产。

人文历史 深圳同样有着悠久的历史，大鹏咸头岭发现了新石器时代的人类遗址，古代军事堡垒大鹏所城是全国重点文物保护单位，中英街、宋少帝陵、赤湾天后宫、赤湾炮台等也是远近闻名。华侨城创意文化园、深圳 F518 创意时尚园、深圳博物馆、大芬油画村、观澜版画村、甘坑客家小镇、文博宫、坂田手造街、关山月美术馆等则是展现深圳文化魅力的新参观点。此外，深圳还有 170 多种旅游文化节庆活动，著名的如深圳国际旅游文化节、深圳黄金海岸旅游节、国际魔术节、深圳沙井金蚝节、世界之窗国际啤酒节等。

二、深圳市主要景区景点

（一）深圳华侨城旅游度假区

深圳华侨城旅游度假区是我国首批 66 个 5A 级旅游景区之一。位于深圳市南山区华侨城，面积为 4.8 平方千米，是一个环境优美、以文化旅游为主要特色的旅游城，也是我国目前为止最具规模、最为壮观、效益最好的主题园区。锦绣中华、中国民俗文化村、世界之窗、欢乐谷等四个大型文化主题公园是旅游区的核心，还建有雕塑走廊、喷泉广场、生态广场、艺术馆、保龄球馆、高尔夫球俱乐部、美食街、大型购物广场及五星级酒店等。

锦绣中华　坐落在风光绮丽的深圳湾畔，是中国第一个微缩景区和主题公园，是目前世界上面积最大、内容最丰富的实景微缩景区，占地 33 万平方米，分景点区和综合服务区两部分。全部景点一百多个，景点微缩比例为 1∶15、1∶10、1∶8，最大为 1∶1。为了真实再现原景观的风格和艺术价值，景区邀请原景物所在地的文物研究部门，以及上百名古建专家、雕塑艺术家、园林工艺专家当顾问或亲身投入创作。这些景点，无论从艺术构思、建筑风格，还是人物的塑造上，都有其独到的艺术特色。

中国民俗文化村　是中国第一个荟萃 56 个民族的民间艺术、民俗风情、民居建筑于一园的大型文化游览区，也是世界上包容民族最多的民俗村，占地 22.2 万平方米，1991 年建成。民俗村具有四大值得称道之处。第一，园内的民俗建筑和村寨大都是请原景观地有关单位设计建造的，并在原景观地的老百姓家里订制或购买其生活和生产用品陈列其间。第二，园内有来自全国各地的数百名少数民族演员，游客置身园中，不仅可以了解各民族的风俗习惯，还可欣赏到少数民族的歌舞表演，学习民间工艺制作，品尝民间小吃，参与民间节庆活动。第三，园内有一流的大型表演——《东方霓裳》和《龙凤舞中华》。第四，园内还建有许多参与性的游乐项目，将古老风情与现代科技相结合。

世界之窗　位于深圳湾畔，1994 年 6 月建成开放，占地面积为 48 万平方米。作为以弘扬世界文化精华为主题的大型文化旅游景区，它分别以 1∶1 到 1∶100 的不同比例，复制了 130 个世界著名景观，集自然风光、历史遗迹以及民俗风情、民间歌舞、大型演出、高科技参与项目于一园。景区分为世界广场、亚洲区、大洋洲区、欧洲区、非洲区、美洲区、世界雕塑园和国际街八大区域，景观仿真建造，惟妙惟肖。

欢乐谷　占地面积为 35 万平方米。整个景区运用“体验即是生活，生活就是体验”的设计理念，将高科技和全新的休闲观念融入 100 多个老少皆宜、可以共同参与的项目之中，为游客营造了自然、清新、快乐、刺激、趣味性强的游乐氛围。它集海、陆、空三栖游乐于一身，融日、夜两重娱乐为一体，是一个集参与性、观赏性、娱乐性、趣味性于一体的现代主题乐园。

（二）大鹏所城

位于深圳市东部龙岗区大鹏镇鹏城村。始建于明洪武二十七年（公元 1394 年），占地约 11 万平方米，是明代为了抗击倭寇而设立的“大鹏守御千户所城”，简称为“大鹏所城”。深圳今又名“鹏城”，即源于此。

作为明清两代岭南重要的海防军事营垒，所城在明代抗击倭寇和清代鸦片战争中曾起了重要的作用。历史上，所城涌现了一批杰出将领，包括清代名声远播的赖氏“三代五将”、刘起龙父子将军、近代抗日英雄刘黑仔等，因此所城也享有“将军村”的美誉。

在经历了600多年的风雨和数百次战火硝烟的洗礼后，古城至今保存完整。城内有古民居建筑群、古街道、古城门、赖恩爵将军第、刘起龙将军第等重要文物点，具有很高的历史、文物、艺术、旅游价值。1995年，大鹏所城被定为“深圳市爱国主义教育基地”；2001年6月，大鹏所城被国务院公布为全国重点文物保护单位，成为深圳唯一的国家级文物保护单位；2004年6月，大鹏所城被广大深圳市民票选为“深圳八景”之首。

（三）莲花山公园

莲花山公园位于深圳市中心区北端，占地181公顷，1997年6月正式对外局部开放。绿色、自然、和谐是整个公园的基调。这里风景优美，环境宜人，既是市民和游客的休闲胜地，也是展现深圳风采的最佳窗口。

莲花山公园遍布树木、草地和各种花卉，主要景点有晓风漾日、雨林溪谷、桃花林、莲花湖、风筝广场等。这里还有以“园中园”模式建成的“深圳经济特区建立30周年纪念园”。公园主峰是小平铜像广场，面积达4 000平方米，广场中央矗立着改革开放总设计师邓小平的铜像。这里已成为广大市民和中外游人缅怀一代伟人，登高远眺，饱览深圳市区美景的最好去处。广场北侧有面积达300平方米的城市规划展室，是人们了解深圳市城市建设历程和城市规划的重要场所。

（四）仙湖植物园

仙湖植物园位于深圳市东部，建于1982年，1988年5月1日正式开放。占地面积为8 800亩，根据地形植被和名胜被划分为五个区。园内有野生植物1 500多种，热带植物400多种，尤其宝贵的是，植物园收集并保存了濒临灭绝的珍贵植物140多种，如水杉、桫椤等。仙湖植物园的代表性景点主要有邓小平手植榕树、弘法寺、化石森林、古生物博物馆等。

（五）鹤湖新居

鹤湖新居位于深圳市龙岗区罗瑞合村，始建于清嘉庆二十二年（1817年），历三代、数十年建成。整座建筑集生产、生活、防御等多种功能于一体，规模宏大，内部结构严谨，造型别具特色。该围屋坐西南朝东北，原为依山面水，地势前低后高，取“步步高升”之意。它由内外两围环套而成，内呈方形，外呈梯形，中心为府第式三堂两横，前有禾坪、月池。围屋内有300多间居室，最兴盛时有千人居住。

（六）蛇口赤湾古炮台

赤湾古炮台位于深圳市南山区蛇口半岛的鹰嘴山顶端，分东、西炮台，已修复的左炮台挺立在海拔170米的鹰嘴山头，占地面积约为360平方米。炮台城基用大块花岗岩修砌，全高约3米多，北面是炮台城的入口，城内东西两厢，仍遗留两座房屋残基，是当年守炮台士兵的居屋。南面的高台宽8米多，是安放炮位的场地。

赤湾地理位置重要，据史书记载，古代船舶往来广州与南洋诸国，皆经此地。从明代起，官府已在附近的南山设置墩台以防海盗，清康熙年间始建炮台。鸦片战争期间，林则徐布防珠江口，曾重修赤湾炮台。

（七）青青世界

青青世界位于深圳大南山山腰、月亮湾畔，是深圳具有代表性的生态环保旅游景区。

于1993年动工兴建，1995年5月18日开业，园区总面积约为20万平方米，主要分为游园、休闲、度假、会议、拓展五大部分，全区自然风景与民族文化、农业与旅游观光相结合，形成一种具有浓厚现代色彩的山林野趣，被誉为“第四代旅游产品”。

第三节 珠海景区

一、珠海市简介

（一）综述

珠海市位于广东省珠江口西南部，东与香港隔珠江口相望，南与澳门相连，西邻江门，北与中山接壤。截至2015年末，占地面积为1 732.33平方千米。常住人口为163.41万人，户籍人口为112.45万人。

珠海市因位于珠江注入南海之处而得名，拥有146个岛屿，是珠三角中海洋面积和海岛面积最大、岛屿最多、海岸线最长的城市，有“百岛之市”“浪漫之城”的美誉。最大的海岛是三灶岛，面积约为78平方千米。

珠海气候宜人，冬夏季风交替明显，终年气温较高，属南亚热带与热带过渡型海洋性气候。珠海生态环境优美，是全国唯一以整体城市景观入选“全国旅游胜地四十佳”的城市。由于具有温和的气候、清新的空气、一流的人居环境，珠海先后荣获“国家园林城市”“国家环保模范城市”“国家卫生城市”“国家级生态示范区”等称号，还曾被联合国人居中心授予“国际改善居住环境最佳范例奖”。

珠海市的市树为紫荆树，市花为簕杜鹃。

补充阅读 **中国旅游胜地四十佳**

1991年，国家旅游局主持了“中国旅游胜地四十佳”的评选，列为“中国旅游胜地四十佳”的有：

（1）原有以自然景观为主的旅游胜地：长江三峡风景区、桂林漓江风景区、黄山风景区、庐山风景区、杭州西湖风景区、峨眉山风景区、黄果树瀑布风景区、泰山风景区、秦皇岛北戴河海滨、华山风景区。

（2）原有以人文景观为主的旅游胜地：八达岭长城、乐山大佛、苏州园林、北京故宫、敦煌莫高窟、曲阜三孔、颐和园、明十三陵、中山陵、避暑山庄—外八庙。

（3）新开发的以自然景观为主的旅游胜地：九寨沟黄龙寺风景区、桐庐瑶琳仙境、贵州织金洞、巫山小三峡、井冈山风景区、蜀南竹海风景区、大东海—亚龙湾风景区、武陵源风景区、五大连池风景区、黄河壶口瀑布风景区。

（4）新开发的以人文景观为主的旅游胜地：秦始皇陵及兵马俑博物馆、自贡恐龙博物馆、黄鹤楼、北京大观园、山海关及老龙头长城、成吉思汗陵、珠海旅游城、深圳锦绣中华、夫子庙及其秦淮河风光带、葛洲坝。

（二）经济

珠海是我国最早实行对外开放政策的四个经济特区之一，已初步形成以高科技为重点的工业体系和综合发展的外向型经济格局。珠海也是我国重要的口岸城市，其中拱北口岸是我国第二大陆路口岸，九洲口岸是我国最大的水路客运口岸，也是我国沿海最大的港口客运站之一。珠海金湾国际机场（原名珠海三灶机场，2013 年 1 月正式更名为珠海金湾机场，简称珠海机场）位于三灶岛西南端，达到了国际先进水平。

（三）旅游

珠海自然环境优美，山清水秀，海域广阔，旅游资源非常丰富，是“全国优秀旅游城市”，也是新兴的花园式海滨旅游度假城。珠海主要旅游景点有圆明新园、珠海渔女石雕、珠海石景山、情侣路、梅溪牌坊、珠海御温泉、海泉湾、东澳岛、外伶仃岛、珠海博物馆（九洲城）、白莲洞公园、飞沙滩、沙湾古遗址、白藤湖、珠海农科奇观、石博园、九洲岛、金海滩等。

珠海的美食和特产都非常丰富。斗门重壳蟹、横琴贵妃蚝、白藤断情藕、万山玉对虾被称为“珠海四大美食”，浪漫蚝情、秘制重壳蟹、渔歌唱晚、金汤对虾、花雕双蟹、金鳗戏鳝、香鸽鱼、碧波群鸟、芝士香蚝、彩碟蟠龙则被称为珠海十大名菜。南屏脆肉鲩、黄金凤鳝、小托山橘、对虾、黄杨荔枝、白蕉禾虫、乾务软骨鲮、白藤水鸭、横山粉葛、白藤粉藕、珠海膏蟹、叠石蚝油等都是珠海著名的土特产。

珠海每两年举办一次中国国际航空航天博览会和珠海电影节，在国内外有广泛的影响。

二、珠海市主要景区景点

（一）圆明新园

圆明新园坐落于珠海九洲大道石林山下，占地面积为 1.39 平方千米，于 1997 年建成开放，是珠海最大型的旅游景区。它按 1∶1 的比例，精选了北京圆明园四十景中的十八景仿真修建而成，融古典皇家建筑群、江南古典园林建筑群和西洋建筑群为一体，再现了当年北京圆明园皇家园林的宏伟气势。园内建筑依山就势布局，中轴线上是宏伟的皇家宫殿建筑群，有大宫门、正大光明、九州清晏、方壶胜镜等。环绕福海湖的是江南园林景观，植物达 500 多种，形成良好的生态循环体系。圆明新园每天有多达 30 场的演出，展现出独特的艺术魅力。

（二）珠海渔女石雕

位于珠海的情侣路海边，是珠海的城标。珠海渔女石雕是中国著名雕塑家潘鹤（小学课本中反映红军生活的《艰苦岁月》的作者）的作品，高 8.7 米，重 10 吨，用花岗石分 70 块组合而成。珠海渔女颈戴项珠，身揹渔网，双手高擎一颗珍珠，姿态优美，面容传神，成为珠海情侣路最美的一段风景。

（三）梅溪牌坊旅游区

梅溪牌坊旅游区坐落于珠海市前山镇上冲梅溪村，占地面积为 12.6 万平方米。景区内主要景点有清朝末期中国第一任夏威夷领事陈芳先生故居、陈家花园、梅溪石牌坊、陈芳家族墓园等，另有“陈芳家史展”“中国牌坊精品展”“珠海名人蜡像展”“文宝斋书画院”等展览，是一个集名人纪念、民俗博览、文物保护、休闲观光于一体的旅游度假胜地。

梅溪石牌坊坐落于“陈芳花园”旧址。现存3座，建于清光绪十二年（1886年）和十七年（1891年），是光绪皇帝为表彰陈芳及其亲属为家乡多行善举而赐建的。牌坊用花岗岩建造，其中西合璧的艺术造型、恰到好处的力学结构和精美的雕刻装饰，使其成为石构建筑的艺术珍品。

（四）海泉湾

海泉湾度假城坐落在珠海市金湾区，距离市中心50多千米，占地面积4.2平方千米，于2006年全面开业。度假城背山面海，以罕见的海洋温泉为核心，由两座五星级度假酒店、集美食娱乐大型演艺于一体的渔人码头以及高科技剧院、神秘岛主题乐园、健身俱乐部等七大项目共同组成，是一个超大型的综合性旅游度假城。

（五）东澳岛

东澳岛位于万山群岛中部，面积为4.62平方千米，是珠海市海上旅游的经典岛屿。这里植被茂盛，森林覆盖率高达82%，完整地保留着原始自然的生态环境，自然风貌独特，景色迷人。既有气势磅礴的豪迈海景，又有温婉秀美的林中小景；既有原始纯净的自然风光，又有悠远旷达的历史遗迹；既有多彩的陆上风情，又有神秘的海底世界，令人流连忘返。

（六）石博园

石博园坐落于风景秀丽的横琴岛上，是一个以石文化为主旨，融旅游观光、休闲度假、石疗保健、石趣饮食、奇石贸易为一体的主题公园。公园规划设计充分体现了石文化的内涵与外延，把“石头与地球”“石头与人类生活”“石头与爱情”“石头与艺术”“石头与音乐”“石头与民俗”等内容通过景观语言充分表达出来，以求对石头有一个全新的解读和表达，是一个独特而又充满情趣的石文化园。

（七）御温泉度假村

御温泉度假村位于珠海市斗门区黄杨山麓，环境清幽，自然风光秀美，是中国第一家露天温泉旅游度假村，其出色的管理服务水平享誉全国，被誉为“中国温泉旅游第一品牌”“中国温泉旅游产业的开创者”。

度假村中设有华兴池、木温泉、咖啡温泉、酒温泉、花草药温泉、石温泉、音波喷射温泉、瀑布温泉、温差浴、温泉游泳池等十余种各具特色和功效的露天温泉池，并设配有独立温泉浴池的园林式贵宾休息室，还配有大型蒸汽浴室和桑拿浴室以及40多间标准按摩推拿室和设备齐全的豪华健身中心。

（八）珠海农科奇观

珠海农科奇观位于珠海市前山镇梅溪双龙山麓，三面环山，环境幽雅，整个园区占地面积2 000亩，是一个集现代高科技农业研究、示范、推广与观光于一体的生态旅游景区。

农科奇观以高科技农业为主题，分为观光区、休闲区、活动区和农科试验区四大区，共18个景点项目。其农业高科技实验室、组织培养室、生物工厂以及65座玻璃温室大棚，引进、繁育和种植世界各地名优瓜、果、蔬菜、花卉四大类100多个品种，特别是无土栽培科研项目，其技术水平和生产规模均属国内前列。这里不仅有奇特的高科技生态农业景观，还可向游人提供“食、住、行、游、娱、购”一条龙服务。农科奇观作为三高农业和观光农业的成功范例，被列为“全国农业旅游示范点”，成为广大游客享受新奇乐趣、见识高科技农业、增长科普知识的生态旅游景区。

第四节 佛山景区

一、佛山市简介

（一）综述

佛山市地处珠江三角洲腹地，东倚广州，西接肇庆，南连江门，北通清远，地理位置优越。珠江水系中的西江、北江及其支流贯穿全境，属典型的三角洲河网地区。先后获得“国家历史文化名城”“国家卫生城市”“双拥”模范城、“全国科技进步先进市”“国家园林城市”以及联合国“人类居住区最佳范例城市”等多项荣誉。

全市总面积为3 797.72平方千米，2013年全市常住人口达729.6万人（其中户籍人口有381.6万人），2016年常住人口增至746.27万人。佛山是著名侨乡，祖籍佛山的华侨和港澳台同胞达148万人，其中港澳同胞达80多万人。

佛山市花为白玉兰。

（二）经济

唐宋年间，佛山的手工业、商业和文化已十分繁荣。明清时，更是发展成商贾云集、商业发达的岭南重镇，与湖北的汉口镇、江西的景德镇、河南的朱仙镇并称全国“四大名镇”。清末，佛山得风气之先，成为我国近代民族工业的发源地之一，先后诞生了中国第一家新式缫丝厂和第一家火柴厂。

现在的佛山是全国著名的制造业基地，与广州共同构成“广佛都市圈”，是“广佛肇经济圈”“珠江—西江经济带”的重要组成部分。经济总量历来排在深圳、广州之后列广东省第三位，并位列中国大陆地区城市GDP排行榜前列。佛山的顺德、南海两区因经济发展迅猛，与东莞、中山一道曾被称为“广东四小虎”。

佛山经济以工业为主、三大产业协调发展，机械装备、家用电器、陶瓷建材、金属材料加工及制品、家居用品制造等都是佛山的优势行业。“佛山制造”享誉海内外，拥有美的电器、佛山照明、佛塑集团、佛山陶瓷、海天调味品、新中源陶瓷、鹰牌陶瓷、东鹏陶瓷、科龙电器、格兰仕电器、志高空调、万家乐热水器、健力宝饮料、联塑非金属管道、碧桂园地产、李宁运动服饰、溢达纺织等一批知名品牌。民营经济蓬勃发展是佛山经济的特色和优势。

佛山素有“鱼米之乡”美誉，是首批国家农业产业化示范基地市。以花卉、水产、畜牧为主的现代农业、高效农业、观光农业蓬勃发展，是“中国鳗鱼之乡”“中国淡水鱼苗之乡”和“中国花木之乡”，还是全国最大的蝴蝶兰生产基地、全省最大的优质百合花生产基地。

（三）旅游

佛山是“中国优秀旅游城市”，旅游资源相当丰富。著名的旅游景观有佛山新八景：西樵叠翠（南海西樵山）、清晖毓秀（顺德清晖园）、花海奇观（顺德陈村花卉世界）、皂幕凌云（高明皂幕山）、祖庙圣域（佛山祖庙）、古灶薪传（禅城南风古灶）、云水荷香（三水荷花世界）、南国桃园（南海南国桃园）。其中，西樵山自古就有“南粤名山数二樵”之美誉；佛山祖庙融古代陶瓷、木雕、铸造、建筑艺术为一体，被称为“东方艺术之宫”；顺德清晖园与佛山梁园都属于清代广东四大名园；陈村花卉世界是中国南方最大的花卉生产交易基地和花卉文化主题公园；三水荷花世界是目前世界上规模大、品种资源丰富的荷花生态园。此外，佛山还拥有岭南天地（东华里）、康有为故居、黄飞鸿纪念馆、李小龙纪念馆、仁寿寺、宝林寺、芦苞祖庙、大旗头古村、吴家大宅等文化景点。

佛山是岭南文化发祥地之一，是广府文化的兴盛之地，文化底蕴深厚。佛山是陶艺之乡，有“南国陶都”“中国陶瓷名都”之誉，建于明代正德年间的南风古灶，是世界现存最古老的陶瓷柴烧龙窑，被誉为“陶瓷活化石”；佛山是粤剧之乡，是粤剧的发源地，诞生了粤剧最早的戏行组织——琼花会馆；佛山是著名的武术之乡，是中国南派武术的主要发源地，世界上广泛流行的蔡李佛拳、洪拳、咏春拳等不少拳种和流派其根都在佛山；佛山是“美食之乡”，佛山人根据不同地方的特产与口味，创制了许多风格各异的美食菜点，盲公饼、扎蹄、大良野鸡卷、炸牛奶、双皮奶、崩沙、小凤饼、南海鱼生、大福饼、九江煎堆、三水狗仔鸭等都是佛山知名小吃。佛山还是狮艺之乡、岭南成药之乡。

佛山作为千年古城，民俗风情浓郁。传统的民间艺术与工艺品主要有石湾公仔、剪纸、木版年画、秋色、南海藤织品及金属制箔、染色纸等。佛山著名土特产有南海松香黄鸭、沙皮狗、大花白猪、高明三洲黑鹅、西樵大饼、石湾米酒、九江双蒸酒等。

二、佛山市主要景区景点

（一）南海西樵山

西樵山位于佛山市南海区西南部，为国家级风景名胜区、国家 5A 级旅游区、国家森林公园、国家地质公园、省级旅游度假区。

西樵山是数千万年前海底火山爆发而形成的死火山。西樵山的得名由来已久，“樵”是打柴的意思。传说古时候广州人到东面的罗浮山打柴，称罗浮山为“东樵”；往西面的锦石山打柴，西面的这座山就叫作“西樵”。罗浮山和西樵山共享“南粤名山数二樵”之美誉。

西樵山有着 6 000 多年的文明史，古西樵山人创造了灿烂的“双肩石器”文明；到明清期间，有大批的文人学子曾隐居在这里，使西樵山获得了“南粤理学名山”的雅号；西樵山还是“南拳文化”的发源地，一代宗师黄飞鸿就出生在这里。

西樵山近似圆形，直径约 4 千米，面积为 14 平方千米，主峰大科峰海拔 344 米，其最大的特点是“山里有湖湖里有山，水在山中山在水里”，号称有 72 峰、48 洞、28 瀑布、208 泉。主要景区景点有白云洞景区、翠岩景区、石燕岩景区、四方竹公园、南海观音文化景区、黄飞鸿狮艺武术馆等。

（二）佛山祖庙

佛山祖庙坐落于佛山市禅城区的中心。始建于北宋元丰年间（1078—1085 年），原建筑在元代被焚毁，明代洪武五年（1372 年）重修。祖庙是一个道教的神庙，原称“祖堂”，是佛山古代冶炼业供奉祖师的地方。后因庙里也奉祀道教崇信的玄武帝，俗称北帝，所以改名为“北帝庙”。之所以称祖庙，据考证是“历岁久远，且为佛山诸庙之首”的缘故。

祖庙建筑群占地 3 000 多平方米，坐北朝南，为院廊式平面布局，由排列在南北轴线上的万福台、灵应牌坊、锦香池、钟鼓楼、灵应祠和庆真楼等几部分组成。建筑结构严谨，具有浓厚的民族风格和地方特色，最突出的是其巧夺天工的装饰工艺，既有辉煌巨作，又有纤巧小品，集中体现了岭南地区寺庙祠宫、大户豪宅建筑装饰艺术的特点。整座庙宇由朱红色高墙围住，没有正式的庙门，只是在东西两侧开了两个侧门进出，更显得祖庙的庄严和神秘。

（三）南风古灶

佛山新八景之一。位于佛山市禅城区石湾镇高庙路，始建于明朝正德年间，500 年来薪火不绝，是我国年代最久远、保存最完好且使用至今的最古老的龙窑。南风古灶是我国南方陶瓷生产技术承前启后的里程碑，被誉为“火的文物”。

（四）康有为故居

位于佛山市南海区丹灶镇苏村，建于 1858 年，是典型的珠三角地区清代农村“镬耳屋”建筑，一厅、二廊、二房，采光足，通风好，冬暖夏凉。康有为诞生于此，并在此度过了青少年时期。

（五）广东粤剧博物馆

广东粤剧博物馆是中国大陆首个大型粤剧博物馆，其前身为“佛山粤剧博物馆”。它位于粤剧发源地之一的佛山禅城区兆祥路兆祥黄公祠内，2003 年 6 月 21 日正式对外开放。2004 年 4 月，经省文化厅批准，“佛山粤剧博物馆”正式改名为“广东粤剧博物馆”。馆内陈列面积为 2 123 平方米，分史、艺、人三大部分，共 13 个展区，展出明、清至今的粤剧剧本、木鱼书、海报、戏桥、戏服、乐器以及早期的粤剧电影、唱片、剧照、书画等珍贵文物 3 000 余件。展览采用多种陈列手段与动静结合的形式，以便观众在参观与参与中更好地领略、品味粤剧文化的深刻内涵和独特魅力。

（六）三水荷花世界

三水荷花世界位于佛山市三水区东南部，2000 年 7 月 8 日正式建成对外开放。园区占地 1 300 亩，其中水面面积为 800 多亩，是目前世界上规模最大、品种资源最丰富，集观光、表演、娱乐、美食、度假、生产科研、科普教育、荷文化展示于一体的绿色生态旅游荷花主题公园。

（七）南国桃园旅游度假区

位于著名的“桃花之乡”佛山南海区狮山松岗镇，因周边盛产桃花，并取意于陶渊明的《桃花源记》而得名。占地 8 平方千米，1995 年 11 月正式对外开放，1999 年被列为省级旅游度假区，为佛山新八景之一。这里四季气候宜人，山水相映，鸟语花香，环境自然清新。这里除了美丽的桃园风光外，还有中央电视台南海影视城、碧波湖鹭鸟天堂等景观，使南国桃园成为闻名遐迩的旅游胜地。

(八) 三水侨鑫生态园

位于佛山市三水区乐平镇，总占地面积为 2 000 余亩，是一个集农业田园观光、科普素质教育、拓展训练、休闲度假和生态美食于一体的生态旅游景区。

第五节　东莞景区

一、东莞市简介

(一) 综述

东莞市位于广东省中南部，珠江口东岸。因地处广州之东，境内盛产莞草而得名。东与惠州市惠阳区接壤，北与广州市、惠州市隔江为邻，西与广州市番禺区隔海交界，南与深圳市宝安区相连。地势东南高、西北低。地貌以丘陵台地、冲积平原为主。银瓶嘴山主峰高 898.2 米，是东莞市最高山峰。

全市陆地面积有 2 460 平方千米，海域面积为 97 平方千米。下辖 4 个街道（莞城街道、南城街道、东城街道、万江街道）、28 个镇，2016 年末常住人口达 826.14 万人（其中户籍人口有 200.96 万人）。

东莞是著名的华侨之乡，是全国文明城市、国家森林城市、国际花园城市，有音乐之城 、科技之城、博物馆之城等美誉。

东莞的市花是白玉兰，它象征一种开路先锋、奋发向上的精神。

(二) 经济

东莞毗邻港澳，处于广州—深圳经济走廊的中间，经济发展条件优越，形成了电子信息制造业、电气机械及设备制造业、纺织服装鞋帽制造业、食品饮料加工制造业、造纸及纸制品业等五大支柱产业。号称“世界工厂”，为“广东四小虎”之首，城市竞争力居全国地级市第一位，是全国百强镇最多的城市。

东莞是广东省重要交通枢纽之一，有国家一类港口口岸（东莞虎门港）和国家一类铁路口岸，是广深、广梅汕和京九三条铁路的交会点，也是广深珠高速公路的交会点。

(三) 旅游

东莞是著名的“举重之乡”“龙舟之乡”“游泳之乡”“龙狮运动之乡”和“民间曲艺之乡”，还是“中国优秀旅游城市”，是广东省博物馆最多的地级市，旅游资源十分丰富。

东莞市既有滨海秀色、稻海蕉林、荔红荷香、旗峰胜迹等自然风景，又有丰富的人文景观。主要景点有鸦片战争博物馆（威远炮台、沙角炮台、海战博物馆）、广东观音山国家森林公园、松山湖景区、华南 MALL·欢笑天地、东莞市科学技术博物馆、龙凤山庄影视旅游区、粤晖园、香市动物园、林则徐销烟池与虎门炮台旧址、可园、村头村遗址、金鳌洲塔、明代村堡水围村（“逆水流龟”村堡）、塘尾古村落（有建于明代的东莞保存最完好的古村围墙）、蒋光鼐故居、人民公园（我国最早的公园之一）、旗峰公园、迎恩门城楼、虎门大桥、饮食风俗博物馆等。

东莞属东江冲积平原，土地肥沃，素有“鱼米之乡”之称。东莞著名土特产主要有荔枝、麻涌香蕉、厚街濑粉、厚街腊肠、白沙油鸭、虎门麻虾、虎门膏蟹、东莞草编、东莞米粉、厚街蛋卷、麦芽糖柚皮、东莞烟花等。

补充阅读

2004年，东莞市评出新“八景”：“松湖烟雨”（松山湖高新技术产业开发区）、“大道朝晖”（东莞大道）、“广场挹翠”（市中心广场）、“古塞飞虹”（虎门大桥）、“虎英叠翠”（虎英郊野公园及御景湾周边景观）、“板岭凝芳”（绿色世界、水濂山森林公园及周边景观）、“莲峰赏鹭”（长安莲花山风景区）、“金沙漾月”（石龙金沙湾）。

二、东莞市主要景区景点

（一）鸦片战争博物馆

鸦片战争博物馆，又名林则徐纪念馆，坐落在东莞市虎门镇，是一座收藏、保护、陈列、研究林则徐禁烟与鸦片战争文物史料的专题性博物馆，国家4A级旅游景区，全国一百个爱国主义教育示范基地之一。

馆区面积约3万平方米，它通过实物、历史照片、图表以及大型油画和3个大型场景，生动形象地再现了170多年前那场震惊中外的战争场景。目前，鸦片战争博物馆已经成为一个融纪念性、教育性为一体的爱国主义教育基地。

（二）观音山国家森林公园

观音山森林公园位于东莞樟木头镇内，是一个集生态观光和宗教文化旅游于一体的主题公园。园区总面积26 178亩，森林覆盖率达99%以上，被誉为“森林浴场”“南粤胜地”。

观音山森林公园一年四季空气清新，鸟语花香，负离子含量极高。观音山里有“三奇”，分别是：全世界最大的玄武岩观世音菩萨像；全国第一的古树博物馆；东莞地区最大、最集中的自然瀑布群。巨大的玄武岩观世音菩萨像雄踞在海拔高达488米的观音山顶，像高33米，重达3 000多吨，雕刻精美，栩栩如生。公园内有落差380米的仙泉瀑布飞珠溅玉，蔚为壮观。

（三）袁崇焕纪念园

袁崇焕纪念园位于东莞市石碣镇，该镇有“东江圣地，莞邑明珠，英雄故里，数码重镇”之称。明末清初抗击后金的明朝将领袁崇焕就出生在石碣镇水南村。袁崇焕纪念园即在水南村袁崇焕故居旧址上兴建而成。占地面积11万平方米，地处东江河畔、崇焕路东。景区仿明代建筑营造，有花香荔熟、蝉鸣雀噪、湖光柳色的绝佳自然风光，亦有曲径回廊、钟亭鼓阁和寺庙殿堂。主要景点有：崇焕故居、袁督师祠、15米高英雄塑像、手工雕刻传记浮雕、湖畔衣冠冢、飘香佘家院等。园内的仿古建筑、塑像、浮雕、文章、诗歌、对联、书画、绘画都是名家制作，具有较高文化艺术水准，是集史实与民间传说于一园、历史文化与娱乐休闲于一体的园林景区，是东莞市文化新城的历史坐标。

（四）旗峰公园

旗峰公园位于东莞市市中心东部的黄旗山上，占地面积 307.4 公顷，最高峰海拔 189 米。园内林木葱茂，森林植被丰富，名胜古迹众多，是一个生态优良、环境优美、功能多样、设施完备的综合性城市公园。

黄旗山形似旗展，又名祖山、主山、镇山、文笔峰、朝山，曾有“岭南第一名山”的美誉，历来是文人墨客必登之处。黄旗山曾是东莞八景之首，东莞民谣的第一句写的就是“黄旗山上挂灯笼”，所以山顶上建有一个巨型大灯笼，晚上在东莞城区任何一个地方都可以望到它。旗峰公园主要景点有黄旗山顶灯笼、山林公园、人工湖、植物园、黄旗古庙、黄岭道院、廉泉、旗峰公园广场等。

（五）隐贤山庄

隐贤山庄地处东莞市常平镇丽城开发区内，是一个集游览、观光、会务、休闲、度假于一体的综合型旅游度假区。这里群山连绵，景区绿树成荫，自然景色十分优美。

隐贤山庄是明末贤臣李觉斯的故乡，他从这里考取进士步入仕途，官至刑部尚书，晚年因直言进谏，疏救忠臣，触犯龙颜被削官为民，此后他回到故乡隐居数十年，地方百姓于是将他隐居的地方称为“隐贤山庄”。隐贤山庄主要景点有隐贤寺、太清宫、仙人床、月华泉、晚翠居、孝思祠、宋街等。

（六）粤晖园

粤晖园位于东莞市道滘镇大罗沙村，是岭南园林的代表作。粤晖园布局精妙，将岭南园林传统艺术与现代审美情趣融合于一园。它通过深入挖掘岭南历史文化，不仅在建筑上占有重要地位，而且在文化艺术领域中也独树一帜，成为岭南文化的一颗璀璨明珠。

第六节　中山景区

一、中山市简介

（一）综述

中山市位于广东省中南部，珠江三角洲中部偏南的西、北江下游出海处，北接广州和佛山，西邻江门，东南连珠海，东隔珠江口伶仃洋与深圳市和香港相望，全市总面积约为 1 800平方千米。中山市现辖 6 个街道、18 个镇。2016 年常住人口达 323.00 万人，户籍人口有 161.25 万人，城镇化水平为 88.20％。

中山市交通方便，货运发达，已形成东有中山港、南有神湾港、北有小榄港的“品”字形码头布局。其中，中山港的集装箱年吞吐量更是跻身全国十强、世界百强。

近年来，中山市先后获得“国家卫生城市”“全国城市规划管理先进单位”“国家园林城市”“国家环保模范城市”“全国畅通工程模范城市”等荣誉称号。

中山市的市花为菊花。

（二）旅游

中山市是“中国优秀旅游城市”，主要旅游景点有孙中山故居、中山影视城、孙文纪念公园、孙中山纪念堂、五桂山、岭南水乡、紫马岭公园、中山温泉、长江水库旅游区、孙文西路步行街、岐江公园、中山詹园、郑观应故居等。一年一度的小榄菊展，已成为中山市最富吸引力的旅游项目之一。

中山市民间艺术丰富，其中有中山民歌、沙溪舞龙狮鹤凤、崖口飘色等。中山土特产主要有茂生香蕉、中山脆肉龙眼、三月红荔枝、神湾菠萝、小榄菊花肉、咀香园杏仁饼、石岐乳鸽、长江脆肉鲩、茶薇花制品、三乡濑粉等。

二、中山市主要景区景点

（一）孙中山故居纪念馆

孙中山故居纪念馆位于中山市翠亨村，是以翠亨村孙中山故居为主体的纪念性博物馆，建立于 1956 年 11 月，包括孙中山故居、孙中山生平事迹展览和翠亨民居展览等。2008 年 5 月，被国家文物局公布为首批国家一级博物馆。孙中山故居是一幢砖木结构、中西结合的两层楼房，并设有一道围墙环绕着庭院。庭院右边设有一口水井，水井的周围（约 32 平方米）是孙中山诞生时的旧房所在地。

（二）岭南水乡

岭南水乡位于广东省中山市民众镇，紧靠珠江口，占地面积 120 亩，水上可游面积达 35 平方千米。这里河网交织，物产丰饶，民风淳朴，是一个极具岭南田园水乡特色的生态旅游区，于 2000 年 6 月正式对外开放，目前已发展成为一个具有典型水乡特色，集旅游、饮食、娱乐于一体的综合性旅游景区。

（三）中山城

中山城（中央电视台中山基地）位于中山市南朗镇翠亨村，全城占地面积 300 亩，这里依山傍水，环境优雅，是以展现孙中山先生革命功绩为主题，集旅游观光、爱国主义教育和影视拍摄于一体的文化旅游景区。它浓缩了孙中山先生在中国和海外各地从事革命活动的纪念地，同时展现了中山市丰厚的地域文化，是一个既有革命纪念意义，又有历史文化品位的多功能综合文化旅游城。城内分为中国景区、日本景区、英国景区、美国景区和展览馆区五大部分，共 63 个参观景点。配合各个景区的主题，每天安排有十多场丰富多彩的节目表演。

（四）五桂山

位于中山市五桂山镇，过去称为“香山”，连接中山、珠海两市，主峰海拔 531 米，风景优美，是中山市享有盛誉的山林景观名胜。抗日战争期间，这里是广东省的抗日游击根据地之一。

（五）中山詹园

中山詹园又名中山大宅门，4A 级景区，位于中山市南区北台村，始建于 1998 年，是詹园主人黄远新先生亲自为父母设计的一处淡雅精致、颐养天年的静心居所。占地百余亩，是目前岭南地区最大的古典私家庭园。它的取材多为民间古旧材料，建筑特色以苏杭园林为基调，结合岭南水乡的山水布局，同时还吸收了西式园林的风格，是一个宅院合一，可居、可游的珍贵园林艺术景观。

第七节　江门景区

一、江门市简介

（一）综述

江门市地处珠江三角洲西部。因位于西江与其支流蓬江的汇合处，江南烟墩山和江北蓬莱山对峙如门，故名江门，又称“四邑”“五邑”。江门市东邻中山、珠海，西接阳江，北靠佛山、肇庆，南濒南海。陆地面积有 9 541 平方千米，2016 年全市常住人口达 454.4 万人（户籍人口有 393.93 万人）。江门素有中国第一侨乡美誉，祖籍江门的海外华侨、港澳台同胞达 400 多万人，遍布世界 107 个国家和地区。

江门市交通发达，枢纽地位突出，是广东省三大陆运口岸之一。境内 6 条高速公路总里程达 330 千米，居广东省地级市之冠，全国地级市第二。另外，江门还拥有国家一类口岸新会港和台山广海港。

江门市的市花是簕杜鹃。

（二）旅游

江门是“中国优秀旅游城市”，山清水秀，名胜众多，生态旅游闻名遐迩。主要景点有开平碉楼、开平立园、梁启超故居、圭峰山风景区、宋元崖门海战文化旅游区、陈白沙纪念馆、大雁山、歇马举人村、川岛旅游区、小鸟天堂、赤坎古镇、东湖公园、长堤风貌街、古兜温泉、帝都温泉、恩平石头村、鳌峰公园、七星坑、北峰山等。

开平碉楼与村落是广东省第一个世界文化遗产，是中西文化交融的典型代表。川岛旅游区风光旖旎，沙滩绵长，是全国著名的滨海度假胜地。江门温泉众多，恩平被评为中国第一个温泉之乡。新会小鸟天堂独木成林，因巴金《鸟的天堂》闻名全国。在江门五邑各处，还可感受到浓郁的侨乡民俗风情，如鹤山市活鲤拜门、恩平灯节、台山浮石飘色、新会天后诞抢花炮等。

江门物产丰富，著名的土特产有江门排粉、柿饼、新会凉果、新会陈皮酒、台山龙眼、恩平石茶、开平狗肉、广海咸鱼、广合腐乳、土茯苓、古兜白云茶等。江门美食文化多姿多彩，著名的风味菜色有陈皮宴、凉瓜宴、野菜宴、海鲜宴、水库鱼宴、古井烧鹅、圆盘菜、各类粥品、黄鳝饭、猪面肉、黑豆煲黑鲩、蓬江三杯鸡、外海银丝面、杜阮凉瓜皮、新会陈皮鸭、大田石蛤饭等。

二、江门市主要景区景点

（一）开平立园

开平立园，位于开平市塘口镇北义乡，是由当地旅美华侨谢维立先生自 1926 年起历时十载兴建的私人园林。立园以人名作园名，占地约 19 600 平方米，集传统园艺、西洋建筑、江南水乡特色于一体，其融汇中西的独特建筑艺术风格在中国园林中独树一帜。

立园分为别墅区、大花园和小花园三个区域，彼此以人工河或围墙分隔，又用桥亭或通天回廊连成一体，园中有园，景中有景。园内有别墅6座、碉楼1座，其中以“泮文”和“泮立”两座最为华丽，其楼身是西洋建筑样式，楼顶却是中国宫殿的风姿，两者和谐结合，呈现出非常独特的建筑艺术之美。

立园保存完好的艺术品颇多，其中有晚清民间艺术家的大型彩色壁画、金漆木雕、灰雕、陶瓷塑像，以及当年由美国进口的洁具及供水系统，其先进程度至今仍令人惊叹。

（二）梁启超故居

梁启超故居位于新会茶坑村。这里是梁启超先生出生和少年时期生活、学习的地方。建于清光绪年间（1875—1908年），是一幢古色古香的青砖土瓦平房，由故居、怡堂书室、回廊等建筑组成，建筑面积有400多平方米。故居有一正厅、一便厅、一饭厅、二耳房。两厅前各有一天井，便厅侧有梯级直达其顶部楼亭书房，可远眺崖海风光。怡堂书室是梁启超曾祖父所建，是梁启超少年读书、接受儒家传统思想的地方。1996年11月，梁启超故居被公布为全国重点文物保护单位。

在梁启超故居的西侧是梁启超故居纪念馆。建筑面积达1 600平方米，2001年建成，建筑形式中西合璧，既有晚清岭南侨乡建筑韵味，又有天津饮冰室风格。纪念馆以丰富的历史图片展现了梁启超爱国图强、毕生奋斗的事迹，并陈列展出了梁启超的部分著作。

（三）新会圭峰山风景区

圭峰山风景区坐落在新会西北部，占地面积为55.1平方千米，主峰海拔545米。因山形酷似圭璧，故称“圭峰山”。相传隋唐时，山上多桂树，又有“桂岭”之名。其顶方圆如台，亦称“玉台山”。远望圭峰，苍翠欲滴；进入圭峰，绿荫如盖，“圭峰叠翠”已成为新会的新八景之首。圭峰山不仅以绿化著称南粤，而且以景物、古迹取胜于五邑。景区先后建成圭峰入口广场、玉湖广场和玉台寺广场等三大广场，在圭峰北坑建成比玉湖还大的姐妹湖——碧绿湖，还新建花池、花坛、花槽1万多平方米，并建有五彩灯饰喷水池、桃花阁、观湖台等点缀其间。

（四）新会宋元崖门海战文化旅游区

宋元崖门海战文化旅游区是在宋元崖门海战遗址上兴建的，是我国首个古代海战文化主题景区。主要景点有浩气广场、崖山诗墙、慈元庙、大忠祠、义士祠、寝宫、诗碑廊、望崖楼、白鹇亭等。景区内拥有全国最大的仿古战舰标志性建筑、全国最大的一对姊妹铁锚、全国最大的“慈”字碑刻等，还有广东省内最长的书法诗碑廊。

（五）陈白沙纪念馆

陈白沙纪念馆位于江门市西区大道7号。陈白沙是明代著名理学家、“岭南第一人”。纪念馆先后于1996年、1999年得到两次扩建及修葺。馆内除展出陈白沙的生平、事迹简介、哲学思想作品及大批遗物、墨宝外，还开设了一间古色古香的茶艺馆。

（六）大雁山风景区

大雁山位于江门市鹤山沙坪城区北部，近邻鹤山港，面临西江，因其山形似大雁展翅直扑西江俯首饮水而得名，大雁山也因此得到一个雅号“雁落平沙”。2002年，大雁山以

“雁影波光”之名被评为江门侨乡新八景之一。景区面积 300 公顷，主峰海拔 310 米，它与南海西樵山互称“姐妹山”。景区山与水结合，峰峦起伏，奇石竞秀，山林葱郁，清溪潺潺，并有庙宇、亭台点缀其中，景色万千。

（七）歇马举人村旅游区

歇马，建村于元朝至正年间，因为历史上出了众多的举人，成为闻名遐迩的“举人村”。该村建于被誉为“江之湖，河之泊”的锦江河畔，两岸田园风光旖旎。“远看山有色，近听水无声”，是名副其实的“水乡画廊”。励志园、教子台、功名碑林、八大旗杆夹、七大祠堂、烈女碑等构成了举人村的主要景点。

第八节　惠州景区

一、惠州市简介

（一）综述

惠州市位于广东省东南部，属珠江三角洲东北、东江中下游地区。毗邻深圳，北靠罗浮山，南拥大亚湾，素有“粤东门户”之称。全市面积为 1.13 万平方千米，2016 年末，全市户籍人口有 364.31 万人，常住人口达 477.5 万人。

惠州市是广东省的主要产粮区之一，是供给香港蔬菜、生猪的主要生产基地，同时也是广东“四大名果”的主要产区之一。水产品种类达 840 种之多，沿海出产优质食盐。改革开放以来，惠州市坚持“工业立市”的发展战略，坚定不移地走发展外向型经济的道路，培育出了一大批工业产品名牌。

惠州市市花为簕杜鹃。

补充阅读

惠州别名“鹅城”，因市区南湖之滨的飞鹅岭而得名。飞鹅岭高 69 米，山形如飞鹅展翅，传说曾有“仙人乘木鹅至此”，故名飞鹅岭。

（二）旅游

惠州是国家森林城市、国家历史文化名城、中国优秀旅游城市，旅游资源丰富、自然景观众多，山、水、林、湖、泉、洞、瀑、海岸、岛屿等应有尽有。主要景点有惠州西湖、罗浮山、南昆山国家森林公园、惠东港口海龟国家级自然保护区、惠东平海古城、巽寮滨海旅游度假区、惠东古田自然保护区、龙门香溪古堡旅游区、东江纵队纪念馆、叶挺纪念馆等。

惠州特产繁多，惠州梅菜、东江糯米酒、杨村橙柑橘、惠阳三黄鸡、罗浮山百草油、小桂鱿鱼、三门鲍鱼、澳头“南海珍珠”、龙门西溪笋等土特产驰名海内外。民间工艺主要有木雕、泥塑、竹编、镜画、刺绣、剪纸等。

二、惠州市主要景区景点

（一）惠州西湖

惠州西湖位于惠州市惠城中心区，是国家4A级旅游景区。景区由西湖和红花湖组成，总面积为20.91平方千米，其中水域面积有3.13平方千米，是一个以山水资源为主体，融自然景观和人文景观为一体的城市型湖泊类风景名胜区。惠州西湖已有1 600多年的历史，历史上曾与杭州西湖、颍州西湖齐名，有“海内奇观，称西湖者三，惠州其一也”和“大中国西湖三十六，唯惠州足并杭州”的史载。三大西湖的出名，还与它们都曾是宋朝大文学家苏东坡被贬到过的地方有关。

关于惠州西湖景观布局，宋代《惠州府志》有“五湖六桥八景”的记载。“五湖”指平湖、丰湖、南湖、菱湖、鳄湖。20世纪90年代，政府把红花湖与这五湖贯通，形成一体，增称为六湖。古时“六桥”分别是西新桥、拱北桥、烟霞桥、迎仙桥、明圣桥、圆通桥。后又建设了众多景观桥，其中九曲桥、枇杷桥、花洲桥和古景六桥一起并称为当代西湖“九桥”。“八景”是古人对当地人文地理的一种归纳和彰扬，包括水帘飞瀑、半径樵归、山寺岚烟、荔浦风清、桃园日暖、鹤峰返照、雁塔斜晖、丰湖晚唱。随着西湖建设的不断完善，后来又有了“十二景”“十六景”“二十四景”之说。现有景点28处，其中名景有18处。故而今天的惠州西湖已有“六湖九桥十八景”之说。

（二）南昆山国家森林公园

南昆山位于惠州市龙门县西南，1993年被批准为“国家森林公园”，是一个森林覆盖率达98.2%的巨大绿色宝库，素有“北回归线上的绿洲”“南国避暑天堂”“珠三角后花园”之美誉。平均海拔600多米，主峰天堂顶海拔1 228米。

南昆山冬暖夏凉，四季宜人，年平均气温为23℃，夏季气温比广州等周边大城市低6℃～8℃，是一个不可多得的天然避暑胜地，有“古代桃源今代存”的说法。境内重峦叠嶂，古树参天，青竹遍野，24万亩原始森林和6万亩连绵竹海形成了一个负氧离子含量达11万个/立方厘米的无细菌区域，是一个名副其实的“南粤大氧吧”。大自然的神奇力量，造化了南昆山的奇山、奇石、秀水、飞瀑、平湖等数十处景点。

（三）巽寮滨海旅游度假区

巽寮湾滨海旅游度假区是国家4A级旅游景区，位于惠州市惠东县南部，大亚湾东岸稔平半岛正中。这里拥有得天独厚的滨海旅游资源，整个度假区拥有27千米的海岸线，沿岸水深2～4米，以石奇美、水奇清、沙奇白著称，素有“绿色翡翠”之称，是粤东数百千米海岸线中海水最洁净的海湾。阳光明媚，海风温煦，符合世界上优质海滨浴场的标准。海岸线迂回曲折，依山傍海分布着七山八湾十八景。

（四）惠东港口海龟国家级自然保护区

惠东港口海龟国家级自然保护区是我国大陆海岸线唯一的国家级海龟自然保护区，位于广东大亚湾与红海湾交界处、惠东县港口滨海旅游度假区最南端的大星山南麓，东北西三面环山，南临南海，近岸水深10～15米，陆地及海域总面积为18平方千米，外围保护带约700平方千米，是亚洲大陆架唯一的海龟产卵场。

该海龟保护区成立于1985年，1992年成为国家级自然保护区，2002年被列入《国际重要湿地名录》。景区先后被命名为“全国科普教育基地”“中国少年儿童手拉手地球村活动营地”等，成为全国颇具影响力的海洋环保科普教育基地。

（五）叶挺纪念馆

叶挺纪念馆位于叶挺家乡惠州市惠阳区，于 1991 年 9 月 10 日叶挺诞辰 95 周年之际开馆。2008 年 8 月在惠阳区秋长街道周田村叶挺故居旁边，又动工建设了叶挺纪念新馆，建筑面积为 2 758 平方米，陈列展示面积为 2 500 平方米，全面展现了叶挺将军一生的重要时期和卓越贡献。不少地方采用了国内最先进的展示手段，充分利用了声光电、幻影成像、电子翻书等高科技展示手段。

第九节　肇庆景区

一、肇庆市简介

（一）综述

肇庆市位于广东省中西部、西江干流中下游，西接广西梧州和贺州，南接云浮、阳江、江门，东连佛山，背靠清远，交通便捷，区位优势明显，是沿海经济发达地区通往西南各省的重要交通枢纽。2016 年末，全市户籍总人口为 429.82 万人，常住人口为 408.46 万人。

肇庆是国家历史文化名城，有“中国砚都”之美誉，文化底蕴深厚，是岭南文化、广府文化的发源地和兴盛之地之一。同时，肇庆也是中国优秀旅游城市、国家园林城市、国家卫生城市、国家环境保护模范城市。

肇庆市市花是荷花和鸡蛋花。

（二）旅游

肇庆是首批“中国优秀旅游城市”之一，风光秀丽，旅游资源丰富，主要自然风光型景区有七星岩、鼎湖山、盘龙峡、千层峰、广宁竹海大观、燕岩等。作为国家级历史文化名城、岭南文化的发祥地之一，肇庆人文荟萃，古迹林立，有梅庵、宋城墙、庆云寺、悦城龙母祖庙、德庆学宫等数十处国家级、省级文物保护单位。

肇庆自然资源丰富，被誉为广东的“黄金之乡”“中国砚都”。端砚被誉为中国四大名砚之首。高要草席生产历史悠久，以色泽鲜艳、质地柔软、织花美观、虫蚁不蛀而驰名。清蒸文鲤、裹蒸粽等都是肇庆的名菜名点。

肇庆有多姿多彩的地域文化，怀集的“贵儿戏”是中国稀有的戏曲剧种之一，距今已有 300 多年历史；鱼龙舞、雄鸡舞、麒麟白马舞、十二月采茶歌等，400 年来至今传唱在田垌村圩。

二、肇庆市主要景区景点

（一）鼎湖山

鼎湖山是岭南四大名山之一，位于肇庆城区东北 18 千米处。因地球的北回归线在此穿过，又不同于其他地方大都是沙漠或干草原，故鼎湖山又被中外学者誉为“北回归线上的绿宝石”。

1956 年，鼎湖山成为我国第一个自然保护区。1979 年又成为我国第一批加入联合国教科文组织“人与生物圈”计划的保护区，建立了“人与生物圈”研究中心，成为国际性的学术交流和研究基地。

鼎湖山面积有 1 133 公顷，最高处的鸡笼山顶高 1 000.3 米，从山麓到山顶依次分布着沟谷雨林、常绿阔叶林、亚热带季风常绿阔叶林、针叶林、灌木丛等森林类型。而保存较好的南亚热带森林典型的地带性常绿阔叶林，是有 400 多年历史的原始次森林。1998 年 12 月，经中南林学院森林旅游研究中心测定，鼎湖山的负氧离子含量最高达到 105 600 个/立方厘米，为当时国内所测定的最高的负离子含量区。鼎湖山因其特殊的研究价值闻名海内外，被眷为华南生物种类的“基因储存库”和“活的自然博物馆”。

鼎湖山多样的生态和丰富的植物为动物提供了良好的栖息环境和充足的食源。因此这里的动物种类和数量也很多，有鸟类 178 种，兽类 38 种，其中国家级保护动物 15 种。

（二）庆云寺

庆云寺，位于鼎湖山天溪山谷中，环境幽静，古木参天，具有浓厚的东方建筑艺术特色，是广东四大名刹之一。庆云寺始建于明崇祯六年（1633 年），倚山势构筑五层殿宇，计有大小殿堂 100 多间，建筑面积达 12 000 平方米，规模宏大。寺内文物古迹甚丰，有舍利子、千人锅、大铜钟、白茶花树、《碛砂藏经》、百梅诗碑、梅花图碑刻、慈禧太后的“敕赐万寿庆云寺”牌匾等。

（三）七星岩

七星岩位于肇庆市区北约 4 千米处，景区由五湖、六岗、七岩、八洞组成，面积为 8.23 平方千米，湖中有山，山中有洞，洞中有河，旖旎多姿，集“桂林之洞，杭州之水”于一地，自古以来就有“峰险、石异、洞奇、庙古”之说。七星岩以喀斯特岩溶地貌的岩峰、湖泊景观为主要特色，七座排列如北斗七星的石灰岩岩峰巧布在面积达 6.3 平方千米的湖面上，20 余千米长的湖堤把湖面分割成五大湖，风光旖旎，被誉为“人间仙境”“岭南第一奇观”。

七星岩由阆风岩、玉屏岩、石室岩、天柱岩、蟾蜍岩、仙掌岩、阿坡岩七座石灰岩山峰组成，如北斗七星般散落在碧波如镜的近 600 公顷的湖面上，20 多千米长的林荫湖堤，把仙女湖、中心湖、波海湖、青莲湖和里湖联结在一起。

（四）宋城墙

肇庆宋城墙，位于肇庆市端州区宋城路南侧，南邻西江。始建于宋政和三年（公元 1113 年），周长 2 801.2 米。端州宋城墙保留了广东唯一的、全国极少见的主体及城周基本完整的宋代砖城墙，是全国重点文物保护单位。

城墙体上有宋、元、明、清及民国时期的青砖，甚至保留了整段宋砖筑砌的城墙。砖有九种不同的规格，是历史上多次修葺的证据，明清两代历经近 20 次修聋，堪称“砖的博物馆”。宋代的城墙开四门：东曰宋崇、西曰镇南、南曰端溪、北曰朝天。城门之上各有城门楼 1 座，四门之外有瓮城，城墙四角各有角楼 1 座，城外还有护城河。

（五）德庆盘龙峡景区

盘龙峡风景区位于德庆县西北部，距县城 28 千米，整个景区占地 3 万亩，是一个原始自然生态旅游区。人们利用其得天独厚的山、水、森林等自然生态资源，开发了峡谷漂流、栈道观光、瀑布观光、峡谷品氧、大型梯级天然泳池、全国最大的水车群、全国最具风情的山顶木屋度假村、高空溜索、越野卡丁车等生态休闲型旅游产品。

（六）怀集燕岩

燕岩风景区位于怀集县西南面的桥头镇，距怀集县城 27 千米。燕岩因岩洞中有无数的金丝燕在这里筑巢繁衍生息，故得名，是我国内陆唯一有金丝燕栖息的地方。风景区由 360 多座拔地而起、神态各异的石峰和 170 多个大小各异的岩洞组成，呈典型的喀斯特地貌，有“小阳朔”之称。这里山峰秀丽，形态奇特，自成景观。有骆驼峰、皇冠山、猩猩望月、上山龟等景观。燕岩洞高 66 米，宽 40 米，深 900 米，面积 2 800 平方米，一溪清流贯穿洞中，溪长 660 多米，水深 3～10 米，溪水长流不涸，可泛舟而入，有“天下第一奇洞”之美誉。

思考与练习

一、单项选择

1. 下列不属于广州别称的是（　　）。

A. 羊城　　B. 五羊城　　C. 花城　　D. 禅城

2. 下列关于广州的说法不正确的是（　　）。

A. 市花是木棉花

B. 华南地区最大的城市

C. 我国口岸最多、出入境人员最多和唯一拥有海陆空口岸的城市

D. 我国最早对外开放的通商口岸之一和从未关闭过的贸易通商口岸

3. 我国年代最久远、保存最完好且使用至今的最古老的龙窑南风古灶，位于（　　）。

A. 广州　　B. 佛山　　C. 东莞　　D. 惠州

4. 有“北回归线上的绿宝石”之誉的景区是（　　）。

A. 鼎湖山　　B. 七星岩

C. 南昆山　　D. 惠州西湖

5. 中国客流量最大的旅客出入境陆路口岸是（　　）。

A. 罗湖口岸　　B. 拱北口岸

C. 九洲口岸　　D. 虎门港

6. 有“中国砚都”之誉的城市是（　　）。

A. 惠州　　B. 佛山　　C. 肇庆　　D. 江门

7. 下面关于鼎湖山的说法错误的是（　　）。

A. 岭南四大名山之一

B. 我国内陆唯一有金丝燕栖息的地方

C. 被誉为华南生物种类的“基因储存库”和“活的自然博物馆”

D. 我国第一个自然保护区

二、多项选择（至少有两项符合题意）

1. 市花为簕杜鹃的城市有（ ）。

A. 深圳 B. 东莞 C. 惠州 D. 江门

2. 佛山是岭南文化发祥地之一，是广府文化的兴盛之地，其享有的美誉有（ ）。

A. 武术之乡 B. 南国陶都 C. 美食之乡 D. 粤剧之乡

3. 下列属于东莞市的美誉有（ ）。

A. 举重之乡 B. 龙舟之乡 C. 鱼米之乡 D. 黄金之乡

4. 下列属于喀斯特岩溶地貌的景区有（ ）。

A. 广州白云山 B. 广州莲花山 C. 肇庆七星岩 D. 怀集燕岩

5. 下列属于全国重点文物保护单位的景区有（ ）。

A. 黄花岗七十二烈士陵园 B. 可园

C. 端州宋城墙 D. 大鹏所城

6. 被设立为经济特区的城市有（ ）。

A. 深圳 B. 广州 C. 珠海 D. 佛山

7. 先后被列为国家历史文化名城的有（ ）。

A. 惠州 B. 广州 C. 佛山 D. 肇庆

8. 下列不属于“岭南三大艺术瑰宝”的有（ ）。

A. 粤剧 B. 广绣 C. 广雕 D. 岭南画派

三、简答题

1. 广州有哪些别称？为什么？

2. 请列举深圳市有哪些全国第一。

3. 请概括佛山市有哪些美誉。

4. 请简要介绍江门市的地理位置。

5. 惠州市有哪些特产？

6. 请对肇庆市的旅游资源和代表景点进行概括介绍。

第十章 粤东景区

本章导读

粤东地区包括汕头、潮州、揭阳、汕尾、河源和梅州 6 市。这里是广东潮汕文化和客家文化的发源地及核心区，既有秀丽的山川，又有绵长的海岸线和丰富的海洋旅游资源，形成了凸显潮汕文化、客家文化和侨乡文化的地方特色旅游。

第一节 汕头景区

一、汕头市简介

（一）综述

汕头市位于中国广东省东南部，濒临南海，地处韩江、榕江、练江出海口，素有“岭东门户，华南要冲”之称，是全国五个经济特区之一和南方重要港口城市。全市总面积为 2 198.7平方千米，2016 年全市常住人口为 557.92 万人。

汕头拥有“中国优秀旅游城市”“国家环境保护模范城市”“国家卫生城市”“全国主要港口城市”“全国双拥模范城”“海上丝绸之路重要门户”等众多城市荣誉。

汕头市市花为金凤花和兰花。

补充阅读

“汕头”得名于海滨泥沙积聚而成的沙脊。汕头市区古为滨海冲积地，由于韩江泥沙冲积，加上潮汐风浪作用，形成自然沙堤，当地人叫“沙汕”，沙堤开端处也就叫“汕头”。清康熙五十六年（1717 年），在老妈宫的南面也即沙堤开端建“沙汕头”炮台，汕头的名字开始出现。由于汕头出现时为半岛，近海盛产鲨鮀鱼，汕头又有“鮀岛”的别称。

（二）经济

汕头是著名的侨乡，与海外交往密切，使汕头在对外开放方面具有特殊的优越条件和巨大的发展潜力。20世纪30年代初，汕头港吞吐量仅次于上海、广州，居全国第三位。商业之盛，仅次于上海、天津、大连、汉口、胶州、广州，居全国第七位。

改革开放以来，汕头市充分发挥特区和侨乡优势，国民经济综合实力跃上一个新台阶，社会文明程度日益增强。先后进入“中国城市综合实力50强”“中国品牌经济城市”“中国投资环境百佳城市”行列。

（三）旅游

汕头自然条件优越，冬无严寒，夏无酷暑，年平均气温21.3℃，是最适宜人类居住的区域之一。全市海岸线长289千米，天然良港众多，是“中国优秀旅游城市”。主要旅游景点有岩石风景名胜区、陈慈黉故居、南澳岛旅游区、妈屿岛、北山湾旅游度假区、白花尖大庙、北回归线标志塔、中山公园、汕头老妈宫和关帝庙、达濠青云岩、华侨公园、石炮台公园、龙虎滩海滨浴场、新津河度假村、东湖度假村、澄海莱芜旅游度假区、澄海莲花山温泉旅游度假区等。

二、汕头市主要景区景点

（一）岩石风景名胜区

岩石风景名胜区位于汕头市濠江区岩石海南岸，韩江、榕江、练江等三条江汇合出海处，与汕头老市区隔海相望，面积为12平方千米。广东省第一批省级风景名胜区，潮汕地区首批国家4A级旅游区，汕头八景之首。景区风景绮丽、丘峦簇拥、怪石奇峭，古朴的民居与西式洋楼并存，以“海”“山”“石”“洞”为景观构成要素，具有“雄”“奇”“秀”“幽”的特点。景区内规划为六个景区，即啸石景区、塔山景区、焰峰景区、香炉山景区、笔架山景区、苏安景区。

（二）陈慈黉故居

陈慈黉故居位于汕头市澄海隆都镇前美村，距市区约10千米，有“岭南第一侨宅”之美称。始建于清朝宣统二年，历时近半个世纪，集陈家几代人的心血，包括郎中第、寿康里、善居室、三庐等宅第，占地2.54万平方米，共有厅堂506间。其中最具代表性的“善居室”始建于1922年，至1939年日本攻陷汕头时尚未完工，占地6 861平方米，包括大小厅房202间，是所有宅第中规模最大、设计最精、保存最为完整的一座。

陈慈黉故居是潮汕文化的一个缩影。宏伟壮观的建筑外形、中西合璧的建筑艺术、古老的潮汕民俗，使之成为集旅游、观光、学术研究于一体的旅游胜地。

（三）南澳岛旅游区

南澳岛是广东省唯一的海岛县，也是汕头市的唯一辖县，由37个大小岛屿组成，陆地面积为130.90平方千米，海域面积为4 600平方千米。南澳岛地理位置优越，自古以来就是东南沿海一带通商的必经泊点和中转站。

南澳岛背靠七娘山，前对大海，形如半边月。岛上生长着 1 400 种热带和亚热带植物，并有很多野生动物栖息于此。主岛附近有一个鸟岛，是候鸟自然保护区。南澳岛有得天独厚的旅游资源、港口资源和水产资源，文物古迹 50 多处，寺庙 30 多处，大小港湾 66 处，可开发渔场 5 万平方千米。景区内有亚洲最大的海岛风力发电场、全国第一个海岛森林公园、全国唯一海岛总兵府、国内自然资源组合最优良的海岛沙滩青澳湾，还有神奇的古宋井以及太子楼、金银岛两处藏宝地等知名景点。

（四）青云岩风景区

青云岩风景区位于汕头市濠江区东南的大瞭望山。景区林木茂密，山径幽深，岩洞奇特，泉水淙淙，清静优美，摩崖题刻琳琅满目，庙宇寺观建在云岩之间，历来有“海国风光第一山”的美称。自明代中叶起，佛教和道教相继在山上建筑殿堂，山上的云岩禅林，虽为佛殿却又与道家的玄武庙相对。山脚的道观里也供奉着佛祖塑像，体现了潮汕地区佛道不分的特点。

青云岩景区的石刻与鸣泉、怪石称为三绝，由十八洞到石佛洞，镌石达百处。岩上还有“牛渚西江”“古榕绿荫”“五指峰”“半山亭”等石刻与多处景点。

（五）莲花峰风景区

莲花峰风景区位于汕头市潮阳区海门镇，练江入海口处，面积为 1.14 平方千米。主峰莲花峰是南海岸边拔地而起的一座小山峰，由一大堆瓣状纵裂的花岗石组成。陆上远观，像一朵莲花含苞待放；海上远眺，则如莲花盛开。1278 年，南宋文天祥举兵勤王，登峰寻望帝舟，遂命名并刻石为“莲花峰”。

莲花峰景区不仅海色山光秀丽多姿，还有丰富的文化内涵。景区内有明清古建筑“忠贤祠”“观海楼”“崇文亭”，纪念性建筑“万人冢”“文公石雕像”等。其中，“万人冢”是抗战时期日军残杀渔民的历史罪证，现为陵园式的爱国主义教育基地。

第二节　河源景区

一、河源市简介

（一）综述

河源市位于广东省东北部，东江中上游，东靠梅州市，南接惠州市，西连韶关市，北邻江西省赣州市。东江自北向南流经市区，新丰江从西向东绕城而过，两江在市区东面交汇，使得整个城市三面环水，看起来像浮在水上的木筏，因此而得名。

全市面积为 1.58 万平方千米，2016 年末，全市户籍总人口为 373.32 万人，常住人口为 308.1 万人。

2017 年，樟树、簕杜鹃被正式确定为河源市树、市花。

（二）旅游

河源是“中国优秀旅游城市”，青山秀水、名胜古迹构成了有东江特色的旅游资源，著名的旅游景点有万绿湖风景区、野趣沟旅游区、霍山风景区、新丰江国家森林公园、新丰江水电站景区、苏家围客家乡村旅游区、黄龙岩畲族风情旅游区、越王山风景区等。

河源市客家文化源远流长，采茶戏、花朝戏、客家山歌和龙川杂技，被誉为岭南文化的四朵奇葩。

河源物产丰富。土特产主要有中华猕猴桃、九连山香菇、忠信火蒜、新丰江桂花鱼、三黄胡子鸡、龙川矿泉水饮料、“河源三宝”、五指毛桃等。

二、河源市主要景区景点

（一）万绿湖风景区

万绿湖位于河源市东源县境内，又名新丰江水库，是华南地区第一大湖，因四季皆绿、处处皆绿而得名。总面积为 1 600 平方千米，其中水域面积为 370 平方千米，蓄水量约有 139.1 亿立方米，里面有 360 多个绿岛，森林大部分都是亚热带原始次生常绿阔叶林，动植物种类资源丰富，生态环境优美。内有新丰江国家森林公园和省级自然保护区，2001 年被授予广东省环境教育基地，2002 年 8 月被国家旅游局评为国家 4A 级旅游景区。

（二）苏家围客家乡村旅游区

苏家围客家乡村旅游区是国家农业旅游示范点，也是广东省三大扶贫旅游示范点之一。位于东源县义合镇苏家围村，距河源市区 27 千米，由 18 座府第式的客家民居组成，其中最古老的房子已经有 500 多年的历史。苏家围是宋代大文豪苏东坡的后裔居住地，故得此名。客家文化浓缩在这个小村庄里，客家古老民居、农耕农事长廊，处处体现出客家的纯朴与自然。东江与久社河交汇于苏家围旁，营造了苏家围宁静、悠然的意境，古榕、老屋、江风、竹韵、牧歌和野趣，造就了一副古朴的客家乡村风情画。

（三）野趣沟旅游区

野趣沟位于河源市大桂山旅游大道中段，距市区约 10 千米，景区总面积约 5 平方千米，三面山势层峦叠嶂，巍峨峻秀，古藤巨树遮天盖日，飞瀑流泉百重千层。以树奇、石怪、沟幽、水秀之独特的原始山水自然风光，展现出野性之乐。景区以野性之谜解读生态文化，以野性之美展示自然魅力。景区内有雨中蹦迪、惊心刺激的水上速滑，有野炊乐和味美的竹筒饭，有变化多端、野趣无穷的狐狸坳木径野嬉步行区，有花谜、树谜、藤谜、药谜和千年不解之谜的“天书石”。野趣沟集全国众多著名景区的野、幽、秀、美、奇等特点于一身，被人誉为“中华第二沟”。

（四）黄龙岩畲族风情旅游区

河源黄龙岩畲族风情旅游区，位于距河源市区 59 千米的东源县漳溪畲族乡高嶂山脉，占地约 20 平方千米，由高嶂山、狮型地水库和黄龙岩洞、侧身岩、燕岩石等七个溶洞以及畲族文化展览厅、畲族风情表演等项目组成。

黄龙岩溶洞深 60 米，洞内面积约为 3 900 平方米，因幽、深、奇、险而素有“地下龙宫”之称。碧波荡漾的狮型地水库和禾雀花等许多岭南罕见的奇花异草也是景区内一道绚丽的风景。河源黄龙岩内的畲族图腾展厅和畲族风情表演可让人领略到独特的畲族风情文化。

（五）霍山旅游风景区

霍山位于龙川县田心镇，距龙川县城 47 千米，距河源市区 146 千米。霍山以险峻的丹崖赤壁和奇岩秀石闻名遐迩，是广东七大名山之一，既有“朝在罗浮暮在霍”的美誉，又有“丹霞第二”的说法。不仅如此，霍山更是一座文化名山。相传，楚汉时期著名学者霍龙无心仕途，一心在此结庐讲学，传播中原文化。后人为纪念他，便将这座山取名“霍山”。据史书记载，晋代葛洪曾在此炼丹，历史上很多高僧、道士也来过这里，并建有各种寺庙式建筑 37 座。许多文人墨客也慕名而来，留下吟诵霍山的诗文词句。

第三节　梅州景区

一、梅州市简介

（一）综述

梅州市位于广东省东北部，东与福建省交界，南与广东省潮州市、揭阳市、汕尾市毗邻，西与广东省河源市接壤，北与江西省相连。梅州因境内盛产梅花而得名。全市面积为 15 876.06平方千米，2016 年末，户籍人口为 551.4 万人，常住人口为 436.08 万人。

梅州是中国著名的四乡——“文化之乡、华侨之乡、足球之乡、客家之乡”，同时还享有“山歌之乡、金柚之乡、客家菜之乡，单丛茶之乡”的美称，梅州同时又是国家历史文化名城、中国优秀旅游城市、中国自驾游最佳目的地、中国十大最具安全感城市、中国十佳绿色环保标志城市、广东首个宜居城乡示范城市。

梅花是梅州市市花，它象征着梅州人奋发图强的斗志和坚忍不拔的客家精神。

（二）旅游

梅州市山清水秀，物华天宝，人杰地灵，古迹甚多。境内有不少名山古寺，名人故居，温泉瀑布，秀丽湖山。主要旅游区有：千年古刹阴那山灵光寺，叶剑英纪念园，中国客家博物馆，客天下景区，清末爱国诗人、政治家黄遵宪故居，千佛塔，泮坑瀑布，梅县雁南飞，雁鸣湖旅游度假村，阴那山天文科普园，松源王寿山，兴宁合水湖山、神光山，五华益塘水库、热矿泥山庄，平远南台山、五指石，蕉岭长潭胜景、丘逢甲故居，大埔丰溪自然保护区，丰顺汤坑温泉、龙归寨瀑布、龙鲸河漂流等。

梅州有独特的客家民俗风情、丰富多彩的文化艺术、别具一格的风味饮食。梅州特产主要有金木雕、竹编工艺品、客家娘酒、白渡牛肉干、梅州名茶、五华细核荔枝、平远大果李、丰顺黄金姜糖、沙田柚汁等。

二、梅州市主要景区景点

（一）叶剑英纪念园

叶剑英纪念园位于梅县雁洋镇虎形村，是全国 100 个红色旅游经典景区和广东 3 个红色旅游经典景区之一，国家 4A 级旅游景区。该园是在全国重点文物保护单位、爱国主义教育基地——叶剑英元帅故居和纪念馆原有基础上扩建而成，占地面积 482 亩，总投资

1.6亿元，分为人文秀区、纪念景区、生态林区和旅游休闲服务区四个功能区，集展现伟人风范、弘扬客家文化、推进生态旅游于一体。

纪念园于2005年5月5日奠基动工建设，2007年5月叶剑英元帅诞辰110周年时开园剪彩。展馆分四个展厅，陈列展览了大量珍贵的照片、手稿、题词、文献、文物等，向人们展示了叶剑英元帅伟大光辉的一生和崇高的革命风范。

（二）雁南飞茶田景区

雁南飞茶田景区位于雁洋镇长教村，是国家5A级景区、全国农业旅游示范点、省级旅游度假区。景区属丘陵地貌，总占地面积为667公顷，由自然山峦、生态林区、标准化茶田、果园、人文景观、旅游度假设施六大部分组成。

景区融茶叶生产、园林绿化、旅游观光、休闲度假为一体，主要景点和设施有：茶田、果园、望茶亭、茶情阁、茶艺馆、美食街、生态谷、游泳池、网球场、人工湖、山水瀑布、游客中心、会议中心、围龙食府、山庄别墅、围龙大酒店、茶花大观园等。

围龙食府按客家土围楼建筑风格建造，第二层为宴会大厅和歌舞表演台。围龙大酒店按客家民居围龙屋的反围龙结构建造，圆弧形，高六层，设计奇巧，技艺精湛，内涵丰富，特色鲜明，荣获2004年度中国建筑工程最高奖项“鲁班奖”。

雁南飞茶田景区以茶文化与客家文化的完美结合、自然风光与人文景观的交相辉映，铸就了名扬天下的“雁南飞、茶中情”旅游品牌。

（三）雁鸣湖旅游度假村

雁鸣湖旅游度假村，位于梅县雁洋镇南福村，是国家4A级景区、全国农业旅游示范点、国家森林公园。景区属丘陵地貌，面积1.1万亩，由自然山峦、生态林区、果园、人工湖、人文景观、高尔夫球场、休闲度假设施、南药生产基地八大部分组成，主要特点是突出休闲度假与养生保健主题。

景区按春夏秋冬四季轮回的概念，兴建“春晖园、夏晓园、秋实园、冬融园”四大功能园区，种植水果3 500亩、造林3 000亩、水产养殖800多亩、种有各种南药1 100多亩，为全国最大的南药生产基地。主要景点和设施有人工湖、滑草场、游泳池、溢香坊、益寿廊、童趣园、娱乐城、铁索桥、网球场、道南庵、凤凰阁、百药园、山庄别墅、银湖半岛、文化长廊、康体中心、会议中心、森林公园、开心农场、银湖宾馆、银湖大酒店等。

（四）客天下景区

梅州客天下景区，位于梅江区三角镇东升村，是国家4A级景区、全国首家旅游产业园、中国婚庆文化产业基地。景区占地面积为2 000公顷，由自然景物与人文景观两大部分组成，主要特点是突出“大旅游、大客家”主题。

产业园依托自然山体开发，最大限度地保留原生态的山峦、溪流、湖泊、树林、植被等，将客家文化精髓融入每个构建的景观之中，集客家文化、绿色生态、休闲度假、观光娱乐于一体。主要景点和设施有圣山湖、梅花园、百花园、植物园、圣人谷、客家鼎、客家祠、客家小镇、千亩杜鹃园、客家赋石雕、客天下广场、客天下标志塔、国际婚礼公园、《客家迁徙图》石雕、《客家墟日图》铜雕、青少年主题公园、五星级的客天下深航国际大酒店等。

（五）黄遵宪纪念馆

由黄遵宪书斋人境庐、故居荣禄第和民居恩元第三处相连的省级文物保护单位组成，占地 23 亩。人境庐取意于东晋大诗人陶渊明“结庐在人境，而无车马喧”的名句，由近代中国著名爱国诗人、杰出外交家、思想家和政治家黄遵宪建造，布局规整，结构精巧。内有客厅、书房、卧室、藏书室、无壁楼、五步楼、十步阁、息亭、花圃、假山等，藏书室共有黄遵宪的各种著作和读过的书籍 8 000 多册。在古民居恩元第内设有《黄遵宪生平事迹陈列》及《黄遵宪藏书陈列》，重点展陈黄遵宪“明于识、练于事、忠于国”的崇高品质。

文化积淀深厚的人境庐、荣禄第、恩元第古朴典雅，各具特色，展现了晚清时期客家人生活的历史风貌。

（六）灵光寺

千年古刹灵光寺坐落于梅县雁洋镇阴那山麓，为省级文物保护单位、国家 4A 级景区。始建于唐朝咸通二年（公元 861 年），原名圣寿寺，明朝洪武十八年（1385 年）扩建后改今名。

灵光寺依山而建，建筑布局大体为面阔三间、进深七间，拥有山门、殿堂、楼阁等建筑，内有大雄宝殿、金刚殿、罗汉殿、钟楼、鼓楼、经堂、客堂、斋堂等，最大特色是“灵光三绝”：尽管香火鼎盛，但香烛浓烟却从宝殿顶端的螺旋形风斗“八藻井”散发而出，使殿堂终年清新，此为一绝；殿顶外古树参天，但瓦面却片叶不留，此为二绝；寺大门前挺立两棵古柏，一荣一枯，一生一死，生者枝繁叶茂，死者枯而不朽，人称“生死树”，世所罕见，此为三绝。

第四节　汕尾景区

一、汕尾市简介

（一）综述

汕尾市位于广东省东南部沿海，东临揭阳市，同惠来县交界；西连惠州市，与惠东县接壤；北接河源市，和紫金县相连；南濒南海。总面积为 5 271 平方千米。2016 年末，全市户籍人口为 361.89 万人，常住人口为 303.66 万人。

汕尾市的市花为大红花。

补充阅读

汕尾原名“汕美”，素以滨海渔港著称，因有美丽的滨海风光，故得“汕美”之名。由于汕尾地处广东省南部末端，旧时曾俗称“尾省”。“尾”与“美”谐音，人们便渐渐把“汕美”称为“汕尾”，汕尾由此而得名。

（二）旅游

汕尾自然资源丰富，有山有水有平原，地腴水丰，自古有“南海物丰”之说。汕尾旅游资源得天独厚，既有历史悠久的人文景观，又有风光旖旎的自然旅游资源，蕴藏着丰富的文化遗产，构成汕尾独具特色的“五色资源”，即“红、蓝、绿、古、特”五色。

“红色资源”：汕尾是全国十三个革命老区之一，主要红色旅游景区有红宫红场、彭湃故居、红四师师部旧址和红军墓、龙山革命旧址、总农会旧址、周恩来同志抢渡香港时的渡海纪念碑、红二师整编地旧址等。

“蓝色资源”：汕尾有长达455千米的海岸线，沙滩洁净宜人，有“百岛十滩九湾”之美称。主要景区有红海湾旅游区、金厢滩旅游区、品清湖旅游区等。

“绿色资源”：汕尾空气纯度高，森林覆盖率高，主要景区有莲花山、联安湿地、大湖鸟岛、公平鸟岛等。

“古色资源”：主要有碣石玄武山旅游区、凤山祖庙旅游区、清云山定光寺和尼众学院，还有莲花山鸡鸣寺、云莲寺、金竹寺等。

“特色资源”：汕尾有独特的旅游资源，适宜开展沙滩运动、海上运动、游艇旅游、温泉养生等项目。

此外，汕尾文化底蕴深厚，是潮汕文化、闽南文化、广府文化、客家文化的交汇地，文化多元而兼容，是“中国民间文化艺术之乡”。

二、汕尾市主要景区景点

（一）红宫红场旧址

红宫红场旧址位于汕尾市海丰县城红场路，总面积为2.5万平方米，这里是全国第一个苏维埃政权诞生地、首批全国重点文物保护单位、全国爱国主义教育示范基地、全国红色旅游经典景区。红宫原为“孔庙”，始建于明代（1379年）。1927年10月，海丰人民在中国共产党的领导下武装夺取了政权。1927年11月，这里召开了海丰工农兵代表大会，宣布海丰苏维埃政府成立，成为中国第一个工农红色政权，孔庙从此改称“红宫”。红场在红宫旁边，原名“东仓埔”。1927年12月1日，海丰人民在这里召开了有五万多人参加的庆祝县苏维埃政府成立大会。1928年春，红二师、红四师部队与海丰工农革命军在这里胜利会师。主要建筑物有红场大门、红台、红二师和红四师纪念亭、平民医院、碑廊等。

（二）玄武山旅游区

汕尾玄武山位于省级历史文化名镇碣石镇北郊，是省级风景名胜区。占地15公顷，是粤东集宗教、文化、园林于一体的旅游胜地，也是粤东地区一处历史悠久、驰名海内外的名胜古迹。位于景区内的元山寺被列为全国重点文物保护单位。

历经几百年沧桑，玄武山留下众多文物古迹。旅游区内依山丘建筑的元山寺始建于南宋建炎元年（1127年），扩建于明万历五年（1577年），是具有明代岭南建筑风格的古建筑群。寺中供奉北极真武元天上帝、释迦牟尼、观世音、弥勒等神像、佛像，释道汇流。除元山寺外，景区内其余景点还有：巍峨耸秀的福星塔、典雅的古戏台、轩昂富丽的巨型山门等古建筑，有“山不在高”“三台保障”“麒麟石”“起龙岩”“龙门石”等奇岩异石和摩崖石刻，有清同治帝御赐匾和两江总督林则徐、陆路提督刘永福等题匾多面。

补充阅读

玄武山原称圭山，碣石四面环山，而玄武山居中，故曾称“五福山”。山上有七颗巨大的奇形怪石，排列犹如北方七宿。南宋建炎元年（1127 年），圭山下始置真武庙。明洪武二十七年（1394 年）碣石建卫城，真武庙迁至圭山起龙顶下，始称玄武庙。由于人们对真武帝的信奉，圭山也渐渐被称为“玄武山”。

（三）凤山祖庙旅游区

凤山祖庙旅游区位于汕尾市区东面的品清湖畔，总面积约 10 万平方米。该景区主建筑由凤山公园、凤山祖庙、凤仪台妈祖石像三大部分组成。这个景区既是汕尾市著名的风景区，也是粤东地区百姓尤其是沿海渔民朝拜妈祖的地方。

祖庙始建于明崇祯九年（1636 年），清乾隆六年（1741 年）扩建，向来香火不断。20 世纪 80 年代以来，由社会及海外侨胞捐资进行大规模扩建，新建成天后阁、钟鼓楼和妈祖石像，以及凤山公园内的妈祖圣迹馆、海陆丰戏剧脸谱园和渔家风情馆和妈祖文化广场。其中，妈祖圣迹馆是我国第一个介绍妈祖生平、传说、圣迹的艺术馆。

凤山虽不高，但以形似凤凰展翅而得名，又有“金凤展翅”之称。凤山周围有八景，分别是“凤岗向斗”“红娘穿线”“民船舞剑”“鹭鸶叠翠”“鲤鱼瀑布”“银湖夜游”“凤山圣母”“古庙新姿”。

（四）红海湾旅游区

红海湾旅游区位于汕尾市区以东 18 千米处，湾内有多处洁白柔软的沙滩，还有神秘岛、龟龄岛等数个秀丽的岛屿。其中遮浪半岛是红海湾与碣石湾交接处突入大海的一个半岛，素称“粤东麒麟角”，因为它是由礁岩构成，又称岩岛。

遮浪半岛突入海面，犹如屏障似的挡住了东西两面风浪，形成了半岛两侧不同的景象，当一边波涛滚滚，巨浪排空如万马奔腾时，另一边则风平浪静，一碧万顷，波光粼粼，“遮浪”因而得名。

第五节　潮州景区

一、潮州市简介

（一）综述

潮州地处广东省最东端，东与福建交界，西与揭阳接壤，北连梅州，南通汕头并濒临南海。全市总面积为 3 679 平方千米。2016 年末，全市户籍总人口为 273.98 万人，常住人口为 264.6 万人。畲族是潮州世居的唯一少数民族。潮州还是著名的侨乡，旅居海外的潮籍侨胞、华人及港澳台同胞约为 230 万人。

潮州市是潮州文化的重要发源地，素有“海滨邹鲁”“岭海名邦”“岭东首邑”等美誉，长期为粤东的政治、经济、文化中心。近年来，潮州市先后获得国家历史文化名城、中国优秀旅游城市、国家园林城市、中国瓷都、中国婚纱晚礼服名城、中国著名侨乡、中国潮州菜之乡、国家重点工艺美术城市等称号，是国家日用陶瓷特色产业基地、中国陶瓷出口基地，以及中国服装跨国采购基地。

潮州市市花是白玉兰。

（二）经济

潮州区域经济特点鲜明，比较优势突出，部分工业基础厚实，具备相当的规模，产业配套能力强。形成了以陶瓷、服装、食品、电子、五金不锈钢、印刷包装、皮塑制鞋为支柱产业的特色工业体系。特色经济、县域经济、民营经济、港口经济和文化经济发展势头强劲。

（三）旅游

潮州自然风光秀美。古城区由笔架山、金山、葫芦山三山拱护，韩江绕古城而过，山光水色十分宜人。北部凤凰山为粤东最高峰，是中国乌龙茶之乡和少数民族畲族的发祥地，少数民族风情浓郁。西部桑浦山麓有丰富的温泉、矿泉，梅林湖畔的稻田里有形态各异的古海蚀地貌。东部柘林湾有栖息数万只黄嘴白鹭的“白鹭天堂”，有全国规模最大的海上网箱养殖基地“海上牧场”，有碧水蓝天的金狮湾海滨浴场等旅游胜地。

除自然风光外，潮州作为第二批国家历史文化名城，也拥有着众多的文物古迹，包括广济桥、许驸马府、开元寺、己略黄公祠、韩文公祠等 9 处全国重点文物保护单位，是粤东文物古迹荟萃之地。

潮州是“潮人文化”的发祥地，在漫长的历史长河中，长期的对外交往和中西文化交融，使本土的原生文化与周边文化、中原文化、海洋文化互相交流渗透，形成了风格独特的地域文化—— 潮人文化，拥有地方特色鲜明、品位甚高的文化景观。潮州方言、潮剧、潮州音乐、潮州大锣鼓、潮州菜、潮州工夫茶、潮州民俗风情等，无不具有鲜明的地方色彩，蕴含浓郁的中古遗风。潮州工艺巧夺天工，潮绣是我国四大名绣中粤绣的重要一支，潮州木雕是中国两大木雕体系之一，潮州的工艺陶瓷以“白如玉，薄如纸，明如镜，细如丝，声如磬”见长，潮州因而成为中国陶瓷出口的重要基地。

二、潮州市主要景区景点

（一）开元寺

开元寺位于广东省潮州市区开元路，是广东四大名寺之一，是粤东地区规模最大的古刹。前身为荔峰寺，唐代开元二十六年（738 年）改名“开元寺”，元代称“开元万寿禅寺”，明代称“开元镇国禅寺”，清代以后“开元镇国禅寺”与“开元寺”并称。该寺自建立以来，历代均有维修。现寺占地面积为 2 万平方米，是一座宫殿式四合院建筑。整座寺院保留了唐代平面布局，又凝结了宋、元、明、清各个不同朝代的建筑艺术。

（二）韩文公祠

潮州韩文公祠位于韩江东岸的韩山西麓，占地面积约 130 亩。是潮州八景之一“韩祠橡木”的所在地，也是目前国内保存最完整、历史最悠久的纪念唐宋八大家之一韩愈的祠宇，距今已有 800 多年的历史。

韩愈曾在唐朝廷中任吏部侍郎，后被贬为潮州刺史。在潮州期间，他为当地民众做了许多好事。韩文公的教化，不仅成就了潮州“礼仪之邦”之美名，更成为激励后代潮人自强不息的精神支柱。潮州人民为了纪念韩愈，在韩山上修建了这座韩文公祠。

韩文公祠始建于北宋咸平二年（999 年），最初为在金山南麓夫子庙正室的东厢辟建的“韩吏部祠”。后为方便老百姓祭拜韩文公，在潮州城南新建了“昌黎伯韩文公庙”，后毁于一场大火。直到 1189 年，潮州太守丁允元才将韩文公祠迁到现址。据记载，韩祠在历史上总共经过了 30 次大规模的重新修建，现在的韩祠是清光绪十三年（1887 年）第 29 次重修时的原貌。

（三）广济桥

广济桥（俗称湘子桥）位于潮州古城东门外，横跨韩江，联结东西两岸，为古代闽粤交通要津。

广济桥全长 517.95 米，以集梁桥、浮桥、拱桥于一体的独特风格，与赵州桥、洛阳桥、卢沟桥并称为“中国古代四大名桥”。古人有“到潮不到桥，枉向潮州走一遭”之说。桥梁专家茅以升曾赞誉广济桥为“世界上最早的启闭式桥梁”。桥上形式各异的亭台楼阁是该桥的一大奇观，因兼作经商店铺，故有“廿四楼台廿四样”“一里长桥一里市”之美称。

该桥始建于南宋乾道七年（1171 年），至明嘉靖九年（1530 年）形成“十八梭船廿四洲”的格局，后多次修建。2003 年，广济桥全面维修，2007 年竣工。修复后的广济桥，梁舟结合，联阁重瓴，宛若长龙嬉水，复道行空。其独特之风姿与高雅之造型艺术，令人叹为观止。而桥上琳琅满目的楹联亭匾，更让人恍若置身于诗文书法的艺术长廊中。

（四）中国瓷都陈列馆

中国瓷都陈列馆，位于潮州市枫溪区，是集中展示潮州陶瓷尤其是枫溪陶瓷的专业展馆。是广东省规模最大、品种最全、数量最多、档次最高的陶瓷展馆，集旅游、观光、购物于一体的新兴景点，被评为全国工农业旅游示范点。

中国瓷都陈列馆占地面积为 30 000 平方米，建筑面积为 38 000 多平方米，展厅面积为14 000平方米。主馆分为历史陶瓷、获奖作品、日用陶瓷、工艺美术、卫生洁具五大展区，常年展出自唐宋以来潮州生产的各类陶瓷制品共 6 000 件（套）。

第六节　揭阳景区

一、揭阳市简介

（一）综述

揭阳市，别称“榕城”，地处广东省南部，东邻汕头、潮州，西接汕尾，南濒南海，北靠兴梅。陆地面积为 5 240.5 平方千米。2016 年末，全市户籍人口为 697.05 万人，常住人口为 609.4 万人。揭阳素有“海滨邹鲁”“国画之乡”“小戏之乡”“龙舟之乡”之美称，是潮汕文化的发祥地之一。

揭阳的市树是榕树，市花是莲花。

（二）旅游

揭阳倚山濒海，山川毓秀，名胜古迹甚多，旅游资源丰富。主要旅游景点有：揭阳学宫、双峰寺、黄岐山风景区、桂竹园风景区、惠来金海湾植物园、神泉海角甘泉和海市蜃楼、百花峰、铭湖岩。其中揭西县有大洋度假村、京明温泉度假村、黄满磜瀑布群、广德庵洞天、百潭谷胜地、钱坑石灵寺风景区、龙潭飞瀑、霖田祖庙等著名景点。

揭阳的土特产主要有侣云寺连理秋枫、奎地乌叶荔枝、邹堂青皮梨、华清竹笋、狮头油甘、普宁潮州柑、普宁竹蔗、高埔育梅、惠来菠萝、普宁橄榄、永华茗茶。著名的工艺品有潮锈、抽纱、揭阳木屐、揭阳剪纸、河婆葵笠、棉湖剪刀、惠来贝雕等。

二、揭阳市主要景区景点

（一）揭阳学宫

揭阳学宫位于揭阳市区韩祠路口东侧，为揭阳古代最高学府，是目前国内保存较为完好的孔庙之一。初创于宋绍兴十年（1140 年），清嘉庆七年（1802 年）、光绪二年（1876 年）重修。占地面积为 5 526 平方米，采用中轴线布局，高台基殿堂式结构。主要建筑物有照壁、棂星门、泮桥、泮池、大成门、东西庑、大成殿、崇圣祠等。主体建筑均为高台基、大圆柱、红瓦绿檐，造型富丽堂皇，庄严肃穆，是广东省同类建筑物中规模较大、保存完好的一座，具有较高的科研价值和艺术价值。

揭阳学宫又是革命活动旧址，1925 年，周恩来在东征时曾在此办公。1927 年秋天，南昌起义部队到达揭阳时，周恩来、贺龙、叶挺等领导人也曾在学宫明伦堂召开军事会议。

（二）黄岐山风景区

黄岐山风景区位于揭阳市榕城区东北 4 千米处，主峰海拔 293.1 米，总面积为 1 180 公顷。属花岗岩地貌，是一处以山、石、林、水和名胜古迹为特点的自然风景区。

黄岐山是揭阳历史文化名城的一个象征，自古以来“黄岐晚翠”就被列为揭阳八景之一。山上有九庵十八岩，山巅有歧山塔，山中有月容墓、侣云寺、卧云洞等名胜古迹，有“海滨邹鲁”摩崖石刻等 20 余处，还有珍稀罕见的古槐、风景秀丽的水库和岭南佳果。

整个风景区包括 3 个主要景区和 8 个主要景点。著名八景是：宝塔远眺、石室访泉、古亭春色、侣云钟声、栖凤卧云、竺岗晚翠、上界晨光、百鸟朝凤。登上黄岐山，俯瞰榕江，如彩练萦绕，远眺平畴，尽收眼底。

（三）黄满磜瀑布群

黄满磜（qì）瀑布群位于揭阳京溪园镇粗坑河上游，河水至此奔流直泻，形成宽 80 米、落差近百米的天然瀑布。水声轰隆，隔山可闻。瀑面似银帘悬天，瀑下潭水碧清，潭边的海龟石、海龙石等景观栩栩如生。在不足 1 000 米的河段上，还有银河飞瀑、三叠瀑布、无名崆、长寿潭等天然景观，周围古藤相绕，翠竹遮天。

（四）双峰寺

双峰寺位于揭阳市区马山巷，与潮州开元寺、潮阳灵山寺并称“潮汕三大名刹”。始建于宋绍兴十年（1140 年），历经两次扩建重修。寺院规模宏大，呈四合院布局，中轴线上依次为山门、前厅、大雄宝殿、泰佛殿，有东西两廊。寺中有历代文人雅士碑刻，其中以虎寿碑最为珍贵。寺内还珍藏有泰国华侨赠送的观音菩萨铜像，人们前来瞻仰，常常见到菩萨的耳环在微微摆动，被称为双峰一奇。此外，“双峰晚钟”还为揭阳古八景之一。

（五）三山国王庙

三山国王庙又名三山祖庙、大庙，位于揭阳市揭西县河婆西侧的玉峰山下，是粤东地区最古老的神庙之一。始建于隋朝，距今已有1 400多年。现有的祖庙重修于1984年，完全按照清代原貌修葺。

三山国王庙因有着深厚的历史文化底蕴被广东省政府列为省级重点文物保护单位，其独特的祭典仪式被省政府批准为广东省第二批省级非物质文化遗产。

思考与练习

一、单项选择

1. 下列城市中属于经济特区的城市是（　　）。
   A. 汕头　B. 汕尾　C. 惠州　D. 潮州
2. 下列不属于汕头市城市荣誉的是（　　）。
   A. 中国优秀旅游城市　B. 海上丝绸之路重要门户
   C. 百年商埠　D. 中国民间文化艺术之乡
3. 被称为华南地区第一大湖的万绿湖位于（　　）。
   A. 潮州市　B. 梅州市　C. 河源市　D. 揭阳市
4. 下列对梅州市地理位置的描述错误的是（　　）。
   A. 北与清远市相连　B. 东与福建省交界
   C. 南与潮州毗邻　D. 西与河源接壤
5. 下列对梅州的说法错误的是（　　）。
   A. 文化之乡　B. 华侨之乡
   C. 举重之乡　D. 客家之乡
6. 岩石风景名胜区位于（　　）。
   A. 河源　B. 汕头　C. 梅州　D. 潮州
7. 韩文公祠是为纪念（　　）而建的。
   A. 韩非子　B. 韩愈　C. 韩馥　D. 韩信
8. 下列不属于潮汕三大名刹的是（　　）。
   A. 开元寺　B. 元山寺　C. 灵山寺　D. 双峰寺
9. 揭阳市的别称是（　　）。
   A. 鮀城　B. 穗城　C. 鹏城　D. 榕城
10. 下列属于国家5A景区的是（　　）。
   A. 岩石风景名胜区　B. 万绿湖风景区
   C. 雁南飞茶田景区　D. 客天下景区

二、多项选择（至少有两项符合题意）

1. 下列城市属于粤东地区有名的侨乡的是（　　）。

A. 汕头　　B. 梅州　　C. 潮州　　D. 揭阳

2. 下列被誉为岭南文化四朵奇葩之一的是(　　)。

A. 采茶戏　　B. 花朝戏　　C. 龙川杂技　　D. 潮剧

3. 下列全国重点文物保护单位位于潮州市的有（　　）。

A. 广济桥　　B. 叶剑英纪念园　　C. 元山寺　　D. 开元寺

4. 揭阳著名的工艺品有（　　）。

A. 揭阳剪纸　　B. 河婆葵笠　　C. 金木雕　　D. 竹编

5. 被列为国家历史文化名城的城市有（　　）。

A. 汕头　　B. 揭阳　　C. 潮州　　D. 梅州

6. 潮州工艺巧夺天工，有名的工艺品有（　　）。

A. 潮绣　　B. 潮州木雕　　C. 瓷器　　D. 竹编工艺品

三、简答题

1. 请简要介绍汕头市的经济地位。
2. 请简要介绍汕尾市的旅游资源。
3. 请列举潮州市的城市荣誉。
4. 梅州市有哪些主要的旅游资源？

第十一章　粤西、粤北景区

本章导读

粤西地区包括湛江、茂名、阳江和云浮四市，粤北地区包括韶关和清远两市。这两区域历史悠久，文化积淀深厚，有丰富的人文旅游资源。这里同样有着奇山异水和丰富的海洋旅游资源，是省内众多高品质旅游景区的聚集地。

第一节　阳江景区

一、阳江市简介

（一）综述

阳江市位于广东省西南沿海，扼粤西要冲，东与恩平市、台山市交界，北同云浮市的罗定市、新兴县及茂名市的信宜市接壤，西接茂名市的高州市、电白区，南临南海。全市面积为 7 955.9 平方千米，2016 年末，全市常住人口为 252.84 万人。

阳江市地势由北向南倾斜，依山傍海，东北有天露山，西北有云雾山。境内最高山峰为望夫山脉的鹅凰嶂，海拔 1 338 米。最长河流为漠阳江，全长 199 千米，南北贯穿全市，自北向南流入南海。

阳江市市花是凤凰花。

（二）旅游

阳江市是中国优秀旅游城市，旅游资源十分丰富，山海兼优。既有独特的自然景观，又有悠久的历史和多姿多彩的地方风情。

阳江市共有 20 多处总长达 35.4 千米的海滨沙滩，主要景区有海陵岛的闸坡风景名胜区、金沙滩旅游区、十里银滩旅游区，阳西县的月亮湾旅游区、河北度假村旅游区，阳东区的东平珍珠湾沙滩等。这些海滨沙滩大部分都沙质纯洁，水清浪缓，在海滩旅游资源中可谓出类拔萃。阳春市境内喀斯特地貌旅游资源丰富，凌霄岩、玉溪三洞、春湾石林、龙宫岩等都是其中的代表。

阳江市历史悠久，留下不少文物古迹，如北山石塔、石觉寺、崆峒岩、通真岩、独石仔古人类洞穴遗址、南宋张世杰墓、灵谷庙、北津独石和明清学宫等。

阳江物产丰富，是个天然的海鲜王国，鱼、虾、蟹、贝、藻类一应俱全，并盛产对虾、龙虾、鲳鱼、马鲛、石斑、海参、鲍鱼等名贵海鲜。阳江土特产以"阳江三宝"和"阳春三宝"最为著名，"阳江三宝"是指阳江豆豉、阳江小刀和阳江漆器；"阳春三宝"指的是阳春产的春砂仁酒、蛇鞭蛤蚧酒和三蛇酒。东平虾酱、大八益智、阳春马水橘也是出名的特产。此外，阳江还拥有阳江风筝、赛龙舟、唱山歌、拉地网、高流圩、东水古法造纸等民俗风情旅游资源。

二、阳江市主要景区景点

（一）凌霄岩

凌霄岩是阳春国家地质公园的重要组成部分，位于阳春市河朗镇，它以雄伟壮观著称，被誉为"南国第一洞府"，是国家级地质公园，也是省级风景名胜区和省级旅游度假区。

凌霄岩是以喀斯特岩溶地貌为特征，以自然山水溶洞为主的风景名胜区。岩洞内高120多米，宽20～60米，从上至下分三层：凌霄大厅、凌霄宝殿和观景台。游览面积达3万多平方米。洞内的"吉星高照""一线天""水中印月""滴水明珠"等四大自然奇景为世间罕见。

（二）崆峒岩

崆峒岩位于阳春城西3千米处，因"黄帝问道崆峒"而得名。与河南汝州、陕西临洮、山东安定的崆峒诸山相并列，被称为第四崆峒山。

寺宇始建于明代万历丁丑年（1577年），清乾隆二十一年（1756年）阳春县令姜山重修。岩中有寺，寺外有峰，自然风景和人文景观俱全，以古雅清幽为特色，是广东省重点文物保护单位。

（三）龙宫岩

龙宫岩位于阳春市春湾景区内，岩洞全长1 400米，因洞身蜿蜒曲折，形如一条巨龙而得名。龙宫岩洞穴形成于距今约1万年前，是由于地下河对石灰岩的不断溶蚀、冲刷而逐渐形成。岩洞全程分四段：第一段为"迎宾廊"，第二段是"龙王殿"，第三段为"聚宝库"，第四段为"龙舟"。岩洞溪水清澈，景物玲珑剔透，有如龙宫之物。

（四）海陵岛

海陵岛位于阳江市西南端的南海北部海域，距阳江市区20千米，是广东省第四大岛。总面积为108.89平方千米。海陵岛风光独特，是广东著名的度假胜地，有"南方北戴河"和"东方夏威夷"之美称，被誉为一块未经雕琢的翡翠。海陵岛从2005年起到2007年连续3年被《中国国家地理》杂志评为"中国十大最美海岛"之一。

海陵岛原名螺岛，因南宋张世杰抗元兵败，覆舟溺死并安葬于岛上，始称海陵岛。海陵岛渔业资源丰富，素有“广东鱼仓”之称。闸坡渔港早已是闻名全国的十大渔港之一。岛上犹如一个巨大的水族馆，鱼、虾、蟹、贝、藻类一应俱全，有捕捞价值的鱼类达300多种，其中有几十种营养价值、经济价值极高的海产珍品。海陵岛拥有风光旖旎的海滨旅游资源，岛内有大角湾—马尾岛风景区、十里银滩风景区及金沙滩风景区，各景点先后开发了冲浪、水上快艇、骆驼沙滩游、升空伞、沙滩骑马、沙滩足球、海上水球、沙滩文艺表演等项目。

（五）阳东东平大澳渔村

大澳渔村是一个古老的渔港，位于阳东区东平镇东南，史称“六澳之首”，是中国古代南方“海上丝绸之路”的必经港口。昔日港口商贸繁盛，与广州的“十三行”相并列，史称“十三行尾”。

大澳渔村是广东省唯一保存下来的保持着原始渔家小屋风貌的渔村，是现今“阳江十景”之一。渔村遗迹众多，古色古香，为渔家民俗文化之珍品。有“全国首家渔家民俗风情馆”“爱国主义教育基地”“古渔民民居群”“大澳万人坟”“海上日出”“葛洲帆影”“疍家棚居”“古商会旧址”“海角琼楼”“古炮楼”等景点，集旅游观光、博览渔家文化等功能于一体。

第二节　湛江景区

一、湛江市简介

（一）综述

湛江位于我国大陆最南端雷州半岛，东濒南海，南隔琼州海峡与海南省相望，西临北部湾，西北与广西毗邻，东北与茂名市接壤，市区位于雷州半岛东北部。全市总面积为12 471平方千米，2016年末全市常住人口为727.3万人。

湛江市的市花是紫荆花。

（二）经济

湛江拥有丰富的热带、亚热带作物资源，是我国重要的蔗糖、水果、蔬菜生产基地和最大的桉树、剑麻等热带作物生产基地，是著名的菠萝、香蕉、杧果、红橙之乡。海洋资源十分丰富，水产品产量连续多年居广东省首位，是全国最大的对虾交易中心和加工出口基地、全国最大的海水珍珠养殖基地。良好的生态环境使湛江盛产天然优质的海鲜食材，被誉为“南海鱼仓”。湛江海鲜美食在全国久负盛名，素有“吃海鲜，到湛江”之说。

（三）旅游

湛江是“中国优秀旅游城市”，主要旅游资源有湖光岩风景区、湛江红树林国家级自然保护区、南亚热带作物植物园、硇洲岛、蓝月湾温泉、雷州西湖公园、雷州三元塔公园、雷祖祠、徐闻灯楼角、湛江港湾、赤坎金沙湾海滨浴场、湛江海湾大桥等。

湛江民俗文化旅游资源丰富，有粤西一带独特的节日年例，有“吴川三绝”飘色、泥塑和花轿，有浓郁而独特的地方剧种雷剧，有传统舞蹈人龙舞等。

二、湛江市主要景区景点

（一）东海岛旅游度假区

东海岛是广东第一大岛，我国的第五大岛，仅次于台湾岛、海南岛、崇明岛和舟山群岛。拥有以阳光、沙滩、海水著称的“3S”滨海自然风光，海岛渔家风情浓郁，海洋物产丰富。东海岛沙滩总长度为 28 千米，被上海大世界吉尼斯总部认证为“中国最长的沙滩”，是目前经过权威部门认定的亚洲第一、世界第二的长滩纪录。

东海岛旅游度假区位于东海岛东部，在这里可以直接感受中国第一长滩的博大气魄，领略东海人舞龙的雄风神韵。湛江八景之一的“东海旭日”是东海岛旅游度假区里的壮丽景观。度假区主要游乐项目包括看日出、玩冲浪、驾跑车、拉大网、品海鲜、泡温泉等。

（二）雷州西湖风景区

雷州西湖位于国家历史文化名城雷州市区中心，原名为“罗湖”，宋哲宗绍圣四年（公元 1097 年），苏东坡由惠州再贬至儋州，路过雷州时曾与谪居雷州的胞弟苏辙同寓湖上，泛舟湖中。雷州人为志其贤踪，始易罗湖为“西湖”。古雷阳八景之一的“雷湖翠拥”即指雷州西湖。

园区面积为 78 706 平方米，由湖区、名胜古迹区及游乐场三大部分组成。园内景点众多，历史文化积淀丰厚，既有苏公亭、龙王庙、寇公祠、十贤祠、浚元书院、西馆、莱泉井等古迹，又有八烈士亭、別湖亭以及荷池、蛙岛、雕塑等景观。整个景区幽雅古朴，鸟语花香，颇具南国园林风姿。

（三）雷祖祠

雷祖祠位于雷州城西南 2.5 千米处的白院村英榜山，依山傍水，风景秀丽，称“雷岗耸异”，为雷阳八景之一。始建于唐贞观十六年（公元 642 年），是纪念唐代雷州首任刺史陈文玉（雷祖）的祠堂。雷祖德政昭彰，深受雷州人民的热爱。在雷州人的心目中，雷祖是英雄，是忠、孝、义的化身。

雷祖祠文物十分丰富，有千年石人、乾隆御赐匾额及历代碑刻 30 余块。历代文人墨客游览之余多有诗文留下。寇准有诗，东坡有赋，丁谓作记，李纲题碑，这些诗赋碑刻历尽人世沧桑至今仍珍藏于祠内。

（四）吉兆湾旅游度假区

吉兆湾旅游度假区位于吴川市，以典型的南亚热带海滨风光为主要特色。区内海岸十里九湾，清湛的海水，柔软的沙滩，绿色的树林，峻峭的礁石，无垠的大海，构成了一幅瑰丽的自然风景画。

（五）廉江鹤地银湖

鹤地银湖，又称鹤地水库，是广东省三大水库、全国十大水库之一，位于雷州半岛北部、廉江市东北部。鹤地水库是波澜壮阔的“人造海”“人工湖”，其雄伟壮观的水利工程、山清水秀的自然风光和独特的人文景观浑然一体，构成一幅怡人的风景，是会务、参观、旅游、休闲、度假、玩乐的好去处。

第三节　茂名景区

一、茂名市简介

（一）综述

茂名市位于广东省西南部，鉴江中游，东毗阳江，西临湛江，北连云浮和广西，南临南海。陆地面积为 11 427 平方千米，2016 年末，全市户籍人口为 798.85 万人，常住人口为 612.32 万人。

茂名市地形北高南低，由东北向西南倾斜，分别形成山地、丘陵、台地、平原层次分明的地形地貌。海拔最高点为 1 704 米，最低点为 1.6 米。

多样的地形地貌，使得茂名资源物产丰富，不仅农业发达，盛产水果、水产，是广东省有名的水果之乡、水产之乡，而且能源矿产资源丰富，是广东省矿产资源大市之一。2015 年 11 月，茂名市被列为第二批国家新型城镇化综合试点地区。2017 年 12 月 15 日，荣膺中央电视台《魅力中国城》第一季魅力冠军城市。

茂名市的市花是大红花。

（二）经济

茂名市是广东省农业经济比较发达的城市，全市“三高农业”蓬勃发展，荔枝、香蕉、龙眼等“岭南佳果”驰名中外，在 1996 年“中华之最”评选活动中，茂名市被国务院发展研究中心命名为“中国最大的水果生产基地”。

茂名市南部临海，拥有水东、博贺等多个天然良港。茂名水产养殖享誉盛名，是“中国罗非鱼之都”。博贺港是全省三大渔港之一，盛产龙虾、对虾、海参、鲈鱼膏蟹等，全市水产品产量居全省第一。此外，水东港是我国对外开放一类口岸，现已建成多个万吨级成品油码头和杂货、集装箱码头，拥有全国最大的 25 万吨级单点系泊原油接卸系统。

茂名也是中国南方重要的石化生产出口基地和广东省的能源基地。信宜市的玉石矿是南方玉的唯一产地，玉石工艺品加工在 20 世纪 80 年代曾是茂名市的支柱产业之一。

（三）旅游

茂名有丰富的旅游资源，自然山水与人文古迹相辉映，粤西风情浓郁，地方特色鲜明。茂名南部临海，海岸线曲折多湾，有虎头山、中国第一滩等处沿海沙滩，沙质洁白细软，坡度平缓，适宜开展海水浴、海上运动项目。放鸡岛周围水下海水能见度达 8 米，其水下风光奇特，是发展水下观光和潜水旅游的好地方。

茂名的中北部地区多山地丘陵，生态旅游资源丰富，有信宜的大雾岭省级自然保护区，区内峰高林茂，珍稀动植物丰富，被誉为“动植物王国”。

茂名地处地质断裂带上，温泉种类多，分布广，有西江温泉、新时代温泉、热水温泉、山阁温泉等十几处。

茂名还有许多名胜古迹，如：高州的冼太庙、观山寺、宝光塔、长坡旧城，信宜的镇隆古书院群，化州的孔庙，电白的钟鼓楼、冼太故里，茂南的恐龙蛋化石，等等，人文景观众多，文化底蕴丰厚。

此外，信宜玉雕、竹编工艺品，化州的橘雕，高州的角雕、茄雕，电白的贝雕，以及市区的工艺蜡烛等旅游工艺品，电白的红心鸭蛋，信宜的山楂，化州的笪桥黄瓜、橘红，高州的荔枝、龙眼等土特产都是茂名引以为豪的旅游资源。

二、茂名市主要景区景点

（一）高州冼太庙

高州冼太庙位于高州城内东门文明路，即今冼太公园（原潘州公园）北侧，坐北向南。明嘉靖十四年（公元 1535 年），高州知府石简始建，嘉靖四十三年（公元 1564 年）和清同治年间分别重建。

高州冼太庙是高州地区规模最大的冼太庙。该庙的主体建筑沿纵轴线排列为前殿、中殿、正殿和后殿四进。总进深 62.2 米，建筑面积为 826.3 平方米。砖木结构，红墙绿瓦，斗拱飞檐，雕梁画栋，装饰华丽，古色古香。它运用彩绘、堆塑、雕刻等艺术形式，体现了浓郁的民族风格和地方风貌，尤以石雕、木雕为多。碑记和楹联，记录了冼夫人的生平事迹和丰功伟绩，以及后人对她的敬仰之情。

（二）放鸡岛

放鸡岛位于茂名市电白区博贺镇，面积为 1.9 平方千米，是茂名市最大的海岛。是广东东部通向湛江、北部湾的必经之岛。这里自然风光秀丽，天然景物奇异多姿，山清水秀，林密石奇，是集奇、壮、古、秀、阔、幽、乐于一体的旅游景区，有“东方夏威夷”之称。

景区内有 12 千米长的沙质洁白细软、宽阔平缓的沙滩，沿沙滩外侧是连续不断长达 40 多千米的人工防护林带，国内罕见，著名画家关山月的巨作《绿色长城》就取材于此。景区形成了海滨浴场区、海上运动区、海滨度假区和中心广场区四个功能区，开发了海水浴、日光浴、海上运动、沙滩排球、度假疗养等旅游项目。

（三）大雾岭自然保护区

大雾岭自然保护区地处茂名市北部，离信宜城区 38 千米，地跨信宜、高州两地，总面积达 3 534 公顷，是集生态保护、科学研究、旅游度假、高山疗养于一体的森林公园和自然保护区。

大雾岭因经常云雾弥漫而闻名遐迩，它由数十座海拔 1 000 米以上的山峰组成，群山连绵不绝，高耸入云，最高峰大田顶海拔 1 704 米，为粤西最高峰。

大雾岭植物种类丰富，是粤西目前保存最为完好的自然生态区。大雾岭有林区 2 461 公顷，森林覆盖率为 80%。这里共有野生植物 1 433 种，其中罕见植物 34 种，国家重点保护的珍稀、濒危植物 20 种，国家一级保护动物 5 种，国家二级保护动物 11 种，另有各类昆虫 1 500 种。

（四）根子荔枝文化旅游区

根子荔枝文化旅游区位于高州市根子镇，距离茂名 30 千米，面积约 20 平方千米，是集观光、度假休闲、健体养生、科普教育于一体的生态旅游景区。荔枝是旅游区的最大特色，根子荔枝生产以历史久、面积大、产量高、质量好、品种优、成熟早而驰名中外，根子镇因而有“中国荔枝第一镇”的美称。自唐朝以来，根子荔枝就已成为历朝贡品。位于镇内柏桥管理区的贡园，是茂名现存最古老的荔园。2007 年，根子荔枝文化旅游区成功申报“全国农业旅游示范点”。

（五）西江温泉度假村

西江温泉度假村位于南国玉都——信宜市郊北界镇西江岸边，西江温泉故此得名。度假村四周群山起伏，层峦叠翠，风光秀丽，景色迷人，充满大自然的野趣。度假村占地面积为 100 多亩，地下热源达 5 平方千米，有露天泉涌 100 多处，月流量近 10 万立方米，最高水温达 80℃以上，可将鸡蛋烫熟。西江温泉度假村的温泉有药物健身池、药物理疗池、健身泉酒池、牛奶美容池等。

第四节　云浮景区

一、云浮市简介

（一）综述

云浮市位于广东省中西部，西江中游以南。东与肇庆市、江门市、佛山市交界，南与阳江市、茂名市相邻，西与广西梧州接壤，北临西江，与肇庆市的封开县、德庆县隔江相望。云浮市地势西南高，东北低，市内主要河流有罗定南江、新兴江。全市面积为 7 785.11平方千米，2016 年末，户籍总人口为 301.23 万人，常住人口为 248.08 万人。

云浮市境古为百越地，历史悠久，民风古朴，是汉族、瑶族、壮族、侗族、苗族、土家族等多个民族聚居的地方。

云浮是全国有名的“石材王国”，素有“石都”之称，也有“砂糖橘之乡”的称誉。“城中有山，山中有水，绿树花香，山水相映”是云浮的特色。

云浮市的市树、市花分别是凤凰树和凤凰花。

补充阅读

早期，云浮曾以各种名称存在，如端溪县、晋化县、永闻县等。《新唐书·地理志》载，唐武德四年（公元 621 年）设勤州，领铜陵、富林二县。天宝元年（公元 742 年），将全国各州一律改称为郡，勤州改称为云浮郡，这是“云浮”地名的由来。

（二）旅游

云浮是旅游风景名城，优美的自然景观与丰富的人文景观交相辉映。云城区有被列为“云浮八景”之首的九星岩、被世界洞穴协会誉为“世界三大石花洞之一”的蟠龙洞等景观。新兴县有国恩寺，有武则天题名的岭南古民居建筑光仪大屋、无核黄皮观赏园、龙岩、虎岩等。云安区有万亩杜鹃花生态观赏园、卧龙湖、勒头沙、金鱼沙等。罗定市有被称为岭南瑰宝的唐代摩崖石刻、罗定文塔、蔡廷锴故居、金银湖、聚龙洞、仙景茶场、龙湾生态旅游区等。

云浮的特产主要有罗定市豆豉、茶洞豆腐、新兴县凉果、云浮市南乳花生、无核黄皮等。

二、云浮市主要景区景点

（一）国恩寺

国恩寺，又名龙山寺，位于云浮市新兴县集成镇境内，是六祖惠能的圆寂之所。距今1 300多年，始建于唐弘道元年（公元683年），初名报恩寺。神龙三年（公元707年），唐中宗赐名“国恩寺”，成为全国第一个用国字命名的寺庙。

国恩寺依山而筑，规模庞大，布局严整，总建筑面积达1万多平方米。寺内建筑雕梁画栋、古朴典雅，佛像形态各异，造艺精湛。院落中古木参天，景色秀丽，历代文人墨客留下不少名篇佳句。

由唐至今，国恩寺一直被佛教界视为岭南第一圣地，与广州光孝寺、曲江南华寺并称为禅宗三大祖庭。国恩寺香火鼎盛，僧众甚多。1989年，国恩寺在原址上重建。2006年，报恩塔西侧出土七颗佛舍利，经广东省考古研究所考古发掘定为唐代文物，极有可能是六祖惠能带回的佛祖释迦牟尼的舍利，也有可能是六祖从五祖处接法之“衣钵袈裟信物”中的信物。

（二）蟠龙洞

蟠龙洞位于云浮市区城北的狮子山中，因其洞体迂回曲折，形若蛟龙，故得名。属岩溶地貌，经历亿万年漫长岁月逐渐形成。洞内游程528米，分三层，上层天堂通天洞，下层龙泉地下河，中层九龙长廊，层层相连，曲折迷人。洞内钟乳千姿百态，石笋石柱如林。处处有景，景景皆奇，有“神龟朝圣”“龙母浴池”“天书神笔”“玉壁雄关”等58景。最为奇特的是洞内岩壁上长出的簇簇石花，石花晶莹洁白，剔透玲珑，如银星闪烁熠熠生辉。

（三）蔡廷锴将军故居

蔡廷锴将军是我国著名民主人士、爱国将领，被称为一代名将、抗日民族英雄。蔡廷锴故居位于罗镜镇龙岩，建于民国初年，后来陆续增建成为俗称双登带的三座大屋院。该大屋为“富”字形布局，砖瓦木结构，青砖包泥砖的粤西风格农家大屋，占地面积为7 000多平方米。后座两角置有炮楼，屋前为池塘，屋后有菜园、果园，四周砌围墙，附屋设有猪舍、牛栏、厕所等。通巷设水井，是粤西典型农户大屋，略带客家大屋风貌。

（四）罗定学宫

罗定学宫（孔庙）始建于顺治四年（1647年），位于罗定市罗城镇北关里，俗称文庙，是清代罗定直隶州的学宫，由清代康熙至光绪年间历经修缮扩建而成，占地面积为8 300平方米，是目前西江流域仅存的清代学宫建筑群。

（五）罗定文峰塔

文峰塔位于罗定市素龙镇大榄村石牛山西面，遥对罗定学宫。始建于清康熙五十五年（1716）年，州绅彭士望捐建，为学宫之风水塔，原高10米，后增高。塔为砖石砌筑的三层楼阁式塔，总高 18.14 米。塔座造型独特，石砌，略呈船形。塔身平面为六角形，砖砌，上层塔门有腰栏，可在塔内倚栏观景。各层置有木构塔心室，并用棱角牙砖叠涩出檐。塔刹为宝瓶状。

第五节 韶关景区

一、韶关市简介

（一）综述

韶关，地处粤北，北界湖南，东邻江西，东南面、南面和西面分别与河源、惠州、广州及清远等市接壤，被称为广东的北大门，是中国北方及长江流域与华南沿海之间最重要的陆路通道，战略地位重要。全市土地面积为 1.82 万平方千米，2016 年末，全市户籍人口达 334.4 万人，常住人口为 295.61 万人。

韶关历史悠久，人文荟萃。古称韶州，是马坝人的故乡、石峡文化的发祥地，有着 2 100 多年的城市历史。历史上的韶州被誉为“岭南名郡”，孕育了大批历史名人。韶关先后被评为中国优秀旅游城市、全国卫生城市、国家园林城市，全国双拥模范城市，中国特色魅力城市。

韶关市的市花为杜鹃花。

（二）经济

韶关素有“三省通衢”之称，是粤湘赣交界地区的商品集散中心。

韶关现代工业起步较早，20 世纪中后期，国家先后把韶关作为华南重工业基地和广东战略后方来建设，建立起一大批骨干工业企业，韶关成为广东重要的工业基地。韶关被称为“中国锌都”“中国有色金属之乡”，现已探明的矿产中，储量位居全省前三位的有 35 种，居第一位的有 23 种。

（三）旅游

韶关是广东省旅游资源最丰富的地区之一，拥有世界级、国家级景区景点 17 处和省级及以下景区景点 100 多处。包括丹霞山、南华禅寺、珠玑巷、马坝人遗址、梅关古道、广东大峡谷、满堂客家大围、南岭国家自然保护区等大批旅游景区。

韶关物种资源丰富，森林资源居广东省首位，是全国重点林区，被誉为华南生物基因库。人均拥有土地资源、森林资源、矿产资源居全省地级以上市第一位。韶关的林地面积、林木绿化率、活立木蓄积量均居全省前列，是全省生态环境质量最好的地区之一。

韶关民间文化艺术种类丰富，包括采茶戏、花鼓戏、花灯戏、山歌剧、山歌、说书、快板、粤曲、舞龙、舞狮等民间表演艺术以及木雕、编织、刺绣、剪纸等民间工艺。

二、韶关市主要景区景点

（一）禅宗祖庭南华寺

南华寺坐落在韶关市曲江区马坝镇东南 6 千米的曹溪之畔，距韶关市区 22 千米，始建于南北朝梁武帝天监元年（公元502年），是我国著名的佛教古刹。六祖惠能在此传授禅法37年，故南华禅寺有“祖庭”之称。

寺内珍藏着大批珍贵历史文物，如唐代六祖的千佛袈裟、唐女皇武则天赐六祖的圣旨，元仁宗八思巴文圣旨，明英宗金书大藏经圣旨，还有柳宗元、苏轼等唐宋名人碑铭。现存文物中数量最多的是北宋木雕五百罗汉像（现存360尊）。这些精美的木雕不仅数量繁多，而且全部都是稀世之宝，对研究古代中国的木雕工艺、宗教文物及南华禅寺的历史具有极其重要的参考价值。

（二）珠玑巷—梅关古道

珠玑巷—梅关古道为国家4A级景区，两个景点相距约16千米。

珠玑巷位于南雄市北9千米处的沙水村，原名“敬宗巷”。珠玑巷是古代中原和江南通往岭南驿道上的一个商业重镇，中华民族拓展南疆的中转地，也是当今数千万广府人及海外华侨的发祥地和祖居地，是中国三大著名寻根地之一，被誉为“粤人故里”。

梅关古道地跨粤赣两省，距广东省南雄市区20千米，距江西省大余县城10千米。自唐代名相张九龄开凿驿道以来，这条道成为古代连接长江水系与珠江水系陆路最短的交通要塞，被称为“广东古代第一条高速公路”。

（三）广东大峡谷

广东大峡谷位于乳源瑶族自治县大布镇，又称粤北大峡谷，为广东省最大的峡谷。原来大峡谷所在地只是山沟中的小盆地，由于受到燕山造山运动的影响，令地壳承受地块抬升的扩张力，而使部分地块张裂下陷形成裂谷，距今已有1 000万年的历史。

大峡谷长达15千米，谷深300多米，有黄山之奇、华山之险、张家界之秀，其雄、奇、险、秀的独特景观，使之成为别有洞天的生态旅游胜地。

景区内奇特的景观比比皆是，如骆驼峰、金龟岩、双狮拜客、灵龟贺寿、石猴迎宾、送财童子、仙人伞柄、虎跳岩等。

（四）金鸡岭风景名胜区

金鸡岭位于“广东北大门”——岭南第一镇之称的坪石镇，是广东省八大名山之一。因山岭的西北峰有座巨石，貌似雄鸡，昂首北望，引颈欲啼，故而得名。

金鸡岭属典型的丹霞地貌，海拔338米，相对高度168米，四周悬崖如刀切，雄伟险峻。在摩崖峭壁上有高14米、宽20米的大型摩崖石雕《华夏魂》，由我国神话传说《盘古开天地》《女娲补天》《后羿射日除兽》等组成。

（五）云髻山旅游区

云髻山位于新丰县城西北8千米处，主峰海拔1 438.8米，因远望酷似女性头上的螺髻，且主峰常年云雾缭绕，因而得名云髻山。云髻山既有南方山水的钟灵毓秀，又有北国山岳的雄伟峻拔，2006年荣获“广东最美丽乡村示范区”称号，2007年被评为“最佳自驾游目的地”，2009年又荣获“广东森林生态示范区”称号。

云髻山是新丰江的源头，山中空气清新宜人，泉水清澈透明，生态环境保护得很好。云髻山拥有岭南最大片原生的三角枫，枫叶的颜色随海拔的高度而变化为红、黄、绿，层次分明，形成一道独特风景线。云髻山旅游区以山地体育为特色，是集登高、探险、观光旅游、休闲度假于一体的广东省第一个山地体育旅游区。

第六节　清远景区

一、清远市简介

（一）综述

清远市位于广东省的中北部、北江中游、南岭山脉南侧与珠江三角洲的结合带上。区位优越，交通便利，处于粤、湘、桂三省交界处，素有“三省通衢、北江要塞”之称。南连广州和佛山市，北接湖南省和广西壮族自治区，东及东北部和韶关市交界，西及西南部与肇庆市为邻。全市面积达 1.9 万平方千米，是广东省陆地面积最大的地级市。2016 年末，全市户籍总人口为 432.09 万人，常住人口为 384.6 万人。清远市是广东省少数民族人口主要聚居地，是省内世居少数民族人口最多的地级市。境内主要分布着瑶族、壮族等少数民族。

清远先后被评为广东省文明城市、广东省卫生城市，并被国家有关部门授予中国优秀旅游城市、中国漂流之乡、中国龙舟之乡、中国温泉之乡、中国奇洞之乡、中国英石之乡，被誉为“珠三角的后花园”。

清远市的市花是禾雀花。

（二）旅游

清远旅游资源丰富，五大类资源各具特色，是广东省旅游资源大市之一。

山水自然风景生态类景区包括：飞来峡风景名胜区、连州湟川三峡、连州大东山自然保护区、英西峰林走廊、连山瀑布群风景区、英德石门台省级自然保护区等。

历史文化古迹类景区有：千年古刹飞来寺和第 19 福地、连州慧光斜塔、连州第 49 福地、英德南山寺、连南南岗千年瑶寨等。

江河湖泊、溶洞奇观类景区有：连州地下河、连州湟川三峡、英德宝晶宫、英德仙桥地下河、飞来峡水利枢纽风景区、英德黎溪漂流、阳山秤架漂流等。

休闲度假、温泉类景区有：清新温矿泉旅游度假区、银盏温泉度假区、广东第一峰旅游风景区等。

民族风情类景区有：连南三排瑶寨、连南南岗古寨、连南瑶族盘古王文化园等。

耍歌堂、英石假山盆景制作技艺、长鼓舞、瑶族小长鼓舞被列入国家级非物质文化遗产；瑶族八音、舞马鹿、凤舞、闹花灯、三人燕尾龙舟竞技、豆腐节、舞被狮、瑶族布袋木狮舞、瑶族婚俗、瑶族刺绣、排瑶民歌、婚俗（过山瑶婚礼）、瑶族高台小长鼓等被列入省级非物质文化遗产。

清远著名的土特产有连州三宝、东陂腊味、英德红茶、英德砂糖橘、清远麻黄鸡、星子红葱、清远乌鬃鹅等。

二、清远市主要景区景点

（一）南岗瑶寨

南岗瑶寨，传统名称叫南岗排，位于连南县城 20 千米处。全国瑶族聚居人数最多、分布地域最广的乡镇南岗镇，是中国现存最古老的瑶寨，也是广东最大的瑶寨。

据史料载，早在1 000多年前的宋代，瑶民已开始在南岗居住，因此南岗瑶寨也是座千年古寨。寨中街道横直有序，民居古朴整齐，有“大哥排”“首领排”的称誉。这里山势宏伟，古道蜿蜒，沿途可见古树古墓；寨旁的千顷梯田，由山脚向山脊层层延伸，连绵而去，充满韵味。

（二）连州地下河

连州地下河是清远市乃至粤北地区首个国家5A级景区，位于连州市东北26千米处的崇山峻岭中，是一个亚热带喀斯特地貌的巨型天然石灰岩溶洞。经地质学家分析，该溶洞是因2亿年前的地壳运动而形成，现在可游览面积达45 000平方米。最高处为47.8米，最宽处为53.6米，洞内四季气温保持在18℃左右，空气清新，冬暖夏凉，是旅游避暑的胜地。

洞内有无数千姿百态、瑰丽多彩的钟乳石，游览范围共分三层：上中两层为陆地层，厅堂高大宽阔，岩壁坚固，雄伟壮观；下层是一条地下暗河，由北向南蜿蜒1 500米，两岸奇景密布，美不胜收。

洞中有洞、洞中有河、洞中有桥是连州地下河独有的特色，我国著名作家秦牧赞其为“神秘瑰丽的地下河”。

（三）飞来峡水利枢纽风景区

飞来峡水利枢纽位于清远市飞来峡境内，是华南地区建设规模最大的以防洪为主的综合性水利工程。飞来峡风景区环境幽雅，高峡平湖，碧波荡漾，主要由自然景观、枢纽工程景观和人文景观组成。库区内的浈阳、盲仔、香炉三个峡谷素有“小三峡”之称。

（四）英德宝晶宫风景名胜区

英德市宝晶宫风景名胜区位于英德市城区南郊，北江中游西岸，距城区7.2千米。素有“岭南第一洞天”之称的宝晶宫，是一个经历了两亿多年地壳运动而形成的大溶洞，溶洞共四层，底层为冲积层，有地下河连通北江。已开发开放的上、中、下三层洞，垂直高度为105米，面积约17 000平方米。溶洞内冬暖夏凉，常年气温保持在20℃～24℃，犹如一台庞大的自然“中央空调”。

整个旅游区山清水秀，风景迷人，除有以奇、大、雄、壮而著称的宝晶宫外，还有堪称与肇庆七星湖媲美的碧绿湖、绿树芳菲的浪伞洲、幽雅静谧的桃花源、珍贵奇异的磐石古榕，以及黄洞水库等旅游资源。此外，区内还有通天洞摩崖石刻、旧石器遗址、老地湾清代民居等人文景观。其中，最负盛名的是宝晶宫、碧落洞和碧绿湖三个景区。

（五）清新温矿泉旅游度假区

清新温矿泉旅游度假区位于温泉之乡——清远市清新区三坑镇，是一个集休闲度假、运动健身、生态旅游、农业观光、养生康泰、商务会议活动于一体的大型旅游景区。区内共有形态、水温、大小各异的温泉池68个，温度从30℃至70℃，每天自涌出的水量高达11 000多立方米，经广东中山医科大学检测证明，属于含锶、偏硅酸的硫酸钙泉，是优质治疗性温矿泉，而且还达到了我国饮用天然矿泉水水质标准。

思考与练习

一、单项选择

1. 被称为“岭南第一洞天”的景区是（　　）。

A. 连州地下河　B. 阳春崆峒岩　C. 英德宝晶宫　D. 云浮蟠龙洞

2. “阳江三宝”不包括（　　）。

A. 风筝　B. 豆豉　C. 小刀　D. 漆器

3. 下列属于国家级地质公园的景区是（　　）。

A. 阳江龙宫岩　B. 阳江凌霄岩　C. 韶关云髻山　D. 云浮蟠龙洞

4. 广东省陆地面积最大的地级市是（　　）。

A. 清远　B. 韶关　C. 湛江　D. 茂名

5. 被称为“中国最大的水果生产基地”的市是（　　）。

A. 湛江　B. 茂名　C. 阳江　D. 清远

6. 著名画家关山月的巨作《绿色长城》取材于（　　）。

A. 放鸡岛　B. 东海岛　C. 海陵岛　D. 金鸡岭

7. “城中有山，山中有水，绿树花香，山水相映”这句话是对（　　）的描述。

A. 阳江　B. 湛江　C. 茂名　D. 云浮

8. 被誉为“岭南名郡”、马坝人的故乡的是（　　）。

A. 阳江　B. 湛江　C. 韶关　D. 清远

9. 下列有“珠三角的后花园”之称的城市是（　　）。

A. 韶关　B. 清远　C. 云浮　D. 阳江

10. 粤西最高峰大田顶，位于（　　）。

A. 金鸡岭　B. 云髻山　C. 大雾岭　D. 乳源大峡谷

二、多项选择（至少有两项符合题意）

1. “阳春三宝”指的是（　　）。

A. 东平虾酱　B. 春砂仁酒　C. 蛇鞭蛤蚧酒　D. 三蛇酒

2. 下列属于云浮市称谓的是（　　）。

A. 石材王国　B. 硫都　C. 石都　D. 砂糖橘之乡

3. 下列位于韶关的有（　　）。

A. 丹霞山　B. 南华寺　C. 珠玑巷　D. 鹤地银湖

4. 下列被评为中国优秀旅游城市的有（　　）。

A. 湛江　B. 阳江　C. 韶关　D. 清远

5. 下列属于韶关民间文化艺术的是（　　）。

A. 赛龙舟　B. 人龙舞　C. 采茶戏　D. 花灯戏

6. “吴川三绝”指的是（　　）。

A. 飘色　B. 剪纸　C. 泥塑　D. 花轿

7. 将凤凰花列为市花的城市是（　　）。

A. 茂名　B. 阳江　C. 云浮　D. 湛江

8. 下列属于岩溶地貌的景区是（　　）。

A. 连州地下河　　B. 阳江凌霄岩　　C. 丹霞山　　D. 云浮蟠龙洞

三、简答题

1. 粤北的旅游资源有哪些特色？
2. 粤西的旅游资源有哪些特色？
3. 请列举粤西、粤北有代表性的人文景观。
4. 请列举粤西、粤北有代表性的自然景观。

参考资料

一、参考图书

1. 周峰. 岭南文化集萃地. 广州：广东人民出版社，2016.

2. 广东省导游人员考评委员会办公室. 广东导游词. 广州：世界图书出版广东有限公司，2015.

3. 广东省导游人员考评委员会办公室. 广东导游基础知识. 广州：世界图书出版广东有限公司，2015.

4. 《发现者旅行指南》编辑部. 广东. 北京：旅游教育出版社，2016.

5. 广州市旅游局. 新广州行：广州导游词. 广州：广东旅游出版社，2014.

6. 朱小丹. 广东年鉴 2014. 广州：广东年鉴社，2014.

7. 黄玲. 深圳年鉴 2014. 深圳：深圳市史志办公室，2014.

8. 李权时，等. 岭南文化（修订本）. 广州：广东人民出版社，2010.

9. 司徒尚纪. 广东文化地理（修订本）. 广州：广东人民出版社，2013.

10. 赵利民. 旅游资源概论. 北京：北京理工大学出版社，2010.

11. 江文. 中国文化知识精华. 北京：中国戏剧出版社，2007.

12. 谭其骧. 简明中国历史地图集. 北京：中国地图出版社，1991.

13. 中国地图出版社. 简明实用中国地图册. 北京：中国地图出版社，2014.

14. 曾晓华. 广东攻略：岭南最美的 200 个地方. 广州：广东旅游出版社，2009.

15. 广东省导游人员考评委员会办公室. 广东导游词. 广州：广东旅游出版社，2009.

16. 广东省导游人员考评委员会办公室. 广东导游基础知识. 广州：广东旅游出版社，2009.

17. 张中朝，黄良河. 广东经典导游词. 广州：广东旅游出版社，2013.

18. 何薇. 广东旅游文化风情录. 广州：广东经济出版社，2006.

19. 上海唐码城邦咨询有限公司北京分公司. 广东自助游（2012—2013 版）. 北京：人民邮电出版社，2012.

20. 陈彤. 行走广东. 广州：广东旅游出版社，2011.
21. 郑通扬. 人文广东——在行走中品读岭南文化. 广州：广东旅游出版社，2010.
22. 黎泉. 中国地理文化丛书——岭南热土广东（二）. 北京：中国旅游出版社，2015.

二、参考网站

23. 广东省人民政府网：http://www.gd.gov.cn。
24. 广东统计信息网：http://www.gdstats.gov.cn。
25. 广东省交通运输厅公众网：http://www.gdcd.gov.cn。
26. 广东省情信息网：http://www.gd-info.gov.cn/shtml/guangdong/index.shtml。
27. 广东文化网：http://www.gdwh.com.cn。
28. 活力广东：http://www.visitgd.com。
29. 中国政府网：http://www.gov.cn。
30. 中华人民共和国国家统计局网：http://www.stats.gov.cn。
31. 中国民用航空局网：http://www.caac.gov.cn。
32. 中华人民共和国交通运输部网：http://www.mot.gov.cn。
33. 广州市人民政府网：http://www.gz.gov.cn。
34. 深圳政府在线：http://www.sz.gov.cn。
35. 珠海市政府网：http://www.zhuhai.gov.cn。
36. 佛山市人民政府网：http://www.foshan.gov.cn。
37. 中国统计信息网：http://www.tjcn.org/。
38. 江门市人民政府网：http://www.jiangmen.gov.cn。
39. 惠州市人民政府网：http://www.huizhou.gov.cn。
40. 肇庆市人民政府网：http://www.zhaoqing.gov.cn。
41. 汕头市人民政府网：http://www.shantou.gov.cn。
42. 梅州市人民政府网：http://www.meizhou.gov.cn。
43. 汕尾市人民政府网：http://www.shanwei.gov.cn。
44. 中国潮州政府网：http://www.chaozhou.gov.cn。
45. 揭阳市人民政府网：http://www.jieyang.gov.cn。
46. 阳江市政府网：http://www.yangjiang.gov.cn。
47. 湛江市人民政府网：http://www.zhanjiang.gov.cn。
48. 茂名市人民政府网：http://www.maoming.gov.cn。
49. 云浮市人民政府网：http://www.yunfu.gov.cn。
50. 韶关市人民政府网：http://www.sg.gov.cn。
51. 清远市人民政府网：http://www.gdqy.gov.cn。

三、其他参考资料

广东省博物馆、深圳市博物馆、海丰县博物馆、湛江市博物馆、雷州市博物馆、韶关市博物馆、汕尾渔家民俗风情陈列馆、南越国宫署遗址、马坝人遗址同期展出的资料。

图书在版编目（CIP）数据

广东旅游资源概论/赵利民，龙梅主编. —北京：中国人民大学出版社，2018.8
21世纪高职高专规划教材.旅游与酒店管理系列
ISBN 978-7-300-26103-4

Ⅰ. ①广… Ⅱ. ①赵…②龙… Ⅲ. ①旅游资源-广东-高等职业教育-教材 Ⅳ. ①F592.765

中国版本图书馆CIP数据核字（2018）第186119号

21世纪高职高专规划教材·旅游与酒店管理系列
广东旅游资源概论
主　编　赵利民　龙　梅
副主编　钟娟芳
Guangdong Lüyou Ziyuan Gailun

出版发行	中国人民大学出版社		
社　　址	北京中关村大街31号	**邮政编码**	100080
电　　话	010－62511242（总编室）		010－62511770（质管部）
	010－82501766（邮购部）		010－62514148（门市部）
	010－62515195（发行公司）		010－62515275（盗版举报）
网　　址	http://www.crup.com.cn		
经　　销	新华书店		
印　　刷	山东百润本色印刷有限公司		
开　　本	787 mm×1092 mm　1/16	**版　　次**	2018年8月第1版
印　　张	15.75	**印　　次**	2024年6月第4次印刷
字　　数	373 000	**定　　价**	35.00元